제2성전기 문헌으로 읽는 요한계시록

벤 C. 블랙웰, 존 K. 굿리치, 제이슨 매스턴 엮음

김태훈 옮김

제2성전기 문헌으로 읽는 요한계시록

엮음	벤 C. 블랙웰, 존 K. 굿리치, 제이슨 매스턴
옮김	김태훈
편집	김덕원, 이찬혁, 박진

발행처	감은사
발행인	이영욱
전화	070-8614-2206
팩스	050-7091-2206
주소	서울특별시 강동구 암사동 아리수로 66, 401호
이메일	editor@gameun.co.kr

종이책

초판발행	2024.04.30.
ISBN	9791193155455
정가	24,800원

전자책

초판발행	2024.04.30.
ISBN	9791193155462
정가	19,800원

Reading Revelation in Context:
John's Apocalypse and Second Temple Judaism

Ben C. Blackwell,

John K. Goodrich,

& Jason Maston

(Editors)

| 일러두기 |
본서 아래, 안쪽 여백에 사용된 숫자는 원서의 페이지를 가리킵니다. 색인에 나와 있는 숫자 역시
원서의 페이지입니다.

우리의 아버님과 어머님(parents-in-law),
할머니와 할아버지에게

Norm과 Alice MacDonald,
Rob과 Susan Mills, Bill과 Patt Elam,
그리고 Barb Campbell

Mark와 Nancy Rush, 그리고 Dotty Rush

Ken과 Paula Reed, David와 Julie Sterzing,
Al Murdock과 Mildred Reed, 그리고 June Maston

"내가 네 사업과 사랑과 믿음과 섬김과 인내를 안다."
(계 2:19)

배경으로 읽기 시리즈의 이 세 번째 책은 많은 사람들에게 빚을 지고 있습니다. 카티야 코브렛(Katya Covrett), 크리스 비섬(Chris Beetham) 및 존더반 아카데믹 (Zondervan Academic) 나머지 팀의 전문성에 감사를 표합니다. 우리는 또한 훌륭한 작품을 제공해 준 모든 기고자들에게도 감사드립니다. 이들과 함께 일했던 것은 진정한 기쁨이었습니다. 이 시리즈의 모든 책에 글을 써주어 특별히 우리의 자랑거리가 되어준 마크 매튜스(Mark Mathews)는 제작 초기에 이 계시록 연구의 속도를 맞추는 데 특히 도움을 주었습니다. 마크! 언제나 열정적으로 우리를 도와주시고 협력해 주셔서 고맙습니다. 우리는 또한 인물 색인과 성구 색인을 만들어준 데이비드 킴(David Kim)과 우리의 연구를 지원해 준 학술 기관(휴스턴침례 대학교와 무디성경연구소)에 감사를 표합니다. 마지막으로 우리 연구를 지지해 주고 격려해 준 가족들, 친가와 외가 모두에 깊은 감사를 드립니다. 우리는 여러분을 사랑합니다!

편집자 일동
2019년 6월 6일
75주년을 기념하며(The 75th anniversary of D-Day)

| 목차 |

사해문서

1QHª	Hodayotª/Thanksgiving Hymnsª
1QM	Milḥamah/War Scroll
4QpIsaª	Pesher Isaiah (4Q161)
1QS	Serek Hayaḥad/Rule of the Community (also Community Rule) 1QSb/1Q28b Rule of the Blessings
1QSb/1Q28b	Rule of the Blessings
4QFlor	Florilegium (4Q174)
4Q285	Sefer Hamilḥamah
4QShirShabb	Songs of the Sabbath Sacrifice (4Q405)
4Q504	Dibre Hameʾorotª/Words of the Luminariesª
11QMelch	Melchizedek (11Q13)
CD	Damascus Document

랍비 문헌

b. Ḥag.	Tractate Ḥagigah (Babylonian Talmud)
Gen. Rab.	Genesis Rabbah
Lam. Rab.	Lamentations Rabbah
Num. Rab.	Numbers Rabbah
Prov. Rab.	Proverbs Rabbah
m. ʾAbot	Mishnah ʾAbot
Tg. Ezek.	Targum Ezekiel
Tg. Neof.	Targum Neofiti
Tg. Pal. Num	Palestinian Targum Numbers

다른 고대 문서

1 En.	1 Enoch
2 En.	2 Enoch
2 Bar.	2 Baruch
3 Bar.	3 Baruch
Ann.	*Annales* (Tacitus)
Apoc. Abr.	Apocalypse of Abraham
Apoc. Mos.	Apocalypse of Moses
Apoc. Pet.	Apocalypse of Peter
Apoc. Zeph.	Apocalypse of Zephaniah
Ant.	*Jewish Antiquities* (Josephus)
Ascen. Isa.	Ascension of Isaiah
Comm. Joh.	*Commentary on John* (Origen)
Crass.	*Crassus* (Plutarch)
Cal.	*Gaius Caligula* (Suetonius)
Cult. fem.	*The Apparel of Women* (Tertullian)
Idol.	*Idolatry* (Tertullian)
Princ.	*First Principles* (Origen)
Ep. Barn.	*Epistle of Barnabas*
Haer.	*Against Heresies* (Irenaeus)
In Apoc.	*Commentary on the Apocalypse* (Victorinus)
Tract. Ev. Jo.	*Tractates on the Gospel of John* (Augustine)
J. W.	*Jewish War* (Josephus)
Jub.	Jubilees
LAB	Liber antiquitatum biblicarum/Book of Biblical Antiquities (Pseudo-Philo)
LAE	*Life of Adam and Eve*
Life	*The Life* (Josephus)
Mos.	*De vita Mosis/On the Life of Moses* (Philo)

Pss. Sol.	Psalms of Solomon
Sib. Or.	Sibylline Oracles
T. Abr.	Testament of Abraham
T. Adam	Testament of Adam
T. Dan	Testament of Dan
T. Levi	Testament of Levi
T. Mos.	Testament of Moses
T. Sim	Testament of Simeon
Vesp.	*Vespasianus* (Suetonius)

저널, 간행물, 참고 자료, 시리즈

AYBC	Anchor Yale Bible Commentary
BBR	*Bulletin of Biblical Research*
BCAW	Blackwell Companions to the Ancient World
BZNW	Beihefte zur Zeitschrift für die neutestamentliche Wissenschaft
CBQMS	Catholic Biblical Quarterly Monograph Series
CEJL	Commentaries on Early Jewish Literature
DSD	*Dead Sea Discoveries*
DJD	Discoveries in the Judaean Desert
ESV	English Standard Version
GAP	Guides to the Apocrypha and Pseudepigrapha
JBL	*Journal of Biblical Literature*
JETS	*Journal of the Evangelical Theological Society*
JSJSup	Supplements to the Journal for the Study of Judaism
JSNT	*Journal for the Study of the New Testament*
JSNTSup	Journal for the Study of the New Testament Supplement Series
JSP	*Journal for the Study of the Pseudepigrapha*

JTS	*Journal of Theological Studies*
LNTS	The Library of New Testament Studies
NETS	A New English Translation of the Septuagint. Edited by Albert Pietersma and Benjamin G. Wright. New York: Oxford University Press, 2007
NIGTC	New International Greek Testament Commentary
NIV	New International Version
NovT	*Novum Testamentum*
NRSV	New Revised Standard Version
RevQ	*Revue de Qumran*
SNTSMS	Society for New Testament Studies Monograph Series
STDJ	Studies on the Texts of the Desert of Judah
TSAJ	Texte und Studien zum antiken Judentum
WBC	Word Biblical Commentary
WUNT	Wissenschaftliche Untersuchungen zum Neuen Testament

추천 서문

이 책은 기독교와 현대 문화에 가장 큰 영향을 미쳐왔고, 지금도 계속 미치고 있는 신약성서의 저작 중 하나인 요한계시록을 조명하는 일의 중요성과 가능성 모두를 보여주는, 매우 고맙고도 접근하기 쉬운 일련의 연구를 제공합니다.

요한계시록은 역사 끝의 과정을 알려주는 핵심 자료로 각광을 받아왔고, 극단적 형태의 종교를 자극할 가능성으로 인해 불신되어 온 오랜 역사를 가지고 있지요. 이 책은 그 자체가 묵시록, 말하자면 "예수 그리스도"(계 1:1)를 드러내는 책으로 소개하고 있기는 하지만, 흔히 해석하기 가장 당혹스럽고 어려운 초기 기독교 저작들 중 하나로 간주되곤 합니다. 그렇지만 계시록의 틀을 구성하는 편지 형식(1-3장과 22:21)은 이 책이 소아시아에 있는 몇몇 교회 가운데 그리스도를 믿는 청중들에게 (이해될 만큼) 충분히 명료하게 기록됐음을 시사해 줍니다. 그렇게 이 책은 청중들/독자들로 하여금 매우 적극적으로 반응하기를 요구했고, 저들은 분별력을 가지고 서 계시록의 권면을 수용하도록 기대됐습니다(1:3; 2-3장; 13:9; 14:12; 18:4; 22:18-19). 이 묵시록을 이해하는 데 중요한 사안은 거기에 나타 난 상징적 이미지에 관한 것이었지요. (본래 의미를 가지고 있던) 이미 지들이 새로운 문학적 맥락 안에서 어떻게 기능하는지에 관한 것이었을 것입니다. 몇몇 이미지는 그와 관련하여 해석 지침이 제공 되고 있지만(예, 1:20; 13:18; 17:9-14), 상징이란 본질적으로 다양성이라는 성격을 가지고 있기에 일대일로 해독되기를, 즉 오로지 단일한 의미로 축소되어 해석되기를 거부합니다. 그보다도 주후 1세기 후반의 소아시아 청중들은 '상상력을 가지고 참여함'으로써 이 책의 상징성 내에 또는 상징성과 관련하여 본인들의 위치를 점하도록 초대받았습니다.

요한계시록의 많은 상징과 이미지는 저자라고 하는 요한이 (히 브리 경전이든 제2성전기 문헌이든) 신성하게 여긴 자료들을 (거기에서 직 접 유래하지 않았을지라도) 독자로 하여금 떠올리게끔 합니다. 이러한 자료들 중 어떤 것도 '기록된 바', '말한 바와 같이' 또는 '그와 같 이'라는 인용 소개 형식구를 동반하지 않지만, 계시록 본문의 거 의 모든 구절들은 (기존) 자료들을 암시하는 언어로 가득합니다. 학 자들은 특히 계시록에서 다니엘, 이사야, 에스겔, 예레미야, 출애 굽기, 스가랴와 관련된 전통의 존재를 확인했으며, 예컨대『에녹1 서』(「파수꾼의 책」, 「에녹의 비유」, 「동물 묵시록」, 「에녹의 편지」),『에스라4

서』, 『요셉과 아스낫』, 『스바냐의 묵시』 및 사해문서의 여러 사본들의 중요한 영향 또는/그리고 유사점들이 발견됐습니다. 마지막으로, 단어와 구절은 신약성경의 다른 부분(공관복음, 요한복음, 바울서신)에서 발견되는 글들을 떠올리게 합니다. 신약 밖 자료와의 몇몇 연관성과 그것의 의미는 이 책에 담긴 논고들에 의해 방대하고도 아름답게 설명됩니다.

제2성전기 전통의 상징성에 진지하면서도 창조적으로 의존하는 요한계시록은 신약성서의 저작 가운데 가장 발전된 '고'기독론을 가지고 있습니다. 즉, 이 문서에서 '어린양'으로 적어도 28회 이상 언급되는 예수는 하나님과 보좌를 공유하고 있지요(5:6, 13; 7:9-10, 17; 22:1, 3). 또한 어린양으로서 예수는 신실한 자들을 위한 구원의 유일한 중심일 뿐 아니라 신자들이 고난 가운데 따를 만한 하나의 모본이 됩니다(6:9-11; 14:4-5).

계시록이 다른 제2성전기 저작들과 어떻게 관련되어 있는지 생각하는 것이 어째서 중요한지 우리는 물을 수 있습니다. 적어도 두 가지 이유를 떠올릴 수 있습니다. 첫째, 이 책은 하나님과 높여진 예수의 밀접한 관계를 강조하고 있지만 여러 방면에서 유대적인 특징을 가지고 있습니다. 흥미롭게도 계시록은 두 곳에서 자칭 "유대인이라 하지만 실상은 아닌"(2:9; 3:9) 자들에 대해 비판하는데, 이는 어떤 의미에서 저자가 자신을 진정한 유대교의 일부로서 동일시하고 있음을 암시합니다. 더욱 중요한 것은 요한계시록이 당시 유대 사상에 완전히 영향을 받았기에 이를 염두에 두지 않는다면 그 메시지를 상상하기 어렵다는 것입니다. 그렇기에 이 책은 주후 1세기 말 무렵에 기록될 때에도 유대 전통과 단절됐다는 징표를 거의 보여주지 않습니다—(유대아에서 멀리 떨어진) 소아시아에서 기록될 때에도, 로마 제국과 사회-종교적 갈등을 겪을 때라도 말입니다. 실제로 디아스포라의 형성기 기독교의 정체성은 (유대교의) 본질적인 것을 잃어버리지 않은 채 유대교에 깊이 뿌리내리고 있다는 것을 보여줍니다.

둘째, 요한계시록과 유대교의 연관성을 탐구함으로써 이 계시록이 유대 묵시 사상의 담론 안에 얼마나 자리를 잡고 있는지, 그리고 1세기 지중해 세계에서 통용되던 전통과 얼마나 관계하고 있는지 알 수 있습니다. 요한계시록은 임박한 종말론적 미래에 일어날 일들을 드러내는 언어를 종종 사용하지만(1:1, 19; 2:16; 3:11; 4:1; 22:6-7, 12, 20), 앞서 존재했고 당대에 존재했던 묵시문학과 마찬가지로 드러난 과거와 현재를 제시하는 데 큰 관심을 내보입니다. 요한계시록 안에서 옛적 과거(참조, 13:8)와 근래(2:12)는 하나님을 향한 예배와 로마 제국 배후에 있다고 간주되는 세력에 대한 충성 사이에 정면 충돌이 있었던 때로 폭로되면서, 동시에 현재는 어린 양을 따르는 자들이 경제적으로 매혹적이지만 거짓되고 망상적인 대안에 직면하여 타협하지 않고 신실함을 유지하도록 요청받는 때로 드러납니다(2-3, 13-14, 18장). 2-3장의 메시지가 향하고 있는 개별 교회들이 계시록에 나오는 그리스도에 대한 찬양과 그리스도의 비판에 어떻게 반응했는지는 알려져 있지 않습니다. 하지만 의

심의 여지없이 계시록 저자는 믿음의 온전함을 훼손하는 세계 질
서 안에서 교회들이 부활하신 예수의 말씀을 타협하지 않는 신실
함으로 끈질기게 표현해 낼 수 있기를 바랐고 또한 참으로 기대했
습니다. 유대의 묵시록에서와 같이 종교적 충실함을 요구하는 요
한계시록에서는 악함에 타협하기를 거부하면서 또한 현재 이미
진행 중인 급진적인 변화가 미래에 도래하게 될 것을 확신합니다
(참조, 3:8). 어린양 그리스도와 그 따르미들 사이에 형성된 친밀한
관계는 계시록이 고대 유대 문헌들에서 차용한 상징과 모티프가
어떻게 작용하는지 보여줍니다. 곧, 이는 단순히 저 너머의 실재를
가리키는 메타포나 이미지일뿐 아니라 오히려 그 자체로서 하나
님의 백성이 거하는 바로 그 세상에 본래 존재하던 것처럼 간주됩
니다. 사용된 자료가 무엇이든 간에 신성한 전통은 계시록 본문
안에서 생명을 발아시킵니다.

　이 책에서 제공하는 다양한 형태의 상호텍스트적 비교는 그리
스도에 대한 실제적이고도 배타적인 선언의 배경을 그리는 것, 그
이상의 역할을 합니다. 오히려 이 풍광은 그 이야기 안에 본래 존
재하던 것이자 이야기의 배우들이 움직이는 세계의 무대가 됩니
다. 서로 간의 상호텍스트적 대화는 생생하며, 계시록을 (제2성전기)
배경 위에서 읽으려는 노력에 에너지를 불어넣어 줍니다. 이 책을
집어든 사람은 결코 실망하지 않을 것입니다.

로렌 T. 슈투켄브룩(Loren T. Stuckenbruck)

서론

벤 C. 블랙웰(Ben C. Blackwell)

존 K. 굿리치(John K. Goodrich)

제이슨 매스턴(Jason Maston)

텍스트는 다른 텍스트(즉, 콘텍스트)와 접함으로써만 존속한다. 텍스트들 사이의 바로 이 접촉 지점에서만 빛이 번쩍이고, 이 빛은 후방과 전방을 밝혀주며, 주어진 텍스트를 하나의 대화로 엮어준다.

—M. M. 바흐친(Bakhtin)

요한의 묵시로 알려지기도 한 요한계시록은 신약 문서 중 가장 생생하고 흥미진진한 책으로 널리 알려져 있다. 요한계시록은 때로 선동적인 수사와 난해한 줄거리 탓에 외면당하기도 했지만, 성경의 다른 책들만큼 대중 기독교의 감수성에 호소했고, 실제로 다양한 전통에 속해 있는 교회들에서 성경의 이 부분을 다루는 설교가 진행될 때면 기본적으로 매주 출석률이 높아지는 것이 보장됐다. 이러한 광범위한 관심은 상당 부분 이 책에 나오는 엄청난 양의

상징과 승리주의적인 종말론적 세계관 때문이다. 전문 신학자들
조차도 요한계시록 저자의 환상 경험에 강한 흥미를 느끼고, 이
책에 나오는 정치적이고 우주적인 투쟁에 몰두한다. 주석가들은
요한계시록에 묘사된 사건들이 언제, 어떻게 성취되고 성취될 것
인지를 두고 계속해서 논쟁을 벌이고 있지만, 요한계시록이 하나
님의 백성들이 절정에 가서 신원되고 하나님의 적들이 확실히 멸
망할 것을 예언하고 있다는 점에는 모두 동의한다. 그렇다면 요한
의 묵시는 현대의 신자들에게도 적합한 메시지를 담고 있는 신학
적으로 중요한 책이다. 리처드 보컴(Richard Bauckham)이 설명했듯
이, "요한계시록 신학의 방법과 개념은 신약의 다른 책들과는 상
대적으로 다르지만, 이것들이 그 자체로 이해되면, 요한계시록은
신약에서 가장 훌륭한 문학 작품 중 하나일 뿐만 아니라, 초기 기
독교의 가장 위대한 신학적 성취 중 하나로 간주될 수 있다."[1]

주후 1세기 후반에 서부 소아시아에 있는 일곱 교회에 전달하
기 위해 기록된 요한계시록은 밧모섬에 있는 요한에게 앞으로 계
시 될 모든 것을 기록하라고 지시하는 인물인 인자(부활한 메시아)와
함께 시작된다. 이 책의 원래 수신인의 윤리적 결함에 대한 첫 보
고가 있고 난 후, 요한은 즉시 하늘의 보좌 알현실로 이동된다. 거
기에서 요한은 장엄한 모습의 장로들과 사나운 짐승의 모습을 한

---

1.   Richard Bauckham, *The Theology of the Book of Revelation*, New Testament
Theology (Cambridge: Cambridge University Press, 1993), 22 [= 『요한 계
시록 신학』, 한들출판사, 2000].

생물들이 최고 주권자이신 하나님을 예배하며 죽임 당하신 어린 양(예수 그리스도) 앞에 엎드리는 것을 목격하는데, 이 어린양은 하나님의 오른손에 있는 봉인된 두루마리를 취하기 위해 보좌에 앉으신 이에게로 나아간다.

어린양이 두루마리의 일곱 인을 떼는 순간, 요한은 말을 타고 있는 신비스러운 사람들이 일으키는 다양한 대격변의 환상을 연속적으로 보게 된다. 인을 떼는 장면 이후에 일곱 나팔 장면이 이어지는데, 각각의 나팔이 울려 퍼질 때마다 자연재해, 군대의 집결, 짐승의 출현, 선지자 살해를 포함한 추가적인 재앙이 일어난다. 이어서 더 많은 환상들이 나타나는데, 이는 일곱 대접의 재앙이 내려지고 큰 바벨론이 멸망하는 것에서 절정에 이른다. 그 후 사탄이 사로잡히고 긴 평화가 시작된다. 이 기간에 메시아와 그를 따르는 자들이 천 년 동안 함께 땅을 다스린다.

그러나 사탄이 풀려나자 마지막 결전이 일어나고, 절정에 가서 사탄과 죽음 그리고 그 공범들을 포함한 모든 악이 불 못에 던져지며 최종적으로 패배하게 된다. 그 후 요한은 새 예루살렘이 하늘에서 내려옴으로써 하늘과 땅이 영원히 합쳐질 때, 창조가 회복되는 것을 본다. 요한은 에덴과 같은 도시에 하나님이 거하시며 그곳에서 신실한 백성들과 영원토록 함께 다스리는 것을 예견하는데, 이 약속으로 인해 예수 그리스도께 충성을 맹세한 자들은 현재 희망과 평화를 제공받는다.

요한계시록은 멋진 테마파크와 같다. 요한계시록은 시청각적인 자극으로 가득하고 혼돈과 재앙이 끊임없이 등장하기에 이 작품은 분명하게 설명하는 만큼 두려움을 불러일으키는, 다감각적이면서도 혼란스러운 경험을 준다. 이 책은 대다수의 탁상공론을 좋아하는 신학자들이 예상하는 것보다 더욱 주의 깊은 연구를 필요로 하지만, 이안 폴(Ian Paul)이 단언하듯이, 요한계시록은 "당신이 읽게 될 책 중에 가장 놀라운 책"일 수 있다.[2]

그러나 요한계시록에 대한 모든 해석이 다 통찰을 주는 것은 아니다. 요한계시록은 성경의 나머지 부분과 마찬가지로 우리와는 매우 다른 시대와 문화 속에서 기록됐다. 따라서 요한계시록을 책임감 있게 읽기 위해서는, 성경을 배우는 신학대학원 2학년 학생이라면 누구나 알고 있겠지만, 본문에 대한 역사-문화적 맥락을 자세히 검토해야 한다.[3] 이것은 특히 요한계시록과 같은 묵시 작

---

2. Ian Paul, *Revelation*, TNTC (Downers Grove, IL: IVP Academic, 2018), 1.

3. Michael J. Gorman, *Reading Revelation Responsibly: Uncivil Worship and Witness—Following the Lamb into the New Creation* (Eugene, OR: Wipf & Stock, 2011), 12–22 [=『요한계시록 바르게 읽기』, 새물결플러스, 2014]을 보라. Michael J. Gorman은 요한계시록의 문학적 장르, 특히 유대 묵시적 특징을 인식하고, 이러한 독특한 표현 양식에 비추어 요한계시록을 해석하는 것이 중요하다고 말한다. 그러나 역사적 읽기가 책임 있는 해석에 필요한 유일한 방법이라는 뜻은 아니다. Gorman에게 있어서 요한계시록을 책임감 있게 읽는 것은 이 책의 "영성"을 고려하는 것이 요구된다. 즉, 요한계시록이 "기독교 신앙을 살아내는 경험"(176)과 어떻게 관련되는지를 고려하며 읽는 것이다. Marianne Meye Thompson이 유창하게 우리에게 상기시키듯이, "요한계시록을 주로 과거에 초점을 맞추어 읽을 때 종종 나타나는 의도하지 않은 결과는, 요한계시록이 과거의 유물로 남게 된다는 것이다." 따라서 "요한계시록이 독자들을 기독교인으로 만드는 데 어떻게 역할을 하는지" 질문하는

품에서 더 그렇다. 요한계시록에 사용된 수사 전략과 의사소통의 예술성은 특별한 해석학적 주의를 요구한다. 맥락에 대한 약간의 인식은 없는 것보다야 낫기는 하겠지만, 신약 세계의 문학적이고 종교적인 환경에 흠뻑 젖어 들지 못한다면, 무의식적으로 이질적인 의미를 성경 텍스트에 부과하게 될 뿐만 아니라 요한의 환상에 계시된 초자연적인 피조물과 묵시적 상징주의를 잘못 이해하게 될 공산이 크다.

요한계시록 해석사가 바로 이러한 문제를 보여준다. 요한계시록을 해석하는 주요 접근법 중 몇 가지, 특히 미래주의와 역사주의적 관점의 대표자들은 저자가 환상을 통해 전하고자 의도했던 것이 무엇인지를 충분히 규명하지 않고 요한계시록 이미지의 구체적인 대상을 너무 성급하게 파악하려고 했던 전적이 있다. 바벨론과 짐승이 수 세기 동안 이해되어 온 방식을 조사해 보면, 일부 신학자들이 이들을 당대에 존재했던 정치적이고 종교적인 대적들—교황, 나치, 러시아, 무슬림 극단주의자 등—로 해석하는 데 얼마나 열심이었는지를 알게 된다.[4] 이와 관련하여 G. K. 체스터턴(G. K. Chesterton)은 "복음서 저자인 성 요한이 자신의 환상 속에서 많

것도 중요하다("Reading What Is Written in the Book of Life: Theological Interpretation of the Book of Revelation Today," in *Revelation and the Politics of Apocalyptic Interpretation*, ed. R. B. Hays and S. Alkier [Waco: Baylor University Press, 2012], 155-71, at 157).

4.   예를 들면, 요한계시록 13장의 수용사를 보려면 Judith Kovacs and Christopher Rowland, *Revelation: The Apocalypse of Jesus Christ*, Blackwell Bible Commentaries (Oxford: Blackwell, 2004), 147-59을 참조하라.

은 이상한 괴물들을 보았지만, 그 주석가들 중 하나처럼 얼토당토
않은 생명체는 보지 못했다"고[5] 말했다.

현대 학계는 그런 근거 없는 제안의 많은 결점을 드러냈다. 요
한계시록에는 분명히 앞을 내다보는 예언이 포함되어 있지만, 존
J. 콜린스(John J. Collins)가 "묵시적 상징주의의 암시적이고 환기시
키는 힘"이라고[6] 부르는 것을 먼저 제대로 이해하지 않고 요한계
시록의 이미지를 해석하는 것은 위험하다. 다시 말하면, 열정적인
독자는 요한의 환상이 언제, 그리고 어떻게 성취될지를 알기를 갈
망하지만, 모호하고 예술적으로 배열된 계시 보도에 대한 사변적
인 해석은 사실상 저자가 성취하려고 의도했던 바를 훼손할 수 있
다. 실제로, 콜린스에 따르면, 요한계시록과 같은 유대-기독교 묵
시는 "때때로 불확실성이라는 요소를 통해 그 효과를 정확하게 달
성할 수 있다".[7] 그러므로 묵시문학이 어떻게 기능하는지에 대한
더 깊은 이해가 요구된다.

성서학자들은 **묵시 문학**의 언어를 사용하면서 보통 **묵시록**으
로 알려진 문학 형태로 기록된 텍스트에 특징적으로 나타나는 사
상의 집합을 언급하는데, 요한계시록은 이에 대한 좋은 예다.[8] 콜

---

5.   G. K. Chesterton, *Orthodoxy* (London: John Lane, 1908), 13 [= 『C. K. 체스
     터턴의 정통』, 아바서원, 2016].

6.   John J. Collins, *The Apocalyptic Imagination: An Introduction to Jewish
     Apocalyptic Literature*, 3rd ed. (Grand Rapids: Eerdmans, 2016), 20 [= 『묵
     시문학적 상상력』, 가톨릭출판사, 2006].

7.   Collins, *Apocalyptic Imagination*, 20.

8.   요한은 요한계시록을 '묵시'라고 부르면서 시작한다. 그러나 대부분의 한글

린스의 유명한 정의처럼, "묵시는 내러티브 틀을 지닌 계시 문학의 한 장르다. 이 장르에서 계시는 초자연적인 존재에 의해서 인간 수령자에게 매개되며 초월적인 실재를 드러낸다. 이 실재는 종말론적인 구원을 예견할 때는 시간적이고, 또 다른 초자연적인 세상과 관련될 때는 공간적이다."⁹ 이 문학 유형에는 두 가지 하위 유형이 있다. 하나는 (신성한 역사를 되새기는) **역사적 묵시**이고, 다른 하나는 (우주를 여행하는) **초월적 여행**이다.¹⁰ 작품의 하위 유형과는 관계없이, 기억해야 할 중요한 것은 이러한 기록이 "초월적 실재"를 묘사한다는 것이다. 즉, 선견자는 이 세상의 무대 뒷면을 몰래 들여다보거나 전혀 **다른** 영역을 엿볼 수 있는 권한을 부여받는다. 어느 경우든 간에, 보도되는 것은 땅에 있는 자들에게는 전혀 **보이지 않거나** 적어도 육안으로 **보이는 것과는 다른** 것이다. 이러한 이유로 해석가의 주된 책임은 계시된 이미지의 구체적인 대상을 파악함으로써 환상을 해석하는 것이 아니라, 수납된 계시의 관점으로 삶의 경험에 대한 인식을 재조정하는 것이다. 데이비드 드실바(David deSilva)가 설명하듯이, "묵시는 … 매일의 상황을 해석해야 하는 더 큰 맥락(신앙적 우주)을 살펴봄으로써 그 상황을 거리를 두고 넓게 보는 것이다. 묵시는 여기에서부터 힘을 얻어서 낙담하거나 소외된 자들을 위로하고, 그들이 처한 상황 속에서의 반응이

성경은 원문의 ἀποκάλυψις를 '계시'로 번역했다—역주.

9. John J. Collins, "Introduction: Towards the Morphology of a Genre," *Semeia* 14 (1979): 1-20, at 9.

10. Collins, *Apocalyptic Imagination*, 7

종교적 가치와 부합하지 않는 자들을 훈계하며, 선견자가 권고하는 어떤 행동이든 행하는 데 필요한 동기를 제공한다."[11]

유대교와 기독교의 이러한 많은 묵시록들이 수천 년 동안 연구되어 왔지만, 19세기 전반이 되어서야 비로소 이 문헌이 뚜렷하게 구별되는 저술 모음으로 확인되어 권위를 인정받았다.[12] 이러한 발전은 몇몇 고대 유대교 사본이 발견되고 그것들에 대한 비평본, 특히 『에녹1서』와 『이사야 승천』의 비평본이 출간된 시기와 동시에 일어났다. **묵시**의 형태를 취하지 않지만 그 장르의 구성적 특징을 공유하고 있다는 이유로[13] 여전히 묵시로 묘사될 수 있는 일

---

11. David A. deSilva, *Seeing Things John's Way: The Rhetoric of the Book of Revelation* (Louisville: Westminster John Knox, 2009), 13 [= 『요한의 방식으로 보기』, 기독교문서선교회, 2023].

12. 이에 대한 공적은 보통 Friedrich Lücke의 것으로 인정된다. Friedrich Lücke, *Versuch einer vollständigen Einleitung in die Offenbarung des Johannes und in die gesammte apokalyptische Litteratur* (Berlin: Edward Weber, 1832).

13. 초기 유대교의 『희년서』가 그러한 예 중 하나이다. 『희년서』는 구약성경의 가장 초기 부분을 상술한 내러티브로, 다시 쓴 성경(rewritten Scripture)으로 알려진 문학 장르에 가장 잘 들어맞고, 이 작품 전체에는 일반적으로 묵시문학에서 발견되는 주제들이 엮어 들어가 있다. 그러한 주제들에는 신적 신비에 대한 천사 중개자의 계시, 종말에 대한 담론, 초자연적 존재들이 있다. 요한계시록은 또한 편지, 예언, 묵시문학을 포함하는 혼합된 장르로 되어 있기도 하다. 묵시적 특징은 신약의 나머지 부분에도 나타난다. 예를 들면, Ben C. Blackwell, John K. Goodrich, and Jason Maston, eds., *Paul and the Apocalyptic Imagination* (Minneapolis: Fortress, 2016); Benjamin E. Reynolds and Loren T. Stuckenbruck, eds., *The Jewish Apocalyptic Tradition and the Shaping of New Testament Thought* (Minneapolis: Fortress, 2017)를 보라.

부 작품을 포함한 여러 작품들이 20세기로 접어들면서 영국 학자 R. H. 찰스(R. H. Charles)에 의해 연구되어 엉어로 번역됐는데, 그는 요한계시록과 관련된 자신의 학문 연구에서 그런 작품들에 많이 의존했다. 이러한 자료들이 주해를 위한 매우 귀중한 배경적 통찰을 제공해 줬기에 찰스는 "신약성경의 묵시는 유대교 묵시문학을 떠나서는 이해될 수 없다"고 주장했다.[14] 사실상 찰스는 요한계시록의 신학적 심오함과 관련해서 새롭게 발견한 점들 중 대부분을 자신의 배경 연구 때문이었다고 밝힌다. 찰스는 다음과 같이 설명한다. "요한계시록에 대한 나의 태도에 혁명적인 변화를 일으킨 첫 번째 근거는 유대 묵시에 관한 철저한 연구 때문이었다. 그렇게 얻은 지식은 이 문헌에 익숙하지 않은 학자들에게는 절망적인 수수께끼로 보일 수밖에 없는 많은 문제를 해결하는 데 도움을 주었다."[15] 찰스만이 이 텍스트들 전체와 요한계시록을 해석하는 데 있어서 이것들의 중요성을 인정한 것은 아니다.[16] 찰스의 주장은 이후 수십 년 동안 리처드 보컴을 비롯한 많은 학자들에 의해서

---

14. R. H. Charles, *Studies in the Apocalypse* (Edinburgh: T&T Clark, 1913), 4 (2쪽도 보라). 또한, R. H. Charles, *The Revelation of St. John*, ICC (Edinburgh: T&T Clark, 1920), 1:lxv: "위경에 대한 지식이 없으면, 우리의 저자를 이해하는 것은 불가능하다."

15. Charles, *Revelation of St. John*, 1:x.

16. 또한, 예를 들면, Austin Marsden Farrer, *A Rebirth of Images: The Making of St. John's Apocalypse* (Westminster: Dacre, 1949); Pierre Prigent, *Commentary on the Apocalypse of St. John* (Tübingen: Mohr Siebeck, 2004), 22-36을 보라.

공유되었다. 보컴은 "묵시문학 전통은 형식과 내용 면에 있어서 [밧모섬의 요한이] 가장 빚지고 있는 살아있는 문학 전통이다"라고 언급했다.[17]

그러나 학자들이 이제 판에 박힌 듯이 묵시문학이라는 배경에서 요한계시록을 연구하는 것의 가치를 인정하고 있음에도, 그들은 요한계시록이 비유대교 세계, 특히 로마 제국이라는 사회정치적인 환경과의 관계에 점점 더 강하게 매료되면서 종종 요한계시록의 유대 역사적이고 문학적인 배경에 대한 지속적인 관심을 기울이는 순서를 건너뛰고 있다. 예를 들면, 요한계시록에 대한 최근의 많은 사회정치학적 연구에서 요한의 언어와 이미지는 실제적이든 인지된 것이든 간에 어떤 종류의 위기 때문이라고 여겨진다.[18] 몇몇 학자들은 1세기 후반 기독교인들의 현실적인 삶은 로마

---

17. Richard Bauckham, *The Climax of Prophecy: Studies on the Book of Revelation* (Edinburgh: T&T Clark, 1993), xii [=『요한계시록 신학』, 부흥과 개혁사, 2021]. Loren Stuckenbruck과 Mark Mathews는 심지어 다음과 같이 제안하기까지 했다. "요한계시록의 저자는 『에녹1서』의 주요 부분 중 일부를 (문서 전승이나 구술 전승을 통하여) 직접적으로 알고 있었거나 적어도 이 글에 영향을 받은 전승에 접근할 수 있었을 것 같다." ("The Apocalypse of John, 1 Enoch, and the Question of Influence," in Loren T. Stuckenbruck, *The Myth of Rebellious Angels: Studies in Second Temple Judaism and New Testament Texts* [Grand Rapids: Eerdmans, 2017], 281–325, at 324).

18. Paul Hanson, *The Dawn of Apocalyptic* (Philadelphia: Fortress, 1975)은 묵시가 위기 상황에서 나왔다는 현대의 이해에 큰 영향을 끼쳤다. 가장 초기 묵시는 위기라는 배경에서 나올 수 있지만, 이 장르를 이후에도 계속적으로 사용하는 것은 승계받은 표현 방식의 산물일 수 있다. 묵시문학에 대한 이해에 있어서 상당한 발전이 있었지만, 이러한 사상은 신약학계에 여전히 널리

황제 도미티아누스(주후 51-96년)가 폭압적으로 다스리는 기간에 극심한 박해를 받는 삶이었다고 말한다.[19] 다른 학자들에게 있어서 요한이 우려하는 바는 다양한 형태로 어디에나 존재하는 황제 숭배, 무엇보다도 기독교인들이 자발적으로든 강압에 의해서든 그 숭배에 참여하는 것이었다.[20] 그러므로 소아시아의 로마 제국은 기독교인들에게 제국의 문화에 동화되고 '팍스 로마나'(*pax romana*)를 그들의 평화와 번영의 원천으로 바라볼 기회를 제공했고, 요한은 이것을 그리스도에 대한 충성과 양립할 수 없는 것으로 간주했다.

또 다른 연구에 따르면, 기독교 공동체는 로마 제국의 과도한 부와 권력의 그늘에서 소외감을 느꼈을 것이고, 이는 요한과 그의 독자들에게 부러움과 분노를 불러일으켰을 것이라고 한다.[21] 요한의 수사는 사회정치학적 관점에서 볼 때 반로마 선전의 역할을 하며 반감을 진정시키려고 노력한다.

요한계시록에 대한 이러한 접근 방식과 유사한 사회정치학적

퍼져 있다.

19. Elisabeth Schüssler Fiorenza, *The Book of Revelation: Justice and Judgment* (Philadelphia: Fortress, 1985), 그리고 *Vision of a Just World* (Minneapolis: Fortress, 1991).

20. Nelson J. Kraybill, *Imperial Cult and Commerce*, JSNTSup 132 (Sheffield: Sheffield Academic, 1996); Steven J. Friesen, *Imperial Cults and the Apocalypse of John: Reading Revelation in the Ruins* (Oxford: Oxford University Press, 2001).

21. Adela Yarbro Collins, *Crisis and Catharsis: The Power of the Apocalypse* (Philadelphia: Westminster, 1984), 84-107.

접근 방식이 요한계시록의 메시지를 이해하는 데 중요한 자료를 제공한다는 점에는 의심의 여지가 없다. 그러나 이러한 서로 이질적인 관점들이 만들어내는 다양한 결과들은, 현대 독자들이 실제로 고대 로마라는 사회 세계에서 요한이 반응하고 있는 것이 무엇인지를 구체적으로 파악하려고 할 때 직면하게 되는 어려움을 더욱 두드러지게 한다. 위에서 언급한 연구들은 합리적인 해석 가능성을 제시하지만, 로마 제국이 요한의 메시지에 끼쳤을 영향력은 일반적으로 인정되는 전통이 저자의 단어 선택, 문체, 세계관에 영향을 끼쳤을 것보다 너무 많이 강조되곤 한다. 이것이 특히 놀라운 것은, 콜린스가 지적했듯이, "신약의 어떤 다른 책도 유대 문헌에서 이처럼 분명하고 잘 확립된 선례를 가지고 있지 않기" 때문이다.[22] 그렇다면 묵시 장르의 특성과 제2성전기에 그것이 발전되었다는 사실을 고려할 때, 요한계시록을 앞선 유대 묵시 전통과 함께 읽는 것은 매우 중요하다.

　　그러나 오늘날 많은 성경의 독자들, 특히 복음주의 전통에 서 있는 사람들은 초기 유대교 문헌에 별로 주의를 기울이지 않는다. 몇몇 사람에게 이것은 단순히 **익숙함**의 문제다. 대다수는 일반적으로 제2성전기에 만들어진 문헌들을 잘 알지 못하고, 소위 구약과 신약 사이의 '침묵 기간'이 히브리 성경에서 물려받은 전통을

---

22. John J. Collins, "The Christian Appropriation of the Apocalyptic Tradition," in *Seers, Sibyls, and Sages in Hellenistic-Roman Judaism* (Leiden: Brill, 1997), 115-30, at 115.

넘어서는 발전에 대해서 거의 증언하지 않는다고 생각한다. 그러므로 이런 독자들은 신약성경이 문학적이고 신학적인 공백기에 쓰였다고 생각하기 때문에 초기 유대교 문헌을 간과한다.

다른 사람들에게 있어서 이런 기피 현상은 **정경성**(canonicity) 문제와 관련된다. 이런 독자들은 성경 이외의 유대교 문헌의 존재를 알고는 있지만, 성경 밖에 있는 고대 종교 서적들을 신학적으로 관련이 없거나 심지어 위험한 것으로 간주한다. 따라서 이들은 이러한 작품들을 해석학적 고려에서 배제하고, 이러한 기피는 그들이 오직 성경(*sola Scriptura*)이라는 슬로건이나 그와 관련된 성경의 명료성과 충분성에 관한 종교개혁 후기의 교리에 충성하는 것에 토대를 둔다.

일부 다른 독자들에게 있어서 제2성전기 문헌을 간과하는 것은 단순히 **유용성**(utility)의 문제다. 유대인들이 구약과 신약 사이에 중요한 종교 작품들을 저술했다는 것을 알고 있음에도 많은 사람은 어떻게 비정경 문서들이 성경과 함께 유익하게 연구될 수 있는지 여전히 확신하지 못한다. 그래서 그런 사람들은 한편으로는 성경 외적인 통찰을 적용할 수 있는 훈련을 받지 않은 것을 유감스럽게 생각하거나, 다른 한편으로는 괜히 해석을 시도했다가 신약성경의 메시지를 왜곡할까 걱정하면서 초기 유대교 문헌을 무시한다.

우리는 위에서 제기한 이러한 우려를 이해하기는 하지만 비전문가들이 제2성전기 문헌을 공부함으로써 얻게 되는 보상은 그렇게 함으로써 마주하게 되는 도전과 위험을 훨씬 넘어선다. 사실, 초기 유대교와 관련된 문헌들에 익숙해지면 얻게 되는 이점이 많다. 브루스 메츠거(Bruce Metzger)는 지난 반세기 동안 성경 연구를 위한 이러한 작품들(특히 외경)의 중요성을 유익하게 평가했다.

> 외경을 구약과 신약의 핵심(keystone)이라고 부르는 것은 너무 과장된 말이기는 하다. 하지만 이 중간기 문헌들이 성경을 읽는 대부분의 독자에게 수백 년의 공백을 메워주는 역할을 하는 역사적 연결점(hyphen)이라고 말하는 것이 과언은 아니다. 대단히 중요한 이 시기의 유대교의 삶과 사상의 발전에 대해 외경이 우리에게 말해주는 바를 간과하는 것은 누군가가 오늘날 미국의 문명과 문화를 산업화와 사회 혁명이 이루어졌던 중간 시기를 고려하지 않고 식민지 시대에서 곧 바로 20세기로 넘어감으로써 이해할 수 있다고 생각하는 것만큼 어리석은 일이다.[23]

정경성에 대한 우려 또한 정당화하기 어렵다. 우리 역시 영감된 성경의 권위에 대한 복음주의적이고도 넓은 의미의 개신교 신앙을 받아들인다. 그러나 신학적인 이유로 초기 유대교 문헌에 몰두하기를 거부하는 것은 이러한 신념을 넘어서는 것이다. 심지어 마르틴 루터(Martin Luther)도 "외경이 신성한 성경과 동등한 것으로

---

23. Bruce M. Metzger, *An Introduction to the Apocrypha* (Oxford: Oxford University Press, 1957), 151-52 [= 『외경이란 무엇인가』, 컨콜디아사, 1990].

여겨져서는 안 되지만, 그럼에도 불구하고 읽는다면 유익하고 좋다"라고[24] 말한 것으로 유명하다. 사실 외경은 지금처럼 성경과 나뉘어 있지 않았다. 가장 초기 개신교 성경 인쇄본(예, 루터성경과 KJV)에는 외경이 포함되어 있었다. 성경이 외경 없이 인쇄되기 시작하였을 때는 19세기 초였다. 교회 사람들의 진짜 우려는, 분명 비평학의 경우와 마찬가지로, 이 문헌들(외경)을 잘못 다루게 될지도 모른다는 데 있었다. 그리고 반세기 전, 새뮤얼 샌드멜(Samuel Sandmel)은 학계에서 배경 자료의 합당하지 않은 사용을 경고하면서 이를 "병행구절광증"(parallelomania)이라고 불렀다.[25] 그러나 비교 문헌을 잘못 사용하는 것에 대한 적절한 해결책은 그 문헌을 전면적으로 배척하는 것이 아니라, 성서학도들이 그 문헌을 책임감 있게 다루게 하는 것이다. 보컴이 주장하듯이, "묵시 전통의 특정 요소가 요한계시록과 다른 유대교 및 기독교 문헌에 나타날 때마다 상세하게 연구하는 것은 상당히 고된 일이고, 이는 이 일이

---

24. *The Apocrypha: The Lutheran Edition with Notes* (St. Louis: Concordia, 2012), xviii에서 인용됐다. 또한 Matthew Barrett이 어떻게 성경의 충족성을 변호하면서 동시에 개신교인들이 해석 작업을 위해 외경 자료의 가치를 인정하도록 촉구하는지 살펴보라. "이러한 요소들은 일반 계시의 높은 중요성을 보여주며, 심지어 우리가 오직 성경(sola Scriptura)이라는 우스꽝스러운 특정 성경주의에 빠지지 않도록 도와준다"(*God's Word Alone—The Authority of Scripture: What the Reformers Taught … and Why It Still Matters* [Grand Rapids: Zondervan, 2016], 338-39 [=『오직 하나님의 말씀』, 부흥과개혁사, 2018]).

25. Samuel Sandmel, "Parallelomania," *JBL* 81 (1962): 1-13 [=『병행구절광증』, 알맹e, 2022].

좀처럼 책임감 있게 진척되지 않은 이유 중 하나다. 그러나 이를
연구하는 일은 묵시 문헌의 배경과 구성을 이해하는 데 반드시 필
요한 일이고, 이 일을 통해서 중요한 주석적 결과를 얻을 수 있
다."[26]

　　많은 독자들은 합당하지 않은 외적 의미를 성경 본문에 **부여
하는 것**에 대해 특히나 걱정하는 것 같다. 이것은 합당한 우려다.
그러나 일부 사람들은 비교 연구가 **유사성**을 관찰하는 것만큼 텍
스트들 사이에 존재하는 신학적 **차이**를 드러내는 데 관심이 있다
(있어야 한다)는 것을 깨닫지 못하고 있다. 실제로 이런 종류의 비교
연구가 "요한계시록의 독특성을 전혀 부정하지 않는다"는 것이
보컴의 주장이기도 했다. "반대로 이러한 방법은 어떻게 요한이
일반적인 묵시 전승을 매우 창조적인 방식으로 사용하는지, 그리
고 자기 목적을 위해서, 또 자신의 문학적 천재성에 의해 이 문학
장르의 관습적인 부분을 어떻게 발전시키는지를 정확히 보여줄
것이다."[27] 그러므로 우리는 초기 유대교 문헌을 (단순히) 신약 문서
에 대한 들러리로 사용하는 것을 피함과 동시에, 그 둘 각각의 의
미를 제대로 인식하고 둘 사이의 대화가 이루어지려면 그 둘의 차

---

26. Bauckham, *Climax of Prophecy*, 39.
27. Bauckham, *Climax of Prophecy*, xii. Collins는 동의한다. "실제로 요한계시
　　록은 전형적인 묵시 장르를 특정한 방식으로 수정하여, 메시아가 이미 왔고
　　종말론적인 시대가 시작되었다는 확신을 나타낸다. 이러한 수정은 묵시적
　　세계관을 거부하지 않고, 그 세계관을 특정한 방식으로 실현하는데, 이와 유
　　사한 것이 유대교에 없지 않다"(Collins, "The Christian Appropriation of
　　the Apocalyptic Tradition," 120).

이점이 강조되어야 한다. 이렇게 요한계시록을 책임감 있게 해석하려면 학생들이 제2성전기 유대교 문헌을 **무시하지** 않고, 자주, 정확하게, 신학적 연속성**과** 불연속성을 인정하려는 의지를 가지고, 유대 문헌에 **참여해야** 한다.

요한계시록을 유대교 위에 놓고 보는 연구 논문이 많이 있지만,[28] 사실상 초급과 중급 학생들이 초기 유대교 묵시 및 관련 문헌

---

28. 그러나 이러한 연구들이 널리 퍼져 있다는 것이 과장되어서는 안 된다. 1990년대 초반에 Bauckham은 다음과 같이 한탄했다.

> R. H. Charles와 I. T. Beckwith와 같은 이전 세대의 학자들의 중요한 작품 이후로, 요한계시록과 나머지 묵시 문헌을 비교하거나 대조하는 방식의 연구 또는 요한계시록과 묵시 문헌에 등장하는 구체적인 문학 전승과 묵시 전승을 추적하는 신선한 연구는 거의 행해지지 않고 있다. 지난 20년 동안 유대 묵시와 기독교 묵시에 대한 우리의 지식과 이해가 크게 발전했음에도 불구하고, [그동안 진행된] 많은 요한계시록 연구를 살펴보면, [요한계시록과 다른 문헌과의] 타당성 있는 평행 관계가 너무 오래전에 지적되었다는 인상뿐 아니라 요한계시록 해석자가 다른 묵시 본문을 직접 연구하지 않는다는 인상도 받게 된다. … 그러나 이런 식으로[유대 묵시와 기독교 묵시에 대한 직접적인 연구를 통해—역주] 요한계시록에 신선한 이해가 여전히 차고 넘치게 될 수 있다. (*Climax of Prophecy*, xii)

Bauckham이 불만을 제기한 이후로 많은 연구가 나왔지만, 아직 해야할 일이 많다. 예를 들면, Edith M. Humphrey, *The Ladies and the Cities: Transformation and Apocalyptic Identity in Joseph and Aseneth, 4 Ezra, the Apocalypse and The Shepherd of Hermas*, JSPSup 17 (Sheffield: Sheffield Academic, 1995); Loren T. Stuckenbruck, *Angel Veneration and Christology: A Study in Early Judaism and in the Christology of the Apocalypse of John*, WUNT 2/70 (Tubingen: Mohr Siebeck, 1995); Ronald Herms, *An*

과 요한계시록이 어떻게 유사하면서도 다른지 직접적으로 이해하게 도와주는 비전문적인 자료는 사실상 존재하지 않는다. 이 책은 이런 빈 부분을 채우고자 한다. 이 책은 선견자 요한과 그의 다양한 동족들의 관점과 해석적 관행을 비교하고 대조한, 이해하기 쉬운 일련의 논문들을 엮은 것으로서, 요한계시록과 제2성전기 유대교의 관계를 연구한다. 이 책은 단순히 역사적 사건들과 신학적 주제들을 조사하는 입문 단계를 넘어서서 요한이 본 환상의 맥락과 그가 전한 메시지의 뉘앙스를 분명히 하기 위해 제2성전기 유대교 문헌 가운데서 선택된 본문을 연구한다.

그리고 이 책의 각 장은 요한계시록의 진행을 따라가면서, (1) 요한계시록의 주요 단위를 주제적으로 관련이 있는 유대교 텍스트 한두 부분과 짝을 지어 제시하고, (2) 요한계시록과 비교되는 유대 문헌의 신학적인 뉘앙스를 소개하고 탐구하며, (3) 어떻게 그 문헌의 개념들이 요한계시록에 나타나는 개념들을 분명하게 이해하게 해주는지 보여준다. 또한 각 장 끝에는 추가적인 연구를 위해 관련된 주제의 제2성전기 유대교 문헌들에 대한 짧은 목록이 있고, 학생들이 비평판과 더 높은 수준의 논의를 담고 있는 학술 문헌을 참고할 수 있도록 집중 참고 문헌 목록도 제시되어 있다.

Apocalypse for the Church and for the World: The Narrative Function of Universal Language in the Book of Revelation, BZNW 143 (Berlin: de Gruyter, 2006); Mark D. Mathews, *Riches, Poverty, and the Faithful: Perspectives on Wealth in the Second Temple Period and the Apocalypse of John*, SNTSMS 154 (Cambridge: Cambridge University Press, 2013).

마지막으로, 이 책의 끝에는 용어 해설이 있는데, 독자들은 이곳에서 중요한 용어에 대한 정의를 알 수 있다. 이 책의 전체를 읽든 아니면 단지 몇몇 장을 읽든 간에, 우리의 바람은 독자들이 성경 이외의 유대 텍스트에 대한 새로운 이해를 얻게 되는 것이고, 신약 성경을 당대의 문헌들과 나란히 놓고 연구하는 것의 이점을 알게 되기 시작하는 것이며, 묵시 신학을 요한계시록에 제시된 대로 더 잘 이해하게 되는 것이다.

그러나 우리가 비교 연구를 진행하기에 앞서 제2성전기의 사건들과 그 시기의 문헌들에 대해서 간략하게 살펴볼 필요가 있다.

제2성전기와 초기 유대교 문헌 소개

제1성전부터 제2성전까지

이스라엘 국가의 역사에서 가장 핵심적인 사건인 출애굽을 통해 아브라함의 가족은 대략 400년 동안의 강제 노동 끝에 파라오에게서 해방됐다. 하나님께서는 이스라엘 백성을 광야로 이끄시고 히브리인들의 삶과 종교를 규정하기 위해 시내산에서 모세의 율법을 수여하셨는데, 이 중심에는 희생 제사 제도가 있었다(출 19:1-8). 이스라엘 백성은 그들의 독특한 삶의 방식을 통해 이방 나라들과 구별됐기 때문에(레 20:22-26), 거룩한 언약을 더럽히지 않고 약속의 땅에서 추방되지 않으려면 하나님께서 주신 계명을 지켜야

했다(레 26:14-39; 신 28:15-68; 30:15-20).

가나안 정복부터 통일 왕조가 끝날 때까지 이 민족은 거의 500년 동안 이 땅에 거주했다. 솔로몬 왕은 이 기간 중 주전 10세기 중엽에 **첫 번째 성전을 지음**으로써 원래 다윗이 열망했던 과업을 성취했다(왕상 6:1-8:66). 솔로몬이 죽자 왕국은 나뉘어졌고 일련의 악한 통치자들 때문에 이스라엘의 북쪽 열 지파(이스라엘/사마리아 왕국)는 주전 722년에 앗수르에 붙잡혀 포로로 끌려갔다(왕하 17:1-23; 18:9-12). 남쪽 두 지파(유다 왕국)도 궁극적으로는 이보다 더 좋지 않았다. 6세기 초 바빌로니아인들은 예루살렘과 전쟁을 벌였으며, 주전 586년에 느부갓네살 왕은 첫 번째 성전을 포함하여 이 도시를 파괴했고, 거주민 대다수를 포로로 끌고 갔다(왕하 24:10-25:21; 대하 36:17-21).

바벨론 포로는 이스라엘 역사상 가장 최악의 비극이었다. 이스라엘은 언약에 대한 불순종의 결과로 신명기의 저주를 그대로 다 겪게 됐다. 결과적으로 이스라엘 백성은 조국을 잃게 됐고, 이는 야웨께서 모세와 예언자들을 통해서 약속하셨던 것과 같았다.

그러나 하나님께서는 심지어 이스라엘 백성이 포로로 끌려가기 전에도 흩어진 백성을 이 땅으로 돌아오게 하고, 이 나라를 완전히 회복하실 것이라고 약속하기도 하셨다(레 26:40-45; 신 30:1-10; 32:34-43; 사 40:1-66:24; 렘 30:1-31:40; 겔 36:8-37:28). 이스라엘은 이전의 영광을 경험할 것이다. 곧 밝혀지게 되겠지만 이스라엘은 바벨론 치하에 오래 머물지 않았다. 주전 539년에 바사의 고레스가 바벨론을 정복했고, 그는 모든 포로들이 그들의 조상으로부터 물려받은 고국으로 돌아갈 수 있다는 칙령을 내렸다(대하 36:22-23; 스 1:1-4). 그래서 많은 이스라엘 사람들은 서서히 돌아가서 예루살렘을 재건했다. 스룹바벨은 성전을 재건하는 데 있어서 중요한 역할을 했고, 느헤미야는 도시 성벽을 건설하는 일을 감독했다(스 3:8-6:15; 느 2:9-6:15). 제2성전기의 시작을 알린 것은 주전 516년에 바로 이 두 번째 성전을 건립한 사건이다.

그러나 새롭게 보수된 예루살렘은 약속된 것과는 달랐다. 이스라엘의 귀환자들이 새로운 성전의 기초를 바라봤을 때, 일부는 축하했지만 다른 이들은 그것의 탐탁지 않은 모습 때문에 탄식했다(스 3:10-13; 학 2:3). 이스라엘이 회복되리라는 약속은 에스라와 느헤미야의 손을 통해서는 성취되지 않았다. 앞으로 수 세기가 지나야 입증되겠지만, 하나님께서 그분의 백성에게 맹세하신 평화와 번영은 바벨론 포로기 직후에는 아직 실현되지 않았다. 실현은커녕, 이어지는 세대는 여전히 다른 이방 세력들—즉, 메대-바사, 그리스, 로마—의 손아귀에서 정복과 고통을 목격했고, 이러한 경험은 당시 유대인들이 만들어낸 텍스트에 상당한 영향을 주었다.

알렉산드로스(Alexander) 대왕이 이끈 그리스 제국이 세계(the known world)를 정복했을 때, 이스라엘은 주전 539년부터 대략 332년까지 메대-바사 제국의 통치 아래에서 살아남았다. 알렉산드로스의 통치는 오래 지속되지 않았다. 주전 323년에 알렉산드로스가 죽자, 영토는 그의 군대 장군들 사이에서 분할됐고, 그들은 저마다 자신들의 왕국(예, 이집트의 프톨레마이오스 왕국, 시리아의 셀레우코스 왕국)을 세웠으며, 이전 통치자처럼 헬레니즘, 즉 그리스 문화를 조직적으로 퍼뜨렸다(마카비1서 1:1-9; 마카비2서 4:7-17). 이 왕국들은 종종 서로가 전쟁에 휘말렸지만, 다른 한편으로는 지리적으로 그들 사이에 위치한 유대인들에게 걸림돌을 놓기도 했다. 특히 셀레우코스 왕국은 주전 167년 안티오코스 4세 에피파네스의 통치 아래에서 예루살렘을 습격하여(마카비1서 1:20-40), 성전을 훼손시키고(마카비1서 1:47, 54, 59), 언약 준수를 금하며(마카비1서 1:41-53), 토라를 소유하지 못하게 했다(마카비1서 1:56-57). 안티오코스는 그리스화를 추구하면서 유대 관습을 금지했고(마카비1서 1:41-44), 폭력을 사용하여 유대인들이 헬레니즘을 강제로 받아들이게 했다(마카비1서 1:50, 57-58, 60-64). 그러나 유대인들은 안티오코스의 박해를 조금도 받아들일 수 없었다. 이에 대응하여 일어난 유대인들의 저항(주전 167-160년, 마카비 혁명)으로 인해 유대인들은 자신들의 땅을 재탈환하고 성전을 재봉헌할 수 있었으며, 하누카 절기를 시행할 수 있었다(마카비1서 4:36-59; Josephus, *Ant.* 12.316-25).

하스몬 왕국의 회복된 국가 주권과 더불어, 다양한 그룹이 이스라엘의 정치와 성전 리더십을 어떻게 다루어야 할지에 대해 다양한 견해를 가지고 있었다. 이러한 내분으로 인해 결국 유대인들의 국가적 리더십은 약화됐고, 율리우스 카이사르(Julius Caesar)와 동시대 인물인 로마 장군 폼페이우스(Pompey)는 주전 63년에 이스라엘을 장악하여 그곳을 로마 공화정의 영토로 만들었다. 로마는 대체로 유대인들의 종교적 관습을 용인하기는 했지만, 정치적·문화적·종교적 동화로 이어지는 압박은 여전했다. 결국 열심당(한 유대교 저항 집단)은 또 한 번의 성공적인 군사적 반란에 대한 희망을 조성했다. 그러나 로마는 주후 70년에 곧 황제가 될 티투스(Titus) 아래에서 유대인들을 패배시켰고 제2성전을 함락시켰다(Josephus, J.W. 6.220-70). 이것이 제2성전의 마지막이었다.

제2성전 시대(주전 516년-주후 70년)는 바사의 통치 아래에 있는 유대인과 함께 시작하여 로마의 통치 아래에 있는 유대인과 함께 끝난다. 이 시기는 확실히 위기의 시기였고, 경건한 사람들은 다양한 방식으로 그들의 경험을 깊이 숙고했다. 유대인들이 동화되도록 강요한 연이은 이방 국가들의 지속적인 압박으로 인해, 수많은 제2성전기 유대교 문학 작품에는 언약의 하나님이 어떤 분이신지와 언약에 입각한 삶이 무엇인지에 관한 생각과 희망이 보존되어 있다. 이러한 성찰은 이 기간 동안에 기록된 수많은 문학 작품들에 남아 있다. 이제 우리는 이 문헌들을 살펴보려고 한다.

제2성전기 유대 문헌 개관

제2성전기 유대인들의 저술은 수백 년 동안 다양한 언어로 수많은 저자들에 의해 기록됐다. 게다가 그 저술들은 지리적으로 고대 근동의 많은 지역에 기원을 두고 있다. 그러므로 이 문서들을 특징짓고 분류하는 것은 쉬운 일이 아니다. 그럼에도 학자들의 고대 유대교에 대한 연구로 인해 우리는 개별적인 제2성전기 유대교 문헌들을 세 가지 주요 문학적 범주—칠십인역, 외경, 위경—중에 하나로 분류할 수 있는데, 이는 원래의 저자들은 전혀 생각하지 못한 것이고 후대의 편집자들과 학자들에 의해 정해진 것이다. 따라서 이러한 자료들은 다양한 장소에서 중첩되어 나타난다(예, 칠십인역에 외경이나 위경에 속한 작품이 동시에 나타날 수 있다는 말—역주).

　칩십인역(약어: LXX)은 그리스어로 된 유대교 문헌의 모음이며, 구약성경의 그리스어 번역과 더불어 또 다른 유대교 저술들을 담고 있다. 이것은 고대에 가장 널리 사용된 그리스어 역본이다. 사실 다른 그리스어 역본은 존재하지 않는다. 구약외경(또한 제2정경이라고 불리기도 함)은 칠십인역 문서들의 부분집합으로서, 교부 시대(그리고 중세 시대)의 기독교인은 그것을 권위 있는 것으로 받아들였고 불가타 성경(중세 시대의 권위 있는 라틴어 역본)에도 포함되어 있었다.[29] 다양한 기독교 집단은 외경과 관련된 그들만의 정경 목록에 차이가 있지만, 기본적으로 토비트, 유디트, 에스더 추가 부분, 솔로몬의 지혜, 시락서(집회서), 바룩서, 예레미야의 편지, 다니엘 추가 부분(아자리아의 기도, 세 청년의 노래, 수산나, 벨과 용), 마카비1-2서를 포함한다. 일부 교회는 에스드라(그리스어로 "에스라")1-2서, 『므낫세의 기도』, 시편 151편과 같은 작품에 특별한 지위를 부여하기도 한다. 게다가 칠십인역은 구약성경의 그리스어 번역과 나중에 외경

29.　교부 시대 기독교인들이 이 텍스트에 대해 정경적 지위를 부여할지 확신하지 못했다. 그러나 그들은 이 텍스트들을 권위 있는 것으로 여겼다. 나중에 로마 가톨릭과 그리스 정교회는 이 텍스트들을 정경에 포함시켰는데, 그 이유는 교부 시대 교회가 그 텍스트들을 받아들였기 때문이다.

으로 알려진 책들을 포함하고, 이뿐만 아니라 몇몇 사본은 마카비 3-4서, 에스드라1서, 『솔로몬의 시편』, (『므낫세의 기도』를 포함하는) 솔로몬의 송가를 포함하기도 한다.

구약 위경(출처를 거짓으로 돌리는 저술을 의미한다)은 다양한 고대 유대교의 작품 모음이다. 이것들 중 대부분은 유명한 구약 인물들에 의해서 기록됐다고 주장하지만, 그 인물들은 이 작품들을 쓰지 않았다. 위에 언급된 일부 칠십인역 작품들도 출처를 거짓으로 돌리기도 한다. 예를 들면, 솔로몬의 지혜와 『솔로몬의 시편』은 솔로몬의 이름을 담고 있기는 하지만, 둘 다 이스라엘의 세 번째 왕이 기록한 것이 아니다. 고정된 텍스트 모음인 칠십인역 및 외경과 비교해 볼 때, (제2)정경으로 간주할 수 없는 모든 초기 유대교 종교 문헌—필론, 요세푸스, 사해문서를 제외하고—은 보통 위경이라는 열린 범주에 놓이게 된다.[30]

이러한 범주(특히 외경)가 널리 사용되고 있고, 실제로 특정 교회 전통에서 권위적인 것으로 간주될 수 있는 텍스트를 분류하는 데 유용하기도 하지만, 저술들을 분류하는 대안적이고 더 기술적인 방식은 장르에 따른 것이다. 우리는 아래에서 주요 초기 유대교 문학 장르를 살펴볼 것이다.[31]

---

30. Loren T. Stuckenbruck, "Apocrypha and Pseudepigrapha," in *Early Judaism: A Comprehensive Overview*, ed. J. J. Collins and D. C. Harlow (Grand Rapids: Eerdmans, 2012), 173-203, at 191-92 [= 『초기 유대교』, 감은사, 2022].

31. 우리의 개관은 일반적으로 James C. VanderKam, *An Introduction to Early*

가장 먼저 우리가 친숙해져야 할 초기 유대교의 문학 장르는 **역사서**다. 이 범주에 속하는 작품들에는 에스드라1-2서와 마카비 1-2서가 있다. 에스드라1-2서(불가타)는 에스라서와 느헤미야서를 가리키며, 따라서 이스라엘의 망명 직후의 역사를 기록하고 있다.[32] 마카비1-2서는 마카비 혁명을 포함하여 구약과 신약 사이의 중요한 사건들을 연대순으로 기록한다. 종합하면, 초기 유대교 역사서들은 제2성전 시기 유대인들의 사건, 영향, 도전, 헌신을 이해하는 데 필수적이다.

두 번째 초기 유대교 문학 장르는 **꾸민 이야기**이다. 제임스 밴더캠(James VanderKam)에 따르면 이 장르는 "역사성에 대한 진지한 주장이 없고, 지혜의 교훈을 이야기와 그것이 전하는 담화를 통해 가르치는 것을 목표로 한다."[33] 이 범주에 속하는 작품에는, 토비트, 유디트, 수산나, 『마카비3서』, 아리스테아스의 편지가 있다. 이 작품에는 보통 내러티브의 중심에 중요하고 때로는 영웅적인 남녀의 이야기가 배치되어 있는데, 이들을 유대적 경건의 모델로 삼으면서 하나님의 약속에 대한 신뢰를 고취시키기 위함이다.

Judaism (Grand Rapids: Eerdmans, 2001), 53-173 [=『초기 유다이즘 입문』, 성서와함께, 2004]의 개관에 따른 것이다.

32. 에스드라1서와 2서의 내용은, 그 두 책을 전해 주는 고대 그리스어 역본(칠십인역)과 라틴어 역본(불가타)에서 서로 다르다. 예를 들면, 에스드라2서라는 제목은 『에스라4서』라고 알려지기도 한 묵시 작품을 언급할 수 있다. 다른 경우에, 이 작품은 느헤미야서(불가타)나 에스라서와 느헤미야서가 합쳐진 것(칠십인역)을 가리킬 수 있다.

33. VanderKam, *Introduction to Early Judaism*, 69

우리가 살펴볼 세 번째 장르는 **다시 쓴 성경**(rewritten Scripture)이다. 이 그룹에 속하는 책들은 종종 내러티브 형태를 지닌다. 왜냐하면 이 작품들은 전형적으로 특정한 구약 사건과 인물들의 이야기를 재연하고, 다른 말로 바꾸어 표현하며, 더 상세히 말한 것이기 때문이다. 이 범주에 속하는 책들에는 『희년서』(창조부터 시내 산까지의 성경에 나타난 사건들을 재서술한 것)와 『창세기 비록』(선택된 족장 내러티브의 확장)이 있다. 또한 일부 학자들이 다시 쓴 성경으로 생각하는 작품에는 『아담과 이브의 생애』(사망과 생명 회복의 출현에 대한 이야기)와 『열두 족장의 유언』(창세기 49장에 나오는 야곱이 자신의 열두 아들에게 한 마지막 말을 상세히 서술한 것), 『아담의 유언』(최초의 인간 아담이 아들 셋에게 남긴 마지막 유언), 『요셉과 아스낫』(창 41:45, 50, 46:20에서 족장이 이방인과 결혼한 것으로 추정되는 이야기를 바탕으로 한 소설) 등이 있다. 이와 같은 작품들은 성경 문학이 주석적 해석이 매우 드물었던 제 2성전 기간에 어떻게 해석됐는지를 보여주는 데 있어서 중요하다.[34]

네 번째 초기 유대교 문학 장르는 **묵시**다. 이 장르는 초자연적이면서 때로는 천사적 존재의 중개를 통해서 인간 수령인(보는 자)에게 주어진 내세의 환상으로 구성된다. 대부분의 유대 묵시는 극심한 곤경이 있던 주전 2세기나 3세기에 기록됐다. 그러므로 묵시

---

34. 다음을 참조하라. 참조, Molly M. Zahn, "Rewritten Scripture," in *The Oxford Handbook of the Dead Sea Scrolls*, ed. T. H. Lim and J. J. Collins (Oxford: Oxford University Press, 2010), 323-36.

는 과거와 현재와 미래의 사건들에 천상의 관점을 제공함으로써 고통당하는 유대 공동체 가운데 위로를 주려고 한다. 종종 정교한 상징주의로 암호화된 환상들은 전형적으로 악과 정치적 압제가 최종적으로 그치게 될 때를 내다본다. 초기 유대교 묵시에는 『에스라4서』, 『시빌라의 신탁』, 『모세의 유언』(또는 『모세의 승천』—역주), 『에녹1서』의 일부인 「파수꾼의 책」(『에녹1서』 1-36장), 「에녹의 비유」(『에녹1서』 37-71장), 「천계의 책」(『에녹1서』 72-82장), 「꿈속 환상의 책」(『에녹1서』 83-90장), 「주간의 묵시」(『에녹1서』 91:11-17; 93:1-10)가 있다.

다섯 번째와 여섯 번째 장르인 **시**와 **지혜 문학**은 내용과 문체에 있어서 선행하는 성경에 나오는 작품들(욥기, 시편, 잠언, 전도서)과 비슷하다. 히브리 시는 보통 운율과 구조적 평행법을 사용하는 찬송과 애가의 노래이다. 유대 역사의 이 기간에 기록된 노래들은 보통 주님께 고통과 압제로부터의 구원을 간청한다. 『솔로몬의 시편』, 『므낫세의 기도』, 아자리아의 기도, 세 청년의 노래가 그 예이다. 지혜 문학은 사람들에게 의롭게 사는 방법을 가르치기 위해 일반적인 경험에 호소한다. 시락서(집회서), 솔로몬의 지혜, 그리고 아마도 바룩서와 「에녹의 편지」(『에녹1서』 91-108장)가 그 예다.[35]

네 가지 추가적인 모음집을 특별히 언급할 가치가 있다. 우리는 이 모음집들의 기원에 대해서는 지금까지 언급했던 작품들보다 훨씬 더 많이 알고 있다. 첫 번째는 필론(대략 주전 20년-주후 50년)의 작품들이다. 필론은 이집트의 알렉산드리아에서 플라톤 철학

---

35.   VanderKam, *Introduction to Early Judaism*, 115-24.

에 영향을 받은 한 사람의 디아스포라 유대인으로, 수많은 철학 논문들과 오경에 대한 주석적인 연구 논문을 저술했다. 두 번째는 역사가 요세푸스(주후 37년-약 100년)의 책들이다. 유대교 바리새인 이자 군사 지도자였던 요세푸스는 로마와의 전쟁에서 포로로 끌려가게 됐고, 결국 로마 시민이 되어 베스파시아누스(Vespasian) 황제의 지원을 받았다. 현존하는 요세푸스의 네 가지 작품에는 유대인들의 역사를 다룬 『유대 고대사』, 예루살렘 전쟁 이야기를 다룬 『유대 전쟁사』, 유대교와 유대인의 삶의 방식을 변호한 작품인 『아피온 반박문』, 그리고 요세푸스의 자서전인 『생애』가 있다.

　세 번째는 사해문서다. 쿰란 근처에서 발견된 이 문서의 대다수가 구약성경이나 외경과 위경 문서(예, 토비트, 『에녹1서』, 『희년서』)의 고대 사본들이지만, 많은 것들이 종파 문서(sectarian documents), 즉 사해 공동체가 어떻게 생겨났는지, 그리고 이 공동체의 구성원들이 어떻게 살아가며 예배해야 하는지를 말해 주는 작품이다. 이 작품들에는 그것들이 발견된 쿰란 동굴의 번호(1Q, 4Q 등등)와 목록 번호(cataloging number)가 꼬리표로 따라다니고, 내용을 묘사해 주는 축약된 이름도 함께 적혀 있다(예, 1QS는 『공동체 규율』이고 4Q176은 『광명의 말씀』이다). 『다마스쿠스 문서』를 인용하는 일은 더 복잡하다. 원래 이집트에서는 (CD로 불리는) 두 개의 중세 사본이 발견되었지만, 쿰란 동굴에서 10개의 고대 사본(4Q266-73, 5Q12, 6Q15)이 발견됐다. 이 모든 문서를 합쳐서 본문 전통에서는 약칭으로 DD로 부른다.

네 번째 모음집은 랍비 문헌이다. 이 문헌은 광범위한데, 미쉬나, 예루살렘 탈무드, 바벨론 탈무드, 타르굼 및 다양한 다른 저술들로 구성되어 있다. 미쉬나와 탈무드는 신약 시대 이후에 나온 것이지만, 타르굼과 다른 저술들은 신약 시대와 동시대의 것일 수 있다. 후기 전통을 보다 이전 시기에 적용하는 것에 조심해야 하지만, 적절하게만 사용된다면 랍비 문헌은 1세기 유대교의 관습과 신앙을 이해하는 데 많은 도움을 줄 수 있다.

여기에서 우리의 목표는 초기 유대교 역사와 문헌을 이해하는 데 기초가 되는 몇몇 요소에 대한 간략한 개관을 제공하는 것이다. 더 풍성한 설명을 원한다면, 독자들이 아래에 열거된 자료들을 살펴봐야 한다. 이제 우리는 1세기 유대교 배경에 어느 정도 익숙해졌으므로, 요한계시록을 제2성전기 유대교 문헌들과 대화하면서 읽어 나가도록 하자.

추가 참고 도서 목록

초기 유대 문헌에 대한 가장 포괄적인 개관은 크레이그 A. 에반스 (Craig A. Evans)의 『신약 성경 연구를 위한 고대 문헌 개론』(*Ancient Texts for New Testament Studies: A Guide to the Background Literature* [Peabody, MA: Hendrickson, 2005] = 솔로몬, 2018 역간)을 참조하라. 이 책은 초기 유대 문헌을 요약하면서, 비평판, 연구 도구, 주요 학술 작품에 대

한 세부적인 참고 문헌 목록을 제공한다. 이 책의 부록을 보면, 유대 문헌이 어떻게 신약성경을 분명히 밝혀주는지 알 수 있다. 또한 데이비드 채프먼(David W. Chapman)과 안드레아스 J. 쾨스텐베르거(Andreas J. Köstenberger)의 논문들("Jewish Intertestamental and Early Rabbinic Literature: An Annotated Bibliographic Resource Updated [Part 1]," *JETS* 55 [2012]: 235-72; "Jewish Intertestamental and Early Rabbinic Literature: An Annotated Bibliographic Resource Updated [Part 2]," *JETS* 55 [2012]: 457-88)을 보라.

초기 유대 문헌에 대한 표준적인 번역

Bauckham, Richard, James R. Davila, and Alexander Panayotov, eds. *Old Testament Pseudepigrapha: More Noncanonical Scriptures*. Grand Rapids: Eerdmans, 2013.

Charlesworth, James H., ed. *The Old Testament Pseudepigrapha*. 2 vols. New York: Doubleday, 1983-85.

Coogan, Michael D., Marc Z. Brettler, Carol Ann Newsom, and Pheme Perkins, eds. *The New Oxford Annotated Apocrypha: New Revised Standard Version*. Rev. 4th ed. Oxford: Oxford University Press, 2010.

García Martínez, Florentino, and Eibert J. C. Tigchelaar, eds. *The Dead Sea Scrolls Study Edition*. 2 vols. Leiden: Brill, 1997-98 [= 『사해문서』, 1-4권, 나남출판사, 2008].

Pietersma, Albert, and Benjamin G. Wright, eds. *A New English Translation of the Septuagint*. Oxford: Oxford University Press, 2007.

초기 유대 문헌에 대한 개론

Chapman, Honora Howell, and Zuleika Rodgers, eds. *A Companion to Josephus*. BCAW. Chichester: Wiley-Blackwell, 2016.

Collins, John J. *The Apocalyptic Imagination: An Introduction to Jewish Apocalyptic Literature*. 3rd ed. Grand Rapids: Eerdmans, 2016 [=『묵시문학적 상상력』, 가톨릭출판사, 2006].

Collins, John J., and Daniel C. Harlow, eds. *Early Judaism: A Comprehensive Overview*. Grand Rapids: Eerdmans, 2012 [=『초기 유대교』, 감은사, 2022].

deSilva, David A. *Introducing the Apocrypha: Message, Context, and Significance*. Grand Rapids: Baker, 2002.

Helyer, Larry R. *Exploring Jewish Literature of the Second Temple Period: A Guide for New Testament Students*. Downers Grove, IL: InterVarsity Press, 2002.

Kamesar, Adam, ed. *The Cambridge Companion to Philo*. Cambridge: Cambridge University Press, 2009.

Mason, Steve. *Josephus and the New Testament*. 2nd ed. Peabody,

MA: Hendrickson, 2002 [= 『요세푸스와 신약성서』, 대한기독교서회, 2002].

Nickelsburg, George W. E. *Jewish Literature between the Bible and the Mishnah: A Historical and Literary Introduction*. 2nd ed. Minneapolis: Fortress, 2011.

Strack, H. L., and G. Stemberger. *Introduction to the Talmud and Midrash*. Edinburgh: T&T Clark, 1991.

VanderKam, James C. *An Introduction to Early Judaism*. 2nd ed. Grand Rapids: Eerdmans, 2022 [『초기 유다이즘 입문』, 제1판, 성서와함께, 2004].

VanderKam, James C., and Peter Flint. *The Meaning of the Dead Sea Scrolls: Their Significance for Understanding the Bible, Judaism, Jesus, and Christianity*. San Francisco: HarperCollins, 2002.

제1장
「에녹의 비유」와 요한계시록 1:1-20
(다니엘서의 인자)

벤자민 E. 레이놀즈(Benjamin E. Reynolds)

요한의 묵시에는 수많은 매력적인 환상과 신비의 계시가 포함되어 있고, 그중 첫 번째가 요한계시록 1장에 나온다. 요한은 자신이 하나님으로부터 받은 계시를 소개한 후에(계 1:1-3), 소아시아에 있는 일곱 교회인 에베소, 서머나, 버가모, 두아디라, 사데, 빌라델비아, 라오디게아 교회에 그 계시를 전하는 편지를 쓴다(1:4-6, 11). 요한은 신약성경의 서신서에 나타나는 전형적인 방식으로 다음과 같이 쓴다. "요한은 아시아에 있는 일곱 교회에 편지하노니 이제도 계시고 전에도 계셨고 장차 오실 이와 그의 보좌 앞에 있는 일곱 영과 또 충성된 증인으로 죽은 자들 가운데에서 먼저 나시고 땅의 임금들의 머리가 되신 예수 그리스도로 말미암아 은혜와 평강이 너희에게 있기를 원하노라"(1:4-5a). 아버지와 성령과 예수 그리스도로부터 나온 이 문안 인사는 예수를 메시아, 증인, 부활하신 분, 임금으로 묘사하는 것으로 절정에 이른 후에, 즉시 예수에 대한 송영으로 이어진다(1:5b-6).

요한계시록 1:7-8은 계시의 첫 시작을 요한의 첫 번째 환상(1:9-20)과 연결 짓는다. 요한계시록 1:7에서 요한은 예수 그리스도(1:5-6)께서 다니엘이 바라본 구름을 타신 "인자 같은 이"(단 7:13)**이자** 스가랴가 예언한 "찔림 당한" 하나님의 사자(슥 12:10)임을 나타내기 위해 구약을 인용한다.

이어지는 요한계시록 1:9은 이 책의 내러티브 부분을 시작하면서 요한의 첫 번째 환상을 소개한다. 요한이 밧모라는 섬에 있는 동안 환상을 보는데, 요한계시록에서 여러 번 나타나는 것처럼 요한은 먼저 음성을 **듣고** 그다음에 환상을 **본다**(예, 5:5, 6; 7:4, 9). 먼저 요한은 뒤에서 나는 나팔 소리 같은 음성을 **듣는데**, 그 음성은 요한에게 본 것을 써서 일곱 교회에 보내라고 한다(1:10b-11). 다음으로 요한이 뒤를 돌아봤을 때, 일곱 금 촛대 사이에 서 있는 인자 같은 이의 형상을 **보게 된다.** 이 인자 같은 이에 대한 요한의 묘사(1:13-15)는 다니엘서(단 7:9-14; 10:2-9, 15-17)와 에스겔 1장에 나오는 환상의 인물에 대한 묘사에 의존한다.

표 1.1: 요한의 구약 인용

요한계시록 1:7	다니엘 7:13a	스가랴 12:10b
볼지어다 그가 구름을 타고 오시리라	내가 또 밤 환상 중에 보니 인자 같은 이가 하늘 구름을 타고 와서	
각 사람의 눈이 그를 보겠고 그를 찌른 자들도 볼 것이요		그들이 그 찌른 바 그를 바라보고
땅에 있는 모든 족속이 그로 말미암아 애곡하리니 그러하리라 아멘		그를 위하여 애통하기를 독자를 위하여 애통하듯 하며 그를 위하여 통곡하기를 장자를 위하여 통곡하듯 하리로다

요한계시록이 다니엘 7장과 10장, 그리고 에스겔 1장에서 가져온 이미지를 사용해서 예수를 다니엘서의 인자로 제시하지만, 메시아를 묘사하기 위해 다니엘 7장을 사용하는 것은 이 책만이 아니다. 다른 초기 유대교 묵시 문헌들—「에녹의 비유」, 『에스라4서』, 『바룩2서』—도 다니엘 7장의 "인자 같은 이"의 이미지를 사용해서 메시아 인물의 환상 경험을 묘사한다. 이 중에 우리는 우리의 목적을 위해 「에녹의 비유」에 집중할 것이다. 우리가 요한계시록 1장과 「에녹의 비유」를 나란히 놓고 읽을 때, 예수를 다니엘의 인자와 메시아로 보는 요한의 환상이 살아 움직이는 것처럼 생생해질 것이다.

「에녹의 비유」

("그리고 나는 평화의 천사에게 … 인자에 대해서 물었다")

『에녹1서』로 알려진 초기 유대교 작품은 「파수꾼의 책」(1-36장), 「에녹의 비유」(37-71장), 「천체의 책」(72-82장), 「꿈 환상의 책」(83-90 장), 「에녹의 편지」(91-105장), 「노아 탄생의 책」(106-107장), 그리고 또 다른 에녹 텍스트(108장, 「종말론적 경고」라고도 일컫는다—역주)를 포함 하여 총 7개의 개별 텍스트로 구성되어 있다. 각각의 텍스트는 따 로따로 기록됐고, 나중에 『에녹1서』로 알려진 합작품을 형성하기 위해 수집됐다. 이 텍스트들은 아담의 7대손인 에녹의 경험을 다 루는데, 그는 "하나님과 신실하게 동행하다가 하나님께서 그를 데 려가시므로 더 이상 세상에 있지 않은" 자이다(창 5:24). 에녹 전승 은 이 신비로운 창세기의 구절을 설명하려고 노력하지만, 이 책이 성경에 나오는 에녹에 의해서 기록된 것은 아니다. 「에녹의 비유」 는 사해문서에서 발견되지 않았기 때문에 그 연대가 의문시되어 왔고, 현존하는 가장 초기 역본은 13세기와 14세기의 게에즈어 (Ge'ez, 고대 에티오피아어)로 되어 있다. 그러나 현재 다수의 학자들은 「에녹의 비유」가 주전 1세기 후반이나 주후 1세기 초에 기록된 유 대 문서라는 점에 동의한다.

구약의 인물들을 환기함
「에녹의 비유」에는 "에녹이 본 지혜의 환상"(『에녹1서』 37:1)이 포함되어 있고, 그가 받은(38:1-44:1; 45:1-57:3; 58:1-69:29) 세 개의 "비유"(37:5)가 포함되어 있다.[1] 그러나 이 「에녹의 비유」와 관련해서 우리의 주된 관심사는 인자라는 인물에게 있다. 다음의 인용문은 이 인물의 몇 가지 특징을 강조한다.

> 1　거기에서 나는 고령의 머리를 가지신 분을 보았고
>
> 　그분의 머리는 양털처럼 희었다.
>
> 　그리고 그분과 함께 또 다른 분이 계셨는데,
>
> 　그분의 얼굴은 사람의 모습과 같았고,
>
> 　그분의 얼굴은 마치 거룩한 천사 중의 하나와 같이
>
> 　자비로움으로 가득했다.
>
> 2　그리고 나는 나와 함께 있으며 나에게 감추어진 일들을
>
> 　보여주었던 평화의 천사에게 저 인자에 대해서 물었다.
>
> 　―그분이 누구인지, 어디에서 오셨고,
>
> 　왜 그분이 고령의 머리를 가지신 분에게 가셨는지 물었다.
>
> 3　그러자 그 천사는 대답하며 나에게 말했다.
>
> 　"이는 의를 가지신 인자이고,
>
> 　의가 그분과 함께 거하신다.
>
> 　그분은 감추어진 것의 모든 보화를 드러낼 것이다.

1.　모든 번역은 George W. E. Nickelsburg and James K. VanderKam, *1 Enoch: The Hermeneia Translation* (Minneapolis: Fortress, 2012)에서 가져온 것이다.

이는 영들의 주께서 그분을 택하셨기 때문이고,

영들의 주 되신 분 앞에서 영원토록

그분의 운명이 진리를 통해 승리했기 때문이다." (46:1-3)

2 그리고 그때 영들의 주 앞에서 그 인자의 이름이 불렸고,

그의 이름이 고령의 머리를 가지신 분 앞에서 불렸다.

3 태양과 성운이 창조되기 전에 하늘의 별들이 만들어지기 전에

그의 이름이 영들의 주 앞에서 불렸다. (48:2-3)

1 이리하여 주께서 왕들과 권력자들과 고위층과

땅을 소유한 자들에게 명령하시며, 말씀하셨다.

"만약 너희가 이 선택받은 자를 알아볼 수 있다면,

너희의 눈을 열고 너희 뿔을 들어 올려라.

2 그리고 영들의 주께서 [그분을] 자기 영광의 보좌에 [앉히셨고],

의의 영이 그분 위에 부은 바 됐다.

그리고 그의 입에서 나오는 말씀이 모든 죄인을 멸하고,

모든 불의한 자들이 그분 앞에서 소멸될 것이다." (62:1-2)

「에녹의 비유」에 나오는 인자라는 인물은 다니엘서에 나오는 "인자 같은 이"를 재해석한 것이 분명하다. 이 에녹계 인물은 "고령의 머리를 가진 분"처럼 보이고, "그분의 머리는 양털처럼 희었으며", "사람의 모습을 띤 얼굴을" 가진 것으로 묘사된다(『에녹1서』

46:1-2; 단 7:9-10, 13-14). 에녹서에 나오는 인물이 '인자'라고 불리기는 했지만, 자주 "택함 받은 자"로 불리기도 하는데, 이는 이사야서에 나오는 주님께서 택하신 종을 나타낸다(사 42:1; 43:10). 이 인물은 "의로운 자"(『에녹1서』 38:2; 53:6)나 그가 메시아임을 의미하는 "기름 부음을 받은 자"로 불리기도 한다(48:10; 52:4). 그러므로 「에녹의 비유」에 나오는 의로운 자, 기름 부음을 받은 자, 택함 받은 자, 인자와 같은 칭호들은 모두 같은 인물을 나타낸다.

선재와 종말론적 심판

이러한 칭호들을 인자에게 돌리는 것 외에도 「에녹의 비유」는 인자가 놀라운 속성을 소유하고 있으며 특별한 행위에 참여한다고 묘사한다. 인자는 영들의 주의 보좌에 앉은 후에 땅의 왕들을 심판할 것이다(45:3; 61:8; 62:2-6; 69:27-29). 그의 심판은 입의 말로 이루어지는데, 이는 이사야 11:4에 나오는 메시아 예언을 반향한다(『에녹1서』 62:2; 또한 사 49:6을 보라). 인자가 영들의 주의 영광의 보좌에 앉았다는 것은 하나님과 가까운 관계를 보여 준다. 또한 「에녹의 비유」는 인자가 창조 이전에 불렸고 "세상이 창조되기 전에" 하나님의 임재 속에 감추어졌기 때문에 선재하는 인물로 묘사한다(『에녹1서』 48:2, 6; 62:7). 「에녹의 비유」의 인자는 악한 자들을 심판하고 나서 의로운 자들과 영원토록 거할 것이다(62:13-14). 그러므로 그는 몇몇 성경에 나오는 인물들의 정체성을 공유하면서, 동시에 하나님 및 그의 백성과 자기 자신을 매우 동일시한다.

요한계시록 1:1-20

("나는 … 촛대 사이에 인자 같은 이를 보았다")

구약의 인물들을 환기함

"인자 같은 이"에 대한 선견자 요한의 환상으로 되돌아가 보면, 「에녹의 비유」와 많은 주목할 만한 유사점이 있다는 것을 발견하게 된다. 요한계시록 1:12-20에서 요한이 보는 인물은 「에녹의 비유」에 나오는 인자와 마찬가지로 다니엘 7:13의 언어로 묘사된다. 이러한 연결점은 "인자 같은 이"(계 1:13)라는 동일한 표현과 요한계시록 1:7("그가 구름을 타고 오시리라")에서 다니엘 7:13을 인용한 부분에 분명하게 나타난다. 게다가 인자의 입에서 나오는 좌우에 날선 검(계 1:16; 또한 2:12, 16; 19:15, 21)은 이사야 11:4과 49:2을 토대로 한 것이며, 또한 에녹서의 인자가 입의 말을 통해 행하는 심판 행위와 유사하다(『에녹1서』 62:2). 또한 요한계시록은 에녹서에 나오는 인물이 "기름 부음을 받은 자"로 불리듯이 다니엘 7장의 "인자 같은 이"를 다윗의 후손인 메시아에 대한 기대와 연결시킨다. 곧, 요한계시록에서 예수는 그리스도("메시아"), 유다의 사자, 다윗의 뿌리로 불린다(계 1:5; 5:5; 참조, 창 49:9; 사 11:1).

선재와 종말론적 심판

「에녹의 비유」에 나오는 인자와 마찬가지로, 요한이 본 인물도 심판에 참여하고(『에녹1서』 69:27; 계 14:14-16), 하나님의 보좌에 앉는다

(『에녹1서』 45:3; 61:8; 62:2; 계 3:21). 두 인물 모두 선재하는 존재다. 예수께서는 자신이 "처음이요 마지막"이라고 말씀하셨다(계 1:17; 2:8; 22:13; 참조, 사 41:4; 44:6; 48:12). 게다가 요한계시록의 인자와 하나님의 백성 사이에는 밀접한 관계가 있다. 「에녹의 비유」에서 의인들이 인자와 거하는 것과 비슷하게(『에녹1서』 62:14), 요한도 예수께서 일곱 금촛대 사이에 거하시는 것을 보는데, 이는 예수께서 일곱 교회 가운데 임재하시는 것을 의미한다(계 1:12, 20).

천사 같은 모습과 신적 정체성

「에녹의 비유」와 요한계시록은 각각의 인물의 신체 모습을 천사 같은 존재를 연상시키는 방식으로 묘사한다. 「에녹의 비유」는 그저 인자가 사람처럼 보이고, "그분의 얼굴은 마치 거룩한 **천사들** 중의 하나와 같이 자비로움으로 가득했다"고 이야기한다(『에녹1서』 46:1). 반면에 요한은 신체와 관련해서 더욱 세부적인 내용을 제공하면서 예수를 다니엘 10:5-6에 나오는 천사와 비슷한 언어로 묘사한다(표 1.2를 보라).

요한의 환상 속에 나오는 예수는 다니엘 10장에 나오는 천사와 비슷해 보이지만, 그분의 하얀 머리털은 다니엘 7:9에 나오는 옛적부터 항상 계신 이의 머리털을 반영하는데, 이는 예수와 하나님을 동일시하고 있음을 나타낸다. 이러한 동일시는 예수와 하나님께서 그들 자신에 대해서 하신 두 가지 선언에 뚜렷하게 나타나기도 한다. 두 분은 모두 자신을 가리켜 "처음이요 마지막"(사 44:6;

48:12; 계 1:17)이자 "알파와 오메가"(계 1:8; 22:13)라고 말씀하셨다. 그러므로 요한계시록에서의 하나님과 예수의 관계는 정체성을 공유하는 것에 가까운 관계로서 「에녹의 비유」에 나오는 영들의 주와 인자의 관계보다 훨씬 더 강력하다.

표 1.2: 예수와 다니엘 10장의 천사

다니엘 10:5-6	요한계시록 1:12-15
그때에 내가 눈을 들어 바라본즉	몸을 돌이켜 … 보았는데
한 사람이	인자 같은 이가
세마포 옷을 입었고	발에 끌리는 옷을 입고
허리에는 우바스 순금 띠를 띠었더라	가슴에 금띠를 띠고
또 그의 몸은 황옥 같고	
그의 얼굴은 번갯빛 같고	
	그의 머리와 털의 희기가 흰 양털 같고 눈 같으며
그의 눈은 횃불 같고	그의 눈은 불꽃 같고
그의 팔과 발은 빛난 놋과 같고	그의 발은 풀무불에 단련한 빛난 주석 같고
그의 말소리는 무리의 소리와 같더라	그의 음성은 많은 물 소리와 같으며

죽었다가 살아난 인자

요한계시록이 예수의 죽음과 부활에 부여하는 중요성에 또 다른 차이가 있다. 요한은 엎드러져 죽은 자같이 되고, 예수는 "두려워하지 말라. … 나는 살아 있는 자라. 내가 전에 죽었었노라. 볼지어다. 이제 세세토록 살아 있어 사망과 음부의 열쇠를 가지고 있다"라고 선언한다(계 1:17-18). 에녹의 인자는 영들의 주의 영광의 보좌에 앉아서 악한 자들을 심판함에도 불구하고 그런 주장을 하지는 않는다. 실제로 (『에녹1서』 70-71장을 원본으로 볼 수 있다면) 에녹은 하늘로 올라가(창 5:24; 『에녹1서』 39:3; 70:1-2) 인자로 선언된다(71:14).[2] 그러나 이 선언이 있기 전에 에녹은 하나님 앞에 엎드려서 변화를 경험하고 그분을 찬양한다(71:11). 반면에 예수께서는 다니엘의 인자처럼 오셔서 에녹처럼 하나님께 엎드리지 않는다(계 1:7, 13). 유다의 사자이자 어린양이신 예수께서는 죽임 당하셨기 때문에 두루마리를 여시기에 합당하신 분으로 여겨져 하나님의 오른손에서 두루마리를 담대하게 취하신다(계 5:5-7). 예수께서는 죽으시고 부활하셨지만, 하나님을 찬양하기보다는 **자신** 앞에 엎드린 네 생물과 이십사 장로에게서 찬양과 경배를 받으신다(5:8-14). 그러므로 요한계시록의 인자는 「에녹의 비유」에 나오는 인자보다 더욱 고상한 인물, 아마도 심지어 신적 정체성에 참여하는 인물로 이해될 수 있다.

　「에녹의 비유」와 요한계시록 1장을 나란히 놓고 읽으면 다니엘서의 인자에 대한 유사한 기대를 강조하는 동시에 동일한 구약 본문이 다르게 이해될 수 있는 방식에 주의를 기울일 수 있다. 선견자 요한은 예수를 다니엘서의 "인자 같은 이", 이사야의 종, 다윗 가문의 메시아, 그리고 하나님의 특성을 공유하는 분으로 제시한다. 이러한 주제들 대부분은 일곱 교회에 보내는 편지(계 2-3장), 보좌 장면(5장), 흰말을 탄 자에 대한 환상(19장)에서 반복적으로 등장한다. 예수에 대한 요한의 주장은 초기 유대교 문헌과 함께 읽

2.　때때로 70장과 71장은 「에녹의 비유」에 후대에 첨가된 것으로 간주된다.

혀질 때, 생생하게 드러난다.

더 읽을거리

추가적인 고대 문헌

다니엘 7:13의 "인자 같은 이"는 『에스라4서』 13장과 『바룩2서』 29-30; 39-40; 53:1-3; 70-74장에도 나타난다. 다니엘 10장에 나오는 천사 같은 인물을 묘사하는 이른 시기의 유대 텍스트를 위해서는 『스바냐의 묵시』 6:11-15; 『아브라함의 묵시』 17:1-4; 『요셉과 아스낫』 14:7-10; 15:11-12을 보라. 예수께서도 복음서에서 자기 자신을 (마 8:20; 16:27-28; 25:31; 막 2:10; 2:28; 8:31; 13:26; 14:62; 눅 12:8; 17:24; 22:48; 24:7; 요 1:51; 3:13; 8:28; 9:35; 13:31을 포함하여) 80번이나 넘게 "인자"(the Son of Man)로 지칭하셨다. 또한 사도행전 7:56을 보라.

영어 번역본과 비평본

Bertalotto, Pierpaolo, Ken M. Penner, and Ian W. Scott, eds. "1 Enoch." Edition 1.5. In *The Online Critical Pseudepigrapha*. Edited by Ian W. Scott, Ken M. Penner, and David M. Miller. Atlanta: Society of Biblical Literature, 2006. www.purl.org/net/ocp/1En.

Knibb, Michael A. *The Ethiopic Book of Enoch*. 2 vols. Oxford:

Clarendon, 1978.

Nickelsburg, George W. E., and James K. VanderKam. *1 Enoch: The Hermeneia Translation*. Minneapolis: Fortress, 2012.

Olson, Daniel C. *Enoch: A New Translation*. North Richland Hills, TX: BIBAL, 2004.

이차 문헌

Baynes, Leslie. "Introduction to the Similitudes of Enoch." Pages 256-63 in vol. 2 of *Early Jewish Literature: An Anthology*. Edited by Brad Embry, Ronald Herms, and Archie T. Wright. Grand Rapids: Eerdmans, 2018.

Boccaccini, Gabriele, ed. *Enoch and the Messiah Son of Man: Revisiting the Book of Parables*. Grand Rapids: Eerdmans, 2007.

Bock, Darrell L., and James H. Charlesworth, eds. *Parables of Enoch: A Paradigm Shift*. London: Bloomsbury, T&T Clark, 2013.

Hannah, Darrell D. "The Throne of His Glory: The Divine Throne and Heavenly Mediators in Revelation and the Similitudes of Enoch." *ZNW* 94 (2003): 68-96.

Nickelsburg, George W. E., and James C. VanderKam. *1 Enoch 2: A Commentary on the Book of 1 Enoch, Chapters 37-82*.

Hermeneia. Minneapolis: Fortress, 2012.

Rowland, Christopher. "The Vision of the Risen Christ in Rev. i. 13ff.: The Debt of an Early Christology to an Aspect of Jewish Angelology." *JTS* 31 (1980): 1-11.

VanderKam, James C. "Righteous One, Messiah, Chosen One, and Son of Man in 1 Enoch 37-71." Pages 169-91 in *The Messiah: Developments in Earliest Judaism and Christianity*. Edited by James H. Charlesworth. Minneapolis: Fortress, 1992.

제2장
「에녹의 편지」와 요한계시록 2:1-3:22
(현시대의 빈곤과 부)

마크 D. 매튜스(Mark D. Mathews)

요한이 소아시아 교회들에 전한 메시지에는 몇 가지 독특한 특징이 있다. 전체에 걸쳐서 지속되는 문체적 패턴을 살펴보면, 요한의 전략은 그 메시지를 묵시 부분(계 4-22장)과 일관성이 있는 하나의 문학적 형태(편지)로 간소화하는 것이었음을 알게 된다.[1] 이 편지 부분에서는 실재했던 일곱 교회가 다루어지지만, 당시 서신의 회람적인 성격을 감안하면 일곱 교회에 보낸 메시지가 소아시아에 있는 교회들의 상태에 대한 포괄적인 그림을 제공해 주는 역할을

---

1. 일곱 등잔대, 일곱 별, 일곱 인, 일곱 천사, 일곱 나팔, 일곱 대접, 일곱 왕관 등. 마찬가지로 회개의 언어(계 9:20-21; 16:9-11), 승리(5:5; 6:2; 11:7; 12:11; 13:7; 15:2; 17:14; 21:7), 벌거벗음과 부끄러움(3:17-18; 16:15), 생명나무(2:7; 22:14, 19), 둘째 사망(2:11; 20:6, 14; 21:8), 이세벨의 간음(2:22; 14:8; 17:2; 18:3; 19:2), 사탄(2:9, 13, 24; 3:9; 12:9), 새 예루살렘(3:12; 21:2)도 교회에 대한 환상과 연결되어 있는 묵시 부분(4-22장)에서 중요하게 부각된다.

하는 것임을 알 수 있다. 동시에 이 일곱 메시지의 정형화된 패턴
은 두 가지 뚜렷한 변칙을 보여 준다.

첫째로, 회개하라는 요청이 두 교회를 향한 메시지에는 나타
나지 않는데, 이 두 교회는 동일한 상황을 경험하고 있다. 서머나
교회는 '빈곤'을 경험하고 있었고("내가 네 환난과 궁핍을 알거니와", 계
2:9), 마찬가지로 빌라델비아 교회는 자원(resources)이 거의 없었다
("네가 작은 능력을 가지고서도", 3:8). 이 두 교회는 사회적이고 경제적으
로 소외되는 상황을 공유하고 있었다. 이와는 반대로 회개하라는
요청을 받은 교회들은 "발람의 교훈"(2:14)을 따르고 있는데, 이것
은 아마도 요한이 부에 대한 과도한 관심으로 간주하는 것일 수
있고, 다른 전통에 나타난 것과 마찬가지로, 탐욕에 대한 언급일
수도 있다.[2] 게다가 교회는 이세벨의 가르침을 피하라는 경고를
받기도 하는데, 이 또한 부와 풍요에 대한 관심사와 관련된 것이
다. 이것은 이세벨이 요한계시록 17-18장에서 경제 활동과 관련된
성적 부도덕과 기만의 언어를 통해 부유한 창녀 바벨론과 언어학
적으로 연결된다는 점에서 확인할 수 있다(참조, 2:22-23; 13:14-17;
18:3-4, 23).

두 번째 변칙은 라오디게아에 보낸 메시지에서 발견되는 것으
로서 (그 교회 구성원 중) 누군가가 발언한 형식으로 나타나는 수사학
적 장치다. 거기 보면 교회 구성원들은 그들이 가진 축적된 부를

---

2.   벧후 2:15; 유 11; Philo, *Mos.* 1:294-99; Josephus, *Ant.* 4:126-30; 미쉬나 아
      보트 5:19-22; 타르굼 팔레스타인 민 24:14; 민수기 랍바 20:23.

"나는 부자라 부요하여 부족한 것이 없다"(3:17)라고 말하며 자랑했다. 이것은 묵시 부분의 다른 곳인, 요한이 바벨론의 부를 혹독하게 비판하는 부분("그가 마음에 말하기를 나는 여왕으로 앉은 자요, 과부가 아니라. 결단코 애통함을 당하지 아니하리라", 18:7)에서도 발견된다. 이 두 예를 가난에 대한 칭송과 함께 고려하면 교회에 대한 저자의 염려가 두 가지임을 알 수 있다. 첫째, 하나님 나라 백성을 향한 요한의 기대와 교회에 속한 많은 이들의 현실 사이에 불일치가 존재한다(참조, 1:9). 둘째, 요한은 어떻게 기독교인들이 한편으로 부를 축적하면서 다른 한편으로는 하나님께 신실할 수 있는지에 대한 문제를 고민하고 있다.[3] 하나님의 백성 사이에서 부를 축적하는 것과 관련된 관심사와 매우 유사한 내용이 제2성전기 문헌, 특히 묵시적인 작품들에서 발견된다. 가장 명백한 유사점은 「에녹의 편지」에 나온다.

「에녹의 편지」

("죄인들아 너희의 재물로 인해 너희에게 화가 있을 것이다")

「에녹의 편지」(『에녹1서』 92:1-5; 93:11-105:2)는 보통 『에녹1서』라고 불

---

3. Mark D. Mathews, *Riches, Poverty, and the Faithful: Perspectives on Wealth in the Second Temple Period and the Apocalypse of John*, SNTSMS 154 (Cambridge: University Press, 2013), 172.

리는 다중 저자의 작품 중 일부다.[4] 이 편지의 중심부(『에녹1서』 94:6-104:8)는 3개의 예언적 담화로 구성되어 있고, 그 안에는 8개의 화 (woe) 신탁이 자리 잡고 있다. 첫 번째 담화(『에녹1서』 94:6-100:6)에는 의인들을 격려하는 말과 더불어 부자 죄인들에게 심판을 언도하는 6개의 화 신탁이 포함되어 있다. 두 번째 담화(『에녹1서』 100:7-102:3)는 신적 심판을 다루고, 세 번째 담화(『에녹1서』 102:4-104:8)는 신정론에 대한 질문에 답하려고 시도한다. 이 편지의 기록 연대는 주전 2세기 초에서 중반으로 마카비 항쟁 직전이다.

부와 악인들, 가난과 경건한 자들

「에녹의 편지」는 악의 기원 및 신정론의 문제와 관련된 더 많은 에녹 문헌의 전승과 잘 들어맞는다.[5] 그러나 여기서 주목할 만한 내용은 「에녹의 편지」가 독특하게 강조하고 있는 부분이다. 즉, 어떻게 악한 사람들이 부자와 권력자의 관점에서 언급되는지, 그리고 어떻게 악인들은 번성하는데 의인들은 그들의 손에서 고통을 당하는지에 대한 것이다. 「에녹의 편지」에서 부자들은 무조건 악한 것으로 간주된다. 의인들을 위한 물질적 축복에 대한 기대는

---

4.   『에녹1서』에 대한 더 많은 정보를 위해서는 이 책의 제1장에 벤자민 E. 레이놀즈가 쓴 ""「에녹의 비유」와 요한계시록 1:1-20 (다니엘서의 인자)""을 보라. 「에녹의 편지」와 요한계시록의 관련된 비교를 위해서는 제16장에 신시아 롱 웨스트폴이 쓴 ""「에녹의 편지」와 요한계시록 18:1-24 (로마의 경제에 대한 비판)""을 보라.
5.   「파수꾼의 책」(1-36장), 「에녹의 비유」(37-71장), 「천체의 책」(72-82장), 「꿈 환상의 책」(83-90장).

미래 종말의 시대로 밀려난다. 신명기 패턴(참조, 신 28-30장)에서 이런 현실은 의인들의 경건에 의문을 제기하고 부당한 수단으로 부를 얻은 악인들을 정당화해 주는 역할을 한다.[6] 예를 들면, 『에녹1서』 96:4은 다음과 같이 말한다. "죄인들아 너희에게 화가 있을 것이다. 재물로 인해 너희가 겉으로는 의인처럼 보이지만, 너희 마음은 너희들이 죄인임을 고발하는구나. 그리고 바로 이 점이 너희 악행의 증거가 되어 너희를 거스를 것이다."[7]

악인들에 대한 이러한 비난은 다음과 같이 더 깊이 표현된다. 그들은 신실한 자들을 압제하고(『에녹1서』 94:7; 96:5), 재물을 의지하며(94:8-9), 타락했고(98:2-3), 자신들이 살고 싶은 대로 살기 위해 하나님의 권위를 떠난 자들이다(97:8-10). 이 죄인들에게는 잇따른 화 신탁이 주어지는데, 그 신탁은 이들의 행위를 비난할 뿐 아니라, 공식적이면서 돌이킬 수 없는 심판 선언—형벌을 면할 수 없을 것이라는—의 기능을 한다.

부에 대한 미래의 반전

겉으로 보기에 신명기 전승이 약속한 바—언약에 순종하는 자에게 복을 내리고 불순종하는 자에게는 저주를 내린다는 약속—가

---

6. 신명기 28-30장에 나오는 축복과 저주는 순종에는 물질적인 풍요를 약속하고, 불순종에는 가난과 박해를 약속한다. 이것은 악한 부자들의 손아귀에서 고통을 겪는 의인들이 애써 해결해 보려고 했던 핵심 문제이다.

7. Daniel C. Olson, *Enoch: A New Translation* (North Richland Hills, TX: BIBAL, 2004), 231.

뒤집힌 것처럼 보이는 상황은 마지막 담화(102:4-104:8)에서 미래에 부에 대한 반전이 있을 것이라는 설명으로 해결된다. 이 담화에 나오는 그런 생각은 고대 유대교와 초기 기독교 문헌에서 일반적으로 나타나는 수사적 장치인, 누군가가 발언을 하는 형식으로 표현된다.[8] 이 경우에 이런 발언은 단순히 누군가가 한 말에 대한 역사적 이야기가 아니라, 작가의 특징적인 신념이나 관점을 한 개인에게 부여한 것이다.

> 5 죽은 너희 죄인들에게 화가 있으리라! 너희가 너희 죄의 재물 가운데 죽을 때마다 동료들은 너희에 대해 이렇게 말할 것이다. "죄인들에게 복이 있다. 그들은 그들의 모든 날을 보았고, 6 지금 번영하고 부요한 채로 죽었다. 그들은 살아있는 동안 그 어떤 고난이나 학살을 본 적이 없고, 그저 명예롭게 살다가 죽었다. 사는 동안 그들에게 심판이 내리지 않았다." 7 [하지만] 이것을 알아야 한다. 너희의 영혼은 스올로 내려갈 것이고, 거기에서 큰 고통을 겪게 될 것이다. 8 흑암 속에서 올가미에 사로잡혀 타오르는 불 가운데 고통을 겪을 것이다. 너희 영혼은 큰 심판을 받게 될 것이고, 이 큰 심판은 영원토록 지속되어 모든 세대에게 임할 것이다. 너희에게 화가 있으리라! 너희에게는 평화가 없을 것이다. (103:5-8)

---

8.   사 29:15; 47:8; 렘 2:23; 겔 18:25; 암 7:16; 합 2:6; 말 1:4; 2:17; 3:8; 집회서 5:1; 11:18-19; 솔로몬의 지혜 2:1-11; 에스드라2서 10:12-13; 눅 12:16-21.

이는 이전의 에녹 전승보다 더욱 단정적으로 부에 대한 거부
를 보여주며, 부와 가난의 언어를 각각 악과 신실함이라는 범주로
확대하는 것이다.

요한계시록 2:1-3:22
("내가 네 환난과 궁핍을 알거니와 실상은 네가 부요한 자니라")

요한은 거짓된 가르침 및 그에 따르는 결과와 관련된 교회 안의
위기를 제시한다. 이것은 요한과 교회 안의 다른 세 명의 교사—
"이세벨"(계 2:20), "발람"(2:14), "니골라 당"(2:6, 15)으로 불리는 자
들—사이에 있는 예언자적 경쟁 구도에서 확연하게 드러난다. 후
자의 둘은 아마도 실제적인 인물을 가리키는 것이 아니라 요한이
반대한 가르침의 종류를 말하는 것일 가능성이 있다. 요한의 주된
맞수는 이세벨이다. 요한이 이세벨과 대립하는 내용(2:21)에서 이
점을 확인할 수 있고, 그녀를 다른 본문과 연결하는 언어적 관련
성에 의해서도 이를 파악할 수 있다.

그리스어 '포르네이아'(*porneia*, "음행") 및 이 단어와 어원이 같
은 말이 요한계시록에서 19번 등장한다. 3번은 일곱 교회를 향한
메시지에 나타나고(2:14, 20, 21), 10번은 창녀와 바벨론에 대한 환상
에서 등장한다("음녀", "음행", 17:1-2, 4-5, 15-16; 18:3, 9; 19:2[×2]). 요한계
시록 17-18장에서 이 표현은 성적인 부도덕을 가리키는 것이 아니

라, 바벨론의 사치스러운 생활 방식으로 부자가 된 땅의 왕들과 상인들의 경제 활동을 가리킨다(18:3). 창녀가 금으로 된 성배로 자신의 부도덕한 포도주를 마시는 이미지와 그녀의 이마에 있는 표 이미지는 모두 요한이 앞선 본문에서 채택한 경제 관련 표현을 상기시킨다(13:16-17; 14:8-10). 바로 이 부분에서 교회들에 대한 요한의 비판이 절정에 이르고, 신실한 자들을 향해 "내 백성아, 그 여자를 버리고 나오너라"(계 18:4 공동번역)라는 호소로 이어진다.

부와 악인들, 가난과 경건한 자들

이 본문에 나오는 경제 관련 언어와 그것이 이세벨과 언어적으로 연결되어 있다는 것을 고려하면, 교회에 보낸 메시지(2-3장)에서 요한이 신실한 공동체와 관련하여 이세벨이 가지고 있는 부에 대한 견해를 약화시키려 한다는 것을 알 수 있다. 즉, 요한은 경건하고 신실한 자들이 하나님을 향한 신실함을 유지하면서 동시에 부도덕한 로마 제국의 활동을 통해 개인적인 부를 축적할 수 있다는 생각에 반대했다. 그리고 이것은 요한이 단순히 로마 세계를 악하다고 보기 때문이 아니라, 묵시적 세계관을 가지고 당대를 악인들이 번성하고 의인들이 고난을 받는 시대로 이해했기 때문이다.

부에 대한 미래의 반전

그렇다면 하나님께 대해 언약적 신실함을 보여주는 표지는 이 시대의 부요함이 아니라 적대와 갈등이고, 심지어 박해다. 그런데 이

상황은 의인들이 그리스도 안에서 그리스도의 완성된 나라와 더불어 축복을 받게 되는 오는 시대에 역전될 것이다(참조, 21:1-22:5). 그래서 천사는 서머나 교회를 칭찬한다. "내가 네 환난과 궁핍을 알거니와 실상은 네가 **부요한** 자니라"(2:9). 그러나 천사는 자신들이 가진 부에서 안도감을 찾고자 하는 라오디게아 교회를 꾸짖는다. "네 곤고한 것과 가련한 것과 **가난한** 것과 눈먼 것과 벌거벗은 것을 알지 못하는도다"(3:17). 부를 축적하더라도 결국에는 그것이 뒤집히게 될 것이라는 사실은 요한의 승리 언어가 가리키는 바이다.

단지 다섯 교회만이 회개하라는 요구를 받았지만, 일곱 교회 모두 '이기라'는 권고를 받았다. 따라서 일곱 교회를 향한 메시지에 언급된 다양한 상황에 대한 포괄적인 해결책은 '이김'과 '승리'에서 해결 방법을 찾는 것이다. 요한계시록에는 두 가지 역설적인 승리 방식이 나타나 있다. (1) 현시대의 악한 우주적 세력이 신실한 자들을 정복하고 죽이기 위해서 그들과 전쟁을 벌인다(계 6:2; 11:7; 13:7). (2) 신실한 자들은 이기고 승리하라는 권고를 받고 그렇게 할 때 주어지는 구체적인 약속을 받는다("이기는 그에게는 내가 … 주리라", 2:7, 11, 17, 26; 3:5, 12, 21; 21:7). 이 약속이 실현되는 것은 신실한 자들이 용(12:11)과 짐승(15:2)을 "이기는" 장면으로 묘사되는데, 신비하게도 그들이 정복당하기도 한다. 각 상황에서 신실한 자들은 죽게 된다. 그러나 그들의 승리는 죽음을 통해 이기신 신실한 어린양의 죽음과 결부되어 있다(계 3:21; 5:5-6). 그리고 그분은 죽음으로 인해 "능력과 **부**와 지혜와 힘과 존귀와 영광과 찬송을 받으시기에" 합당한 분으로 언급된다(5:12). 이는 요한이 독자들에게 순교자가 되라고 요구하는 것이 아니다. 요한이 요구하는 바는, 독자들이 현시대의 악한 체제와 그 체제가 약속하는 평화와 번영에서 스스로 떠나 죽임 당한 어린양이 인도하는 곳으로 어디든지 따라가라는 것이다.

유사점과 대조점

우리가 요한계시록과 「에녹의 편지」의 묵시적 세계관을 비교해 보면 유사점과 대조점을 둘 다 발견하게 된다. 첫째로, 요한계시록은 「에녹의 편지」와 마찬가지로 부와 풍요를 현시대의 기독교 공동체를 위한 특징으로 간주하지 않는다. 오히려 요한은 물질적 축복에 대한 신명기의 약속이 오는 시대까지 미루어졌음을 전제로 한다. 요한은 현시대의 세상을 회복할 수 없을 정도로 악하고 일시적으로 사탄에 의해서 다스림을 받는 곳으로 생각한다. 이것은 외부의 악한 세력이 인류를 속이고(1QS 3:20-21; 1QM 14:9) 그들을 풍요의 삶으로 유인해서 하나님을 예배하지 못하게끔 하는 제2성전기에 발전된 사상 패턴을 따른 것이다(『다마스쿠스 문서』 4:13-17).

둘째로, 앞선 묵시 전통(특히 「에녹의 편지」)과 마찬가지로 요한은 누군가가 한 발언으로 부유한 죄인들을 비난하고 그들의 왜곡된 세계관을 폭로하면서 그들과 음녀와의 연대를 드러내는 수사학적 장치를 사용한다(계 3:17; 18:7). 요한은 또한 예언적 화 신탁을 활용하여 부유한 죄인들에 대한 공식적이고 돌이킬 수 없는 기소를 통

해 그들이 받을 형벌을 확고히 한다(8:13; 9:12; 11:14; 12:12).[9] 요한은
음녀 바벨론의 심판 장면에서 그녀를 지지하는 부자들의 입술에
화 신탁을 두는 내용을 포함하는데, 이는 「에녹의 편지」와 같은 전
통에서 약속된 심판의 실현을 상정하는 것이다(18:10, 16, 19).

그러나 부자 죄인들에게 회개의 여지를 주지 않는 「에녹의 편
지」와는 달리 요한계시록은 회개하는 것과 이기는 것, 둘 모두를
요구한다. 이는 확연한 차이다. 요한은 하나님의 백성 중 일부가
악을 행하는 교회에 대해 이야기한다. 그럼에도 그들은 하나님의
백성 중에 속해 있다. 그러나 세상을 있는 그대로가 아니라 보여
야 할 모습으로 묘사하는 요한계시록의 나머지 부분은 하나님의
백성이 회개하지 않고 이기지 못한다면 그들이 따르고 있는 교사
들처럼 거짓됨을 스스로 입증하게 될 것임을 암시한다. 그들은 자
신들이 용 및 짐승과 똑같다는 것을 발견하게 될 것이다. 요한의
담화는 로마 제국의 사회적 불의에 반대하는 것이 아니다. 로마
자체는 교회의 적이 아니다. 요한의 세계관은 종말의 시대가 시작
됐고 사탄과 그의 천사들이 땅으로 쫓겨났기 때문에 현시대는 회
복될 수 없다는 묵시적 이해에 토대를 두고 있다(12:7-17).

요한이 보는 바와 같이 종말 시대의 핵심은 사람들이 거짓된
안전감을 찾고 스스로의 만족감을 위해 부를 추구하도록 유혹받
게 될 것이라는 점이다. 이렇게 부를 추구하는 것은 사탄의 표를

---

9.   Loren T. Stuckenbruck, *1 Enoch 91–108*, CEJL (Berlin: de Gruyter, 2007), 216.

받는 것이다. 그러나 의인들은 죽임 당한 어린양을 따르며, 권력과 탐욕과 사치스러운 삶이라는 지배적인 담론 속에서 자신들의 정체성을 확고히 확립하기 위해 하찮은 비주류의 자리에 있기를 선택한다. 이는 요한이 그리스도에게서 불로 연단한 금을 "사서" 부자가 되라고 부유한 자들에게 권고한 것과 관련이 있는데(3:18), 이것은 하나님께서 자기 백성을 시험하시는 것을 암시하는 전통적인 언어다. 그러므로 요한은 교회의 부자들에게 현시대의 부를 거부하고 하나님의 책망과 징계를 받으라고 권하고 있는데(3:19), 이는 이 세상과는 다른 세상의 대안적인 경제 시스템을 반영한 것이다.

더 읽을거리

추가적인 고대 문헌

「에녹의 편지」는 『벤 시라의 지혜』와 같은 또 다른 제2성전기 문헌과 대화하며 읽어야 한다. 『벤 시라의 지혜』는 부에 대한 견해를 신명기적인 관점에서 제공한다. 솔로몬의 지혜는 신실한 자들과 악한 자들이 겪는 곤경과 어떻게 그들이 각기 고난 및 부와 연결되는지와 관련된 지혜의 관점과 묵시적인 관점을 둘 다 제공한다.

영어 번역본과 비평본

Bertalotto, Pierpaolo, Ken M. Penner, and Ian W. Scott, eds. "1 Enoch." In *The Online Critical Pseudepigrapha*. Edited by Ian W. Scott, Ken M. Penner, and David M. Miller. 1.5 ed. Atlanta: Society of Biblical Literature, 2006. www.purl.org/net/ocp/1En.

Isaac, E. "1 (Ethiopic Apocalypse of) Enoch: A New Translation and Introduction." Pages 13–89 in vol. 1 of *The Old Testament Pseudepigrapha*. Edited by James H. Charlesworth. New York: Doubleday, 1983.

Knibb, Michael A. "1 Enoch." Pages 184–319 in *The Apocryphal Old Testament*. Edited by H. F. D. Sparks. Oxford: Clarendon, 1984.

―――. *The Ethiopic Book of Enoch*. 2 vols. Oxford: Clarendon, 1978.

Nickelsburg, George W. E., and James C. VanderKam. *1 Enoch: A New Translation*. Minneapolis: Fortress, 2004.

Olson, Daniel C. *Enoch: A New Translation*. North Richland Hills, TX: BIBAL, 2004.

이차 문헌

Mathews, Mark D. *Riches, Poverty, and the Faithful: Perspectives on Wealth in the Second Temple Period and the Apocalypse of John*. SNTSMS 154. Cambridge: Cambridge University Press, 2013.

Newsom, Carol A. *The Self as Symbolic Space: Constructing Identity and Community at Qumran*. STDJ 52. Leiden: Brill, 2004.

Schüssler Fiorenza, Elisabeth. *Revelation: Vision of a Just World*. Minneapolis: Fortress, 1991.

Stuckenbruck, Loren T. *1 Enoch 91–108*. CEJL. Berlin: de Gruyter, 2007.

제3장
「레위의 유언」과 요한계시록 4:1-11
(하늘 보좌로의 승천)

데이비드 A. 드실바(David A. DeSilva)

요한의 기상천외한 이미지를 보면, 언제나 뚜렷하게 이해되기보다는 암호를 풀듯이 접근할 것이 요구된다. 확실히 요한의 이미지 중 일부는 해독되어야 한다. 왜냐하면 텍스트 자체가 그런 방향으로 나아가고 있기 때문이다(예, 계 17:9, 18을 보라). 하지만 기독교인들은 2세기 후반부터 요한의 거의 **모든** 이미지를 해독하려고 해 왔다. 마치 **요한**이 하늘의 실재를 '보았던' 것과 마찬가지로 사람들로 하여금 그 실재를 '보도록' 초청하면서, 본능적인 차원이 아니라 오로지 상징주의적 읽기를 통해 획득할 수 있는 지성적인 차원만을 염두에 두었다는 듯이 말이다.

2세기와 3세기에 기독교인들은 하나님 보좌 주변에 있는 하늘의 존재들을 저들이 신앙과 정경을 구체화해 나갈 때 주된 관심의 대상이었던 것을 상징적으로 표현한 것으로 해석했다. 따라서 사자와 황소와 사람과 독수리의 얼굴을 가진 네 생물은 각기 한 분 예수의 다양한 얼굴을 드러내는 사복음서에 대한 상징으로 간주됐다(Irenaeus, *Haer.* 3.11.8; Origen, *Comm. Joh.* 5.6; Victorinus, *In Apoc.* 4.4; Augustine, *Tract. Ev. Jo.* 36.5.2). 이레네우스는 여기에서 교회가 사복음서를 받아들여야 한다는 근거를 발견했고, 사복음서를 모두 합친 조화본(conflated harmony)이나 단일 복음서를 장려하는 목소리에는 반대했다. 이십사 장로들은 이스라엘의 열두 족장과 주님의 열두 사도(Origen, *Comm. Joh.* 5.6; Tyconius, *Exposition of the Apocalypse* 2.4.4)나, 율법서와 예언서의 스물네 권의 책(율법서 5권, 전기예언서 4권, 후기예언서 15권을 말함—역주)으로 이해됐다(Victorinus, *In Apoc.* 4.3). 요한 자신이 하나님의 일곱 영으로 해설하는 일곱 등불은 한 분 되시는 성령을 상징하는 것으로 받아들여졌다(Primasius, *Commentary on the Apocalypse* 4.5).

그러나 어떤 텍스트들을 비교해 읽어보면 우리는 보좌에 앉으신 신과 그 주변에 있는 것들에 대한 요한의 환상을 다른 방향으로 경험할 수 있다. 이런 영적 실재를 신비롭게 보이게 하는 전통은 이사야 6장과 에스겔 1장에 그 뿌리를 두고 있지만, 헬레니즘과 로마 시대에는 하나님의 하늘 영역에 대한 이보다 더욱더 세부적이고 복잡하며 밀도 높은 환상이 있었다. 그러한 것 중 하나가 「레위의 유언」이다. 우리는 「레위의 유언」에서 신적인 영역에 올라가 그곳에 거주하는 다양한 존재들을 관찰한 보도 내용을 찾아볼 수 있다.

「레위의 유언」

("그 천사는 나에게 하늘의 문들을 열어주었다")

후기 제2성전기에 인기 있는 문학 장르는 '유언'이었다. 이는 한 유대 족장이 임종 때 자녀들과 손자들에게 남긴 말을 보전한 것이라고 주장되는 글로, 야곱이 창세기 49:1-33에서 열두 아들 중 아홉을 축복하는 것(르우벤, 시므온, 레위는 제외됨)과 같은 임종 연설에서 영감을 얻은 것처럼 보인다. 유언이라는 장르는 '유언'을 남기는 인물들과 관련된 성경 내러티브를 상상력을 동원하여 해석적으로 확장하는 수단으로서, 영적인 상속자(유언의 실제 청중)에 대한 윤리 지침과 많은 경우에 내세의 계시 및 마지막 때에 대한 예언을 목적으로 하였다. 이런 것들에는 예를 들면, 『아브라함의 유언』, 『모세의 유언』, 『욥의 유언』, 야곱의 열두 아들의 것인 『열두 족장의 유언』이 있다. 마지막에 언급된 모음집에 「레위의 유언」이 속해 있는데, 거기서 열두 유언 중에서도 단연 돋보이는 부분은 레위가 하늘로 승천하는 장면과 하나님의 보좌 옆에 거하는 존재들에 대해서 이야기하는 장면이다.

유대교 작품인가, 아니면 기독교 작품인가?

『열두 족장의 유언』은 유대 사회를 통해서 보존되고 전수된 것이 아니라 기독교 사회를 통해 그렇게 됐다. 가장 오래된 완전한 사본은 기독교 필사자에 의해서 만들어졌다. 『열두 족장의 유언』에

는 예수가 유다와 레위의 약속된 상속자이며, 그를 통해 하나님의
백성을 구원할 것이라는 **기독교인의** 확신이 분명하게 드러나 있
다. 학자들은 『열두 족장의 유언』이 어느 정도로 기독교 이전의 유
대교를 볼 수 있는 창을 제공하는지와 관련해서 의견이 갈린다.
이 유언 모음집이 원래 유대교 작품이며 기독교 필사자들이 가볍
게 편집했고 그래서 그들의 흔적을 지우고 나면 본질적인 기독교
이전의 본문을 읽어낼 수 있는 것일까? 아니면, 유대교 전승을 많
이 사용한 기독교 작품인 것일까? 나는 전자가 더 유력한 입장이
라고 생각한다. 이유는 이렇다. (1) 사본들을 살펴보면 이 유언 모
음집에 비교적 큰 기독교화 작업이 있었다는 증거가 나타난다. (2)
기독교적인 것으로 구분되는 자료는 대체로 쉽게 구분되고 (종종
어색한 위치에 놓여) 문맥과 동떨어져 있다. (3) 유대교의 고유한 관심
사와 신념들이 이 유언 모음집 전체에 스며들어 있다. (4) 이 유언
모음집은 보통 초기 유대교 문헌에서 발견되는 다양한 전승을 반
향하지만 초기 기독교 문헌을 반향하지는 않고, 또한 저자는 기독
교 문헌과 그다지 친숙해 보이지도 않는다.[1] 그러므로 『열두 족장
의 유언』은 기독교 이전의 유대교적 주해, 윤리, 종말론에 대한 중
요한 증언이 된다.

---

1.   David A. deSilva, *The Jewish Teachers of Jesus, James, and Jude: What Earliest Christianity Learned from the Apocrypha and Pseudepigrapha* (New York: Oxford University Press, 2012), 194-222.

하늘 보좌로의 여행

「레위의 유언」은 간략한 프롤로그에 이어 극적인 승천 장면으로 시작된다. "하늘이 열리고 주님의 한 천사가 나에게 말했다. '레위야, 들어오너라'"(2:6).[2] 천사는 레위를 호위하여 일곱 하늘을 여행하게 해 주는데, 여기서 7이라는 숫자는 유대교의 환상 문학에서 하늘의 단계를 나타내는 전형적인 숫자다. 가장 낮은 하늘에서는 인간의 죄와 불의가 목격되기 때문에 음울하다(3:1). 두 번째로 낮은 하늘에는 보복의 날을 위해 준비된 (불, 얼음, 바람을 포함한) 자연의 요소들이 있다(3:2). 세 번째로 낮은 하늘에는 심판의 날에 벨리알(사탄의 일반적인 이름)의 군대와 전투하여 그들을 파괴할 천사 군대가 주둔하고 있다(3:3).

위쪽 네 하늘은 독특한 특징을 지니고 있다. 네 하늘 모두 다 가장 높은 하늘에 있는 "영광의 보좌", 특히 하늘 성전의 "지성소"에 앉아계신 하나님께 초점을 둔다(3:5; 5:1). 보좌에 앉아서 천사들의 경배를 받으시는 하나님의 이미지는 유대교 정경에 흔히 등장한다(왕상 22:19; 사 6:1-3; 시 103:19-22을 보라). 여기에서 하나님의 거처는 하늘 성전으로 그려지는데, 이는 저자가 광야의 성막이 하늘에 있는 원형(성전)의 모델이라는 상당히 널리 퍼져 있는 견해를 공유하고 있음을 의미한다(솔로몬의 지혜 9:8; 히 8:1-5을 보라). 레위는 세 개

2.　이 인용은 Marinus de Jonge, "Testaments of the Twelve Patriarchs," in *The Apocryphal Old Testament*, ed. H. F. D. Sparks (Oxford: Clarendon, 1984), 505-600의 번역을 가져온 것이다.

의 중간 하늘에서 다양한 계급의 천사들을 보는데, 그들의 행동은 레위기에 나오는 제사장적인 관점에서 표현됐다. 가장 높은 하늘 옆에는 "하나님의 어전 앞의 천사들"이 있었는데, 이들은 엘리트 계급의 천사들로 "의인들이 자기들도 모르게 지은 모든 죄에 대해 주님께 속죄를 드렸다"(「레위의 유언」 3:5-6).[3] 이 천사들 바로 아래에 있는 다음 하늘에서 레위는 하나 더 낮은 계급의 천사들을 보았는데, 이들은 "주님의 어전을 섬기는 천사들에게 대답을 전달하는" 천사들이다(3:7). 또 다른 천상의 질서인 "보좌와 능력"은 넷째 하늘에 있는데, "이곳에서는 하나님께 계속해서 찬양이 올려진다"(3:8). 레위를 안내하는 천사 안내자는 이러한 하늘의 세력들이 깊은 경외심으로 하나님께 합당한 영광을 드리는 것과 "이를 알지도 못하며 가장 높으신 분께 죄를 지으며 진노하게 하는" 다수 인간의 무지한 불경심을 대조한다(3:10). 심지어 하나님의 심판이 나타나기 시작한 후에도, 레위의 천사 안내자는 인간들이 "믿지 않을 것이고 계속해서 불의를 행할 것이라" 예상한다(4:1; 참조, 계 9:20-21; 16:9, 11).

레위와 보좌에 앉으신 하나님 사이의 만남에서 절정에 이른 승천 이야기는 「레위의 유언」에서 발견되는 성경 이야기에 대한 '해석적 확장'을 위한 장을 준비하는데, 여기서는 레위와 시므온이 여동생 디나를 세겜의 왕자가 강간한 것에 대한 보복으로 그 도시의 남성 거주민들을 잔학하게 학살한 사건(창 34:1-31)에 집중

---

3. 부지중에 범한 죄와 관련해서 레 5:18을 보라.

한다. 성경은 이 학살 행위—속임수를 통해 이루어졌고 야곱의 저주를 받게 된 이 행위(창 34:13-15, 25-31; 49:5-7)—의 정당성과 관련해서 애매모호한 입장을 취한다. 그러나 「레위의 유언」에서 검과 방패를 레위에게 쥐여주고 세겜 사람들에게 복수하는 일을 맡기는 것은 다름 아닌 천사다(5:3-4). 사실상 레위는 아버지의 뜻에 반하여 행동했지만 신의 뜻에는 순종한 셈이다(6:1-7:4). 또한 「레위의 유언」은 하나님께서 개인적으로 레위를 땅에서 하나님을 섬길 제사장 계보의 선조로 임명하시는 것에 초점을 두기도 하는데(5:2; 8:1-9:14), 이는 창세기가 침묵하는 내용이다.

요한계시록 4:1-11

("그들이 밤낮 쉬지 않고 이르기를 거룩하다 거룩하다 거룩하다 주 하나님
곧 전능하신 이여")

하늘에서 시중드는 천사들

요한이 설명해 주는 하나님의 하늘 보좌 주변 존재들과 그 활동을 「레위의 유언」이 설명하는 족장 레위의 승천 이야기와 함께 놓고 볼 때, 우리는 보좌 주변에 있는 다양한 인물들에 대한 상징적 해석(낯선 이미지를 사복음서, 열두 족장, 열두 사도와 같은 보다 익숙한 것으로 바꾸는 해석)에서 멀어지게 되고, 낯설더라도 그 이미지를 정확히 요한이 제시한 그대로의 모습, 즉 하나님의 하늘 성전과 보좌 알현

실의 초자연적 보좌진의 모습으로 볼 수 있게 된다. 분명 요한의
이미지는 「레위의 유언」에 제시된 이미지보다 더 낯설게 느껴지
는데, 이는 요한이 더욱 오래된 환상 보도인 에스겔 1장과 이사야
6장에 나오는, 하나님의 보좌와 하늘에서 하나님을 시중드는 자
들에 대한 더욱 다채로운 환상으로부터 중요한 요소들을 가져와
집어넣었기 때문이다.

두 텍스트에서 환상을 보는 자는 하늘들(the heavens)이 먼저 열
려야(계 4:1) 눈에 보이는 창공(sky) 이면에 있는 것을 지각할 수 있
게 된다. 요한계시록에서는 (천사가 아니라) 그리스도가 예언자 요한
에게 신적인 영역으로 '올라오라'고 초청한다. 요한은 하늘들을
열거하는 일을 생략하고, 곧바로 하나님의 보좌 알현실에서 이야
기를 시작한다. 요한은 네 생물에게 중요한 위치를 부여하는데, 이
네 생물은 겉모습에 있어서는 에스겔에 나오는 네 얼굴을 한 "생
물"에 영감을 받았고, 활동에 있어서는 이사야에 나오는 하나님의
보좌 앞에서 "거룩하다, 거룩하다, 거룩하다"라고 외치는 스랍들
(세라핌)에 대한 환상에 영향을 받았다(겔 1:5-10; 사 6:2-3). 이 네 생물
과 상응되는 것이 「레위의 유언」에는 없지만, 그럼에도 후자는 우
리로 하여금 (이사야와 마찬가지로) 네 생물을 하나님의 보좌 주변을
에워싼 (또는 「레위의 유언」에서는 아래 쪽으로 이어지는 하늘들에 있는) 천사
계급 중 하나로 생각하게끔 한다.

요한계시록과 「레위의 유언」에는 둘 다 하나님의 보좌 앞에
있는 "일곱 영"이 나온다. 확실히 삼위일체가 요한계시록 4-5장에

서 시각적으로 제시됐다고 생각하는 것이 매력적이라는 이유로 "하나님의 일곱 영"을 성령으로 보는 것이 대중적인 이해였다. 하지만 (토비트와 같은 문서뿐 아니라) 「레위의 유언」에 나오는 "주님의 어전을 섬기는 천사들"의 중요성을 염두에 둔다면 우리는 그러한 이해를 주저하게 될 것이다. 요한 자신은 듣는 사람(청중)이 이 천사 무리에 대한 사전 지식을 가지고 있다고 상정하며 8:2에서 (다시 한번) "하나님 앞에 서 있는 일곱 천사"에 대해서 간략하게 언급한다. 요한계시록에서 이를 가리키는 유일한 선례는 요한계시록 4:5의 "보좌 앞에" 있는 "일곱 영"이다.[4] "천사"와 "영"은 여러 텍스트에서 서로 교환 가능하게 사용된다(시 104:4과 히 1:7은 둘을 명시적으로 동일시한다). 요한계시록 4:4과 「레위의 유언」에는 "보좌들/좌품천사들"(Thrones)이 왕위에 앉으신 하나님을 둘러싸고 있다(또한 골 1:16을 보라). 요한계시록에 나오는 보좌에 앉은 이십사 장로들은 이 천사 계급을 더욱 상세하게 묘사하는 것일 수 있다.

성전 이미지

요한계시록과 「레위의 유언」 사이의 또 하나의 중요한 접점은 다른 제2성전기 유대교 문헌에도 공통적으로 나타나는 것으로서, 하나님의 영역을 두드러지게 묘사하는 성전 이미지다. 이 이미지가

---

4. 참조, 토비트 12:15; David E. Aune, *Revelation 1–5*, WBC 52A (Dallas: Word, 1997), 34-35 [= 『요한계시록 상·중·하』, 솔로몬, 2003-2005]. 『에녹1서』 20:7의 몇몇 그리스어 사본은 주님의 어전을 섬기는 천사들을 일곱으로 구성된 한 그룹으로 열거하기도 한다.

요한계시록 4:1-5:11에는 아직 명확하게 나타나지 않지만, 곧이어 보이지 않는 영역에 대한 주요 공간으로 나타나게 될 것이다. 순교자들의 영혼은 하늘에 있는 희생 제단 아래에서부터 부르짖는다(6:9-11). 한 천사는 같은 제단으로 나아가서 성도들의 기도로 향을 올려드리고, 제단의 불로 가득 채워진 향로를 땅 아래로 던진다(8:1-6). 이후에 하늘 성전이 열리고, 성전 안에 있는 언약궤가 나타난다(11:19). 두 천사가 이 성전으로부터 나와서 (낫을 휘두르며) 땅을 추수하고(14:15, 17), 일곱 천사가 (성전으로부터 나와) 마지막 일곱 재앙을 내릴 것이다(15:5-8). 하늘 보좌 알현실을 하늘 성전으로 볼 때 이십사 장로들의 의복은 훨씬 더 직접적으로 제사장적 활동을 암시하게 된다. 이십사 장로들이 가진 거문고/하프는 레위 사람들의 의무를 연상케 하고, 향이 가득한 대접은 땅의 성전에서 행했던 제사장의 의무를 연상케 한다.[5] 이러한 천상의 제사장적 예배자들이 흰옷을 입고 머리에 화관을 쓰고 있다는 세부적인 묘사는 (하나님의 보좌와 어린양 앞에 서 있는 구원받은 큰 무리와 닮았는데) 일곱 교회의 도시들에서 거짓된 숭배 의식으로 황제와 그리스-로마 만신전을 찬양하는, 흰옷을 입고 화관을 쓰고 있는 제사장 및 예배자들과 대조된다.[6]

---

5.   요한이 천사들의 계급을 땅의 성전에서 제사장들과 레위인들을 이십사 반열로 나눈 것에 대한 하늘의 모형으로 생각하기 때문에 장로들의 수를 이렇게 (이십사 장로) 설정할 것일 수 있다(대상 24:4-6). Ben Witherington, III, *Revelation* (Cambridge: Cambridge University Press, 2003), 117을 보라.

6.   Craig R. Koester, *Revelation*, AYBC 38A (New Haven: Yale University

대조적인 임명

이 두 텍스트 간의 가장 극명한 **차이점**은 승천 이야기가 전면에
내세우는 행동에 있다. 요한계시록에는 레위가 제사장으로 임명
되지도 않고, 세겜이 이스라엘과 국가들 사이의 적절한 선을 넘어
서 폭력을 행사한 것에 복수하라는 임무를 레위에게 부여하지도
않는다. 요한계시록에서는 하나님을 위해 "각 족속과 방언과 백성
과 나라로부터"(5:9) 확장된 제사장의 왕국을 값을 주고 사신 어린
양이 임명되어, 세상에 대한 하나님의 최종 심판을 시작하고 그곳
에 거주하는 모든 자를 소환하여 책임을 지게 하시는데, 이 역할
은 오직 어린양만이 하기에 합당하시다(5:1-6). 이것은 하나님의 구
속과 심판 행위의 중심적 인물로서 그리스도를 부각시키는 것만
이 아니라, 초기 기독교 문화에서 대두되고 있었던, 더 이상 혈통
의 문제가 아닌 '거룩한' 하나님의 백성과 관련한 급진적인 재정
의에 대한 관심사를 반영한다.

더 읽을거리

추가적인 고대 문헌

「레위의 유언」에서와 마찬가지로 토비트에서도 천사들은 중재적
인 역할을 한다(참조, 토비트 3:1-17; 12:1-22). 주요 인물은 라파엘이다.

Press, 2014), 368-69 [= 『요한계시록 I·II』, 기독교문서선교회, 2019].

그는 자신을 "나는 영광스런 주님의 시중을 드는 일곱 천사 중의 하나"라고 밝힌다(토비트 12:15). 『에녹1서』의 제일 첫 부분(1-36장)에 속해 있는 「파수꾼의 책」은 하나님을 경외함에 있어서 인간만이 우주적인 질서에 역행하는 것을 애통해하며, 하늘 승천과 초자연적인 세계로의 여행을 이야기하는 또 다른 묵시록이다.

원문 영어 번역과 비평본

de Jonge, Marinus. "Testaments of the Twelve Patriarchs." Pages 505–600 in *The Apocryphal Old Testament*. Edited by H. F. D. Sparks. Oxford: Clarendon, 1984.

de Jonge, Marinus et al. *The Testaments of the Twelve Patriarchs: A Critical Edition of the Greek Text*. Leiden: Brill, 1997.

Kee, Howard C. "Testaments of the Twelve Patriarchs (Second Century BCE)." Pages 775–828 in vol. 1 of *The Old Testament Pseudepigrapha*. Edited by James H. Charlesworth. New York: Doubleday, 1983.

이차 문헌

deSilva, David A. "The *Testaments of the Twelve Patriarchs* as Witnesses to Pre-Christian Judaism: A Re-Assessment," *JSNT* 22 (2013): 21–68.

Himmelfarb, Martha. *Ascent to Heaven in Jewish and Christian*

Apocalypses. New York: Oxford University Press, 1993.

Hollander, Harm W., and Marinus de Jonge. *The Testaments of the Twelve Patriarchs*. A Commentary. Leiden: Brill, 1985.

Kugler, Robert. *The Testaments of the Twelve Patriarchs*. Sheffield: Sheffield Academic, 2001.

Slingerland, H. Dixon. *The Testaments of the Twelve Patriarchs: A Critical History of Research*. Atlanta: Scholars Press, 1977.

제4장
『에스라4서』와 요한계시록 5:1-14
(메시아의 동물 이미지)

다나 M. 해리스(Dana M. Harris)

요한계시록의 가장 흥미롭고 도전적인 측면 중 하나는 계시록이 상징 언어를 사용한다는 점이다. 상징 언어는 진리를 명제와 실재 사이의 **대응으로** 묘사하기보다(예를 들면, "오늘은 화요일이다"라는 명제는 사실 그날이 화요일인 경우에만 참이다) 연상시키고 암시하는 방식으로 **묘사한다.** 상징 언어는 (특히 요한계시록에서) 구약과 제2성전기 문헌에 나오는 이미지와 상징을 떠올리게 하는 암시적인 표현을 자주 사용한다.

요한계시록 5장에서는 4장에서 시작된 보좌 알현실의 환상이 계속되는데, 이때 로마 제국의 이미지를 활용해서 가이사의 보좌를 비판한다. 요한계시록 4장에서 보좌에 앉으신 분은 믿을 수 없을 정도의 광채 속에 계신 분으로 나타나고 이십사 장로와 네 생

물의 예배를 받으신다. 요한계시록 5장에서 요한은 보좌에 앉으신
이의 오른손에 양면으로 기록된 두루마리가 있는 것을 본다. 이
두루마리는 아마도 사탄의 궁극적인 심판과 악의 근절, 그리고 새
창조를 가져올 마지막 사건들(참조, 4:1)을 상징하는 것으로 보인다.
그러나 피조물 중에서 이 두루마리를 열어서 하나님의 역사 계획
을 완성할 자격이 있는 사람은 아무도 없다. 요한은 하나님의 구
속(이후에 5:9-10에서는 이에 대한 찬양이 나타남)이 성취되지 않을 수도
있다는 끔찍한 가능성에 대해 애통해하며 눈물을 흘린다. 이에 대
한 응답으로 장로 중 하나는 "유다의 사자, 다윗의 뿌리"(계 5:5)—
유일하게 두루마리를 열기에 합당하신 분—를 바라보라고 요한에
게 지시한다.

  "유다의 사자"라는 표현은 창세기 49:8-9 및 야곱이 아들들을
마지막으로 축복한 내용을 암시한다("유다야 너는 네 형제의 찬송이 될
지라. 네 손이 네 원수의 목을 잡을 것이요, 네 아버지의 아들들이 네 앞에 절하리
로다. 유다는 사자 새끼로다. 내 아들아 너는 움킨 것을 찢고 올라갔도다"). 이 이
미지는 대적을 정복하는 강력한 전사의 이미지다. 또한 사자는 왕
권과 관련된 힘과 권세를 묘사하기도 한다(예, 왕상 10:19-20). 하나님
께서는 구약에서 자주 사자 이미지로 제시되지만(예, 욥 10:16; 사
31:4; 렘 50:44; 호 5:14; 암 3:8), 그런 이미지가 구약이나 주후 1세기 이
전의 유대 저술에서 메시아를 가리키는 것으로 이해되지는 않았
다. 두 번째 칭호인 "다윗의 뿌리"는 이사야 11:10을 암시한다("그
날에 이새의 뿌리에서 한 싹이 나서 만민의 기치로 설 것이요"; 참조, 사 11:1). 기

치(banner)는 이새의 뿌리를 군사적인 힘과 연관 짓는다. 이 이미지는 구약과 『에스라4서』와 같은 후기 유대 저술에서 메시아적으로 이해됐다. 『에스라4서』가 요한계시록과 거의 같은 시기에 (또는 그보다 나중에) 기록됐을 가능성이 높지만 거기에는 요한계시록에 반영되어 있는 일부 전승과 메시아에 대한 기대가 나타나는 것처럼 보인다.

『에스라4서』

("다윗의 후손들 가운데 일어나실 … 사자")

파멸과 신정론

『에스라4서』는 라틴어 번역으로만 현존하고 있는데, 거기서 그 명칭(Esdrae liber IV)이 유래했다.[1] 『에스라4서』는 킹제임스역 시대에 에스드라2서의 일부로 외경에 포함됐다. 『에스라4서』가 **바벨론**이 예루살렘을 파괴(주전 587/6년)한 지 30년 후에 스알디엘(또는 에스라)이라고 불리는 선견자에게 주어진 환상들을 담고 있다고 알려졌지만, 이 텍스트는 **로마**의 예루살렘 파괴(주후 70년)를 다루고 있음을 분명히 하고 있고, 작성 연대는 주후 100년일 가능성이 있다.[2]

---

1. 원문이 그리스어나 아람어 또는 히브리어로 기록됐는지는 분명하지 않다.
2. "성경 내러티브"에 의존하여 세계관을 형성하는 사람들은 자연스럽게 현재 당면한 사건들에 대해 상상력을 발휘하여 "이스라엘 역사에서 가장 유사한 이야기, 즉 느부갓네살 군대에 예루살렘이 몰락당한 사건에 자신들을 위치

『에스라4서』는 보편적인 신정론과 왜 하나님께서 (겉보기에) 언약을 저버리시고 백성을 이교도에게 내어주셨는지를 설명하기 위해 더 구체적인 시도를 제공하는 7개의 환상을 제시한다. 처음 세 환상은 다가올 시대에 의인과 악인의 운명에 관한 것이다. 네 번째 환상은 외아들을 잃고 슬퍼하는 한 여인이 갑자기 영광스러운 하늘의 시온으로 변한 모습을 보여 준다. 다섯 번째 환상은 바다로부터 올라오는 독수리를 묘사하는데, 이는 미래의 사건을 묘사하는 것으로 추정된다. 여섯 번째 환상은 바다에서 올라와 하늘 군대를 이끌고 적들을 정복하는 한 인물을 보여 준다. 일곱 번째 환상은 에스라가 (잃어버린) 정경 24권을 다시 만들어내고 70권의 책을 추가로 기록하여 감춰두라는 명령을 받는 장면이다.

로마에 도전하는 사자

다섯 번째 환상인 '독수리 환상'은 요한계시록 5장과 몇 가지 유사한 부분이 있다. 이 환상(『에스라4서』 11장)은 12개의 날개와 3개의 머리(로마의 통치자들을 상징함)를 가진 큰 독수리(흔히 로마 제국을 상징함)가 바다에서부터 솟아오르는 모습을 묘사한다. 이 독수리는 어떤 저항도 없이 전 세계를 지배한다. 환상이 전개되면서 다양한 날개들이 권력을 얻게 되지만 결국에는 사라지고 만다. 최종적으로 세

시킴으로써 이해하려고 한다"고 Bauckham은 논평한다. Richard Bauckham, "Apocalypses," in *Justification and Variegated Nomism: Volume 1—The Complexities of Second Temple Judaism*, ed. D. A. Carson et al. (Grand Rapids: Baker, 2001), 135-87, at 160.

개의 머리 중 더 작은 두 개의 머리가 공동 통치를 위해 공모하지만 가장 큰 머리에 의해 일시적으로 패배당하게 된다. 이 세 번째 머리가 사라질 때 더 작은 두 머리는 세력을 얻는다. 그러나 결국에 오른쪽 머리가 왼쪽 머리를 삼켜버린다. 이 환상의 끝에 이르러서는 사람의 목소리 같은 소리가 들리지만 에스라가 보게 된 것은 독수리의 압제, 속임, 공포를 꾸짖는 사자 같은 생물이다. 사자는 독수리를 이전에 사라진 네 짐승과 연결하는데(12:11), 이는 다니엘서를 암시한다(예, 단 7:7). 사자가 말하자 독수리의 남아 있는 날개가 사라지고 그 몸이 완전히 불타버린다. 『에스라4서』 12장에서 이 환상이 에스라에게 설명된다. 특히 관련된 본문은 12:31-36이다.

> 31 그리고 네가 본바 숲에서 깨어나 으르렁거리며, 독수리의 불의로 인해 그에게 말을 걸며 꾸짖는 사자에 관해 말하자면, 또 네가 들은바 그 사자가 하는 모든 말에 관해 이야기하자면, 32 이는 지극히 높으신 분께서 마지막 날들까지 지켜오신 메시아요, 다윗의 후손들 가운데서 일어나 그들에게 오셔서 말씀하실 분이시다. 그분은 후손들의 경건하지 않음과 사악함을 책망하실 것이고, 그들 앞에서 그들의 경멸스러운 행위를 비난하실 것이다. 33 그분은 먼저 그들을 심판대 앞에 세우시고 책망하신 후에 그들을 멸하실 것이다. 34 그러나 그분은 자비로 내 백성 중 남은 자를 건져낼 것이요, 그들은 내 국경에서 구원받은 자들이다. 그분은 내가 처

음부터 너에게 말한 마지막 심판의 날이 올 때까지 그들을 기쁘게 할 것이다. 35 이것이 네가 본 꿈이고, 그것의 해석이다. 36 그리고 너만이 가장 높으신 분의 이 비밀을 배우기에 합당한 자이다.[3]

요한계시록 5장에서 가장 중요한 것은 그 사자가 메시아라는 놀라운 사실인데, 이것은 창세기 49:8-9에 나오는 "유다의 사자"를 암시한다. 다윗의 혈통에서 나온 메시아 이미지는 이사야 11:1, 10을 암시한다.

이 메시아의 몇 가지 측면은 주목할 만하다. 특히 메시아를 사자로 묘사하는 것이 그렇다. 사자 이미지를 고려해 볼 때 놀랍게도 이 메시아는 정치적이고 군사적인 힘을 사용하지 않고도 정의를 실현한다. 이 메시아는 책망과 심판으로만 독수리를 물리치는 것처럼 보인다.[4] 이는 사자가 이스라엘의 적들을 파괴시키고 열방을 정복하는 군사적 전사로서의 메시아로 묘사되는 다른 유대 저술(예, 1QSb 5:29)과 다르다.[5] 마침내 이 메시아는 (독수리가 패배한 후에)

---

3. 번역은 Bruce M. Metzger, "The Fourth Book of Ezra: A New Translation and Introduction," in *Old Testament Pseudepigrapha*, ed. J. H. Charlesworth, vol. 1 (Garden City, NY: Doubleday, 1985), 517-59, at 550에서 가져왔다.

4. 군사적 메시아를 기피하는 것은 유대 항쟁(주후 66-73년)이 실패하여 예루살렘의 파괴를 불러일으킨 것 때문일 가능성이 있다. Bauckham, "Apocalypses," 165-66.

5. Richard Bauckham, *The Climax of Prophecy: Studies on the Book of Revelation* (Edinburgh: T&T Clark, 1993), 181 [= 『요한계시록 신학』, 부흥

"마지막 날"까지 기쁨의 시대를 연다(『에스라4서』 12:34). 사자가 구약에서 메시아 이미지가 아니라는 점을 고려해 볼 때, 요한은 후대의 유대인들이 메시아를 사자로 묘사하는 것(『에스라4서』에 나오는 내용)을 알고서 요한계시록 5장에서 이를 참고했을 가능성이 높다.

요한계시록 5:1-14

("보라, 사자가 ⋯ 승리하였다")

어린양인 사자

요한계시록 5장은 보좌에 앉으신 이가 누구도 열 수 없을 것처럼 보이는 두루마리를 들고 있는 장면으로 시작한다. 요한이 이를 보고 울고 있을 때 이십사 장로 중 하나가 요한에게 "보라, 유다 지파의 사자, 다윗의 뿌리가 이겼으니"(계 5:5)라고 말했는데, 이는 창세기 49:8-9과 이사야 11:1, 10을 암시한다. 유대 저술에서 메시아를 가리키는 데 사자 이미지를 사용하는 것이 일반적이지 않았음을 염두에 둘 때, 요한계시록 5장이 사자를 그렇게 활용하는 것은 매우 주목할 만하다. 요한이 『에스라4서』 이면에 놓여 있는 공통 전승에 의존했다고 가정하면, **사자를 보라**는 명령은 승리의 전사가 와서 하나님의 적들을 패배시킬 것이라는 기대를 촉발시킨다.[6]

　　과개혁사, 2021].

6.　　Bauckham, *Climax of Prophecy*, 182.

요한이 보기를 기대했던 것(승리의 사자)과 그가 실제로 본 것 사이의 차이는 너무나도 충격적이었다. "내가 또 보니 … 한 어린양이 서 있는데 일찍이 죽임을 당한 것 같더라"(계 5:6). 『에스라4서』에서 독수리(로마 제국)를 정복한 사자에 대한 암시가 분명하게 의도됐다면 이런 대조는 훨씬 더 강렬할 것이다.

새 출애굽의 어린양

어린양 이미지는 구약성경에 근거를 두고 있다. 아마 희생당한 유월절 어린양의 피를 애굽의 이스라엘 집 문설주에 발랐던 사건을 가리킬 가능성이 크다. 이 피 덕분에 이스라엘 백성은 장자와 처음 난 것이 죽는 재앙에서 살아남았다(출 11:1-12:30). 도살당한 어린양은 신적 구원과 관련이 있었다. 또한 이 이미지는 도살장으로 끌려가는 어린양에 비유되는 이사야 53:7의 고난받는 종을 암시하기도 한다. 이 두 이미지는 나중에 기독교 전승에서 예수를 가리키는 것으로 이해됐다(예, 요 1:29, 36; 행 8:32; 고전 5:7; 벧전 1:19). 이 어린양 이미지는 요한계시록에서 크게 발전된다. 요한계시록에서 "어린양"은 예수에 대한 칭호로 가장 많이 사용되고(28회), 어린양의 피는 반복적으로 구속과 관련된다(계 5:9; 7:14; 12:11; 22:14).

　사자와 어린양을 그렇게 나란히 배치함으로써 매우 강력한 의미 효과를 얻게 된다. 어떤 측면에서 이것은 어린양은 약하고 사자는 강하다는 자연의 섭리를 뒤집는 것이다(참조, 사 11:6-7; 65:25). 그러나 좀 더 중요한 측면에서 이것은 메시아를 로마 제국을 무너뜨리는 정복 전사로 보는 유대인들의 대중적인 기대에 반하는 것이다. 그런 기대는 양이 아닌 사자로 묘사된 메시아와 들어맞는다! 그러나 유월절 어린양이 출애굽 시 하나님께서 파라오를 패배시키고 백성을 구원하시는 도구였던 것과 마찬가지로, 어린양의 피 또한 하나님께서 사탄을 패배시키고 백성을 죄와 죽음에서 건져내어 새로운 출애굽을 성취하는 도구가 된다. 이러한 방식으로 정복하는 사자로서의 메시아와 관련된 이미지는 도살당한 어린양—복종, 죽음, 부활을 통해 현재 통치하시는 어린양—이라는 예상 밖의 이미지로 변형된다. 사자가 아닌 어린양은 요한계시록에서 승리하는 신적 전사이다(예, 계 17:14; 참조, 6:16). 요한계시록 19:1-10에 나오는 어린양의 혼인 잔치는, 요한계시록 19:11-21에 나오는 (전사로서) 말 탄 자의 승리의 도래와 나란히 병치되어 있는데, 이 승리는 '전쟁'이 시작되기도 전에 이미 얻은 승리였다. 이러한 군사적 이미지에도 불구하고 "충신과 진실"이라고 불리는 말을 탄 자가 신체적인 무용이 **아닌** 입에서 나오는 **말씀**(19:15)으로 승리한다는 사실에 우리는 주목해야 한다. 이것은 『에스라4서』와의 또 다른 유사점(『에스라4서』 12:32; 참조, 11:39-46), 즉 메시아가 군사적인 힘이 아니라 권위 있는 말씀으로 악을 정복하는 것을 보여 준다.

어린양의 권세

게다가 요한계시록 5:6은 도살당한 어린양이 일곱 뿔과 일곱 눈을 가지고 있다고 묘사한다. 뿔은 일반적으로 권세를 상징하고 왕이나 왕국을 묘사할 때 자주 등장한다(예, 단 7:7-8, 11-12). 어린양은 전능한 왕이시다. 일곱 눈은 스가랴 4:10을 암시하고, 더 나아가 세상 속에 보내진 하나님의 일곱 영으로 구체화된다. 결과적으로 어린양은 모든 것을 보고 아신다. 즉, 전지하시다. 일곱 영은 이전에 보좌에 계신 분(계 4:5)과 함께 제시됐는데 지금은 어린양과 관련되어 있다는 사실은 어린양의 신성을 강조하고 보좌 알현실에 삼위일체가 임재하고 있음을 나타낸다.

요한은 구약과 『에스라4서』에 나오는 후기 유대교 전승에서 가져온 메시아 이미지에 근거하여 대중적인 메시아에 대한 희망과 기대를 근본적으로 재정의했다. 사자의 (정치적이고 군사적인) 권세와 힘은 악한 왕들과 나라들을 패배시키는 데 필요하지 않다. 오히려 도살당했다가 부활하신 어린양의 놀라울 정도의 취약성과 연약함이 악을 정복하고 새 창조를 시작하게 한다. 어린양인 유다의 사자가 이겼기 때문에 두루마리를 **열 수** 있고, 어린양이 죽임당했다가 부활했기 때문에 두루마리를 열기에 **합당하신** 것이다.[7] 선견자 에스라가 가장 높으신 분으로부터 온 비밀을 받기에 합당한 자였던 반면(『에스라4서』 12:36), 어린양은 모든 창조물에게 예배—보좌에 앉으신 분에게 드려지는 것과 같은 예배—를 받으시기에 합당하시다. 왜냐하면 하나님의 구속 목적을 성취하시기 위해 자신의 생명을 기꺼이 바치셨기 때문이다. 아멘!

---

7. John D'Souza, *The Lamb of God in the Johannine Writings* (Allahabad, India: St. Paul, 1968), 63.

더 읽을거리

추가적인 고대 문헌

4QPatriarchal Blessing과 4QFlorilegium 1:11-12은 요한계시록 5
장처럼 창세기 49:8-9과 이사야 11:1, 10에 의존한다. 『에스라4서』
12:31-26(참조, 13:37-38)과의 밀접한 유사점은 『바룩2서』 39:8-40:3
에도 나타나고, 메시아의 승리와 다소 비슷한 개념이 『시빌라의
신탁』 3:652-656에서 발견된다. 『솔로몬의 시편』 17:21-25은 메시
아가 경건하지 않은 자들을 말씀으로 파멸할 것이라고 묘사한다.
이와는 대조적으로 『축복 규율』(1QSb) 5:29은 메시아를 군사적 전
사로 제시한다. 게다가 『에녹1서』 89:45-46과 90:6-19은 악한 자
들을 정복하는 군사적인 (메시아) 어린양을 제시한다.

원문 영어 번역과 비평본

NETS (2 Esdras)

NRSV (2 Esdras)

Longenecker, Bruce W. *2 Esdras*. GAP. Sheffield: Sheffield Academic, 1995.

Metzger, Bruce M. "The Fourth Book of Ezra: A New Translation and Introduction." Pages 517-59 in vol. 1 of *The Old Testament Pseudepigrapha*. Edited by James H. Charlesworth. Garden City, NY: Doubleday, 1983.

Stone, Michael E. *Fourth Ezra*. Hermeneia. Minneapolis: Fortress, 1990.

Wong, Andy, with Ken M. Penner and David M. Miller, eds. "4 Ezra." Edition 1.0. In *The Online Critical Pseudepigrapha*. Edited by Ken M. Penner and Ian W. Scott. Atlanta: Society of Biblical Literature, 2010. www.purl.org/net/ocp/4Ezra.

이차 문헌

Bauckham, Richard. "Apocalypses." Pages 135–87 in *The Complexities of Second Temple Judaism*. Edited by D. A. Carson, Peter T. O'Brien, and Mark A. Seifrid. Vol. 1 of Justification and Variegated Nomism. Baker: Grand Rapids, 2001.

————. *The Climax of Prophecy: Studies on the Book of Revelation*. Edinburgh/New York: T&T Clark, 1993.

D'Souza, John. *The Lamb of God in the Johannine Writings*. Allahabad, India: St. Paul, 1968.

Johns, Loren L. *The Lamb Christology of the Apocalypse of John: An Investigation into Its Origins and Rhetorical Force*. WUNT 2/167. Mohr Siebeck: Tübingen, 2003.

제5장
마카비2서와 요한계시록 6:1-17
(순교와 부활)

이안 폴(Ian Paul)

요한계시록은 묵시적이고 예언적인 요소가 가미된 서신 형식으로 시작함으로써 요한이 특정 시간과 장소에 있는 특정 사람들에게 편지하고 있음을 분명히 전한다. 그러나 요한이 1장의 후반부에서 예수에 대해 가지고 있는 우주적 환상은, 예수를 하나님과 동등하신 분으로 보게 할 뿐만 아니라, 그분을 하나님의 천사 전령이자 하나님과 인간 사이의 제사장적 중재자로 보게 함으로써 요한의 메시지가 초월적인 중요성을 가지고 있음을 보여주기도 한다. 요한이 소아시아(튀르키예 서부)의 일곱 도시에 있는 예수를 따르는 자들로 이루어진 교회를 향한 메시지를 듣고 기록한 후에, 이어지는 요한계시록 4-5장에서 하늘의 보좌 알현실에 들어가 하나님을 예배하고, 또 피조물 중 비할 바 없으신 (죽임 당했지만 부활하신 어린양으로 묘사되는) 예수를 예배하는 장면을 보고 듣게 되면서 환상 보도가 다시 시작된다. 이 환상은 (세상을 향한 하나님의 뜻으로 가장 잘 이해되는) 두루마리의 인을 떼는 장면의 배경 역할을 한다. 그리고 죽음, 파괴, 심판의 이미지를 동반한 연속되는 일곱 인 본문은 많은 독자들에게 요한계시록의 진정한 묵시 부분이 시작됐음을 나타내는데, 독자들은 종종 이 부분에서 읽기를 멈추곤 한다.

요한계시록 6장에서 우리는 숫자 체계가 명시적으로 사용되는 것을 보게 된다. 요한은 전체 교회를 상징하기 위해 소아시아에 있는 몇몇 교회를 선택하면서 '일곱'이라는 숫자를 공간적으로 사용했다(일곱은 완전함을 뜻하는 수다). 이제 요한은 이 숫자를 시간적으로 사용하는데, 6장에서는 연속적으로 인을 떼다가 막간인 7장이 지나고 8:1에서 하나님 앞에서의 종말론적 침묵이라는 랍비적 개념과 더불어 절정에 이른다.[1]

또한 우리는 폭포수처럼 쏟아지는 생생하고 감동적이며 전형적인 이미지를 만나게 된다. 네 명의 말을 탄 자는 아마도 책 전체에서 가장 널리 알려진 이미지일 것이다. 이 이미지는 영화, 정치 풍자 만화, 문화적 논평에 자주 등장한다.[2] 그러나 요한계시록에 나오는 모든 이미지와 마찬가지로, 비유의 **매개체**(어린양, 말을 탄 자,

---

1. 일곱 교회에 보낸 메시지는 3 + 4의 두 부분으로 구조화되어 있고, "귀 있는 자/이기는 자"라는 마지막 권고로 메시지가 전환되는 것이 특징이다. 일곱 인은 4 + 3의 두 부분으로 되어 있다.
2. 예를 들면, Francis Ford Coppola의 베트남 전쟁 영화 〈지옥의 묵시록〉("*Apocalypse Now*," 1979)의 선전 포스터에서는 4대의 미군 헬리콥터를 네 명의 말을 탄 자에 대한 반향으로 제시한다.

짐승)는 그 비유의 **대상**(예수, 자연 재앙, 제국)이 무엇인지에 대한 분명한 지시 없이 사용됐고, 이는 비유들을 생생하면**서도** 모호하게 만들며 후대의 더 넓은 맥락에서 해석될 수 있게끔 만들었다.

제단 아래의 순교자들이 내러티브에 등장하게 되자 인을 떼는 구조의 흐름이 중단되는데, 이는 순교자들이 왜 여기에서 소개되고 있는지, 또한 고대 세계에서 순교가 어떻게 이해됐는지에 관한 질문을 제기하게 한다. 순교에 대한 이해를 생생하게 돕기 위해 우리는 요한계시록 6장을 마카비2서 7장에 나오는 유명한 순교 이야기와 비교해 볼 수 있다.

마카비2서

("이 우주의 왕께서는 우리를 다시 살리셔서 새로워진 영원한 생명을 누리게 하실 것이다")

'마카비'라는 제목을 가진 네 권의 책(마카비1-4서—역주)은 모두 셀레우코스 왕조의 통치자인 안티오코스 4세 에피파네스와 그가 주전 167년에 돼지를 희생제물로 바치고 이교도 신상을 세워 성전에서 신성 모독을 자행한 사건으로 촉발된 위기 상황과 관련된다. 이후에 하스몬가의 제사장-통치자인 예후다 마카비가 봉기를 일으켜 주전 164년에 성전을 탈환하고 재봉헌한 일은 유대교의 하누카(Hanukkah)라는 절기를 통해 여전히 기념되고 있다. '마카비'는

보통 "망치"를 뜻하는 것으로 이해되지만, "여호와여, 신 중에 주
와 같은 자가 누구니이까?"(출 15:11)라는 전투 함성의 두문자어(頭文
字語, acronym)이기도 하다(저 문장의 히브리어 מי־כמכה באלם יהוה에서 앞
자음을 따면 '마카비'의 자음, מכבי가 된다—편주).[3]

마카비1-2서는 로마 가톨릭의 외경과 동방 정교회 정경에 속
해 있는 반면에, 『마카비3서』와 『마카비4서』는 구약 위경의 일부
다. 마카비1서는 히브리어나 아람어 원문에서 그리스어로 번역된
것으로 보이지만, 마카비2서는 '코이네'(공통) 헬라어로 기록됐으
며 마카비1서보다 더 자세한 내용을 제공한다. 이 텍스트는 신약
성경을 읽는 데 매우 중요한 배경인 제2성전기 유대교에 대한 몇
가지 주요한 신학 사상을 분명하게 설명해준다. 『마카비3서』는 앞
선 시대에서 가져온 전설적인 내용을 말해 주고, 『마카비4서』는
일곱 아들의 순교를 반영하여 열정을 넘어서는 경건한 이성의 미
덕을 다루는 글이다.

순교 이야기는 상세하면서도 섬뜩하지만 순교한 성인들은 중
세 기독교 신앙에서 찬사를 받았고, 본받아야 할 모습으로 여겨지
기까지 했다. 'macabre'(죽음과 관련하여 "소름끼치는", "무시무시한"이라는
의미—역주)라는 영어 표현도 순교라는 단어에서 나왔다.[4] 이야기는
다음과 같이 시작된다.

---

3. 계 12:7의 미가엘("누가 하나님과 같은가?")의 의미와 계 13:4의 "누가 이 짐
    승과 같으냐?"라는 외침을 비교해 보라.
4. 이 단어는 죽음의 춤(Dance of the Maccabees)을 의미하는 라틴어 표현인
    *Machabaeorum chorea*에서 유래됐다.

그들은 모두 왕에게 체포되어 채찍과 가죽끈으로 고문을 당하며 율법에 금지되어 있는 돼지고기를 먹으라는 강요를 받았다. 그들 중의 하나가 대변자로 나서서 말하였다. "우리를 심문해서 무엇을 알아내겠다는 것입니까? 우리 조상의 법을 어기느니 차라리 죽고 말겠습니다." 이 말을 듣고 왕은 화가 나서 솥과 가마를 불에 달구라고 명령하였다. 명령대로 당장에 솥과 가마를 뜨겁게 달구자 남은 형제들과 어머니의 눈앞에서 왕은 그들의 대변자로 나섰던 사람의 혀를 자르고 머리카락을 밀고 사지를 절단하라고 명령하였다. 완전히 폐인이 되었지만 아직도 생명이 붙어 있는 그를, 왕은 뜨겁게 달군 솥에 넣어버리라고 명령하였다. (마카비2서 7:1b-5a)[5]

여기서 순교가 묘사되는 방식과 관련하여 다섯 가지 주목해야 할 것들이 있다.

하나님의 율법에 충실함

첫째, 형제들이 고통당하는 가장 직접적인 원인은 그들이 "이 우주의 왕"의 율법(마카비2서 7:9)인 "조상의 법"을 지켰기 때문이다 (7:2). 하나님의 율법, 특히 음식법을 충실히 따르는 데에는 고통과

---

5. 마카비2서 번역은 the *Revised English Bible* (Oxford: Oxford University Press, 1989)에서 가져왔다.

죽음이 수반될 수 있다. "[셋째 아들이] 질문을 받았을 때, 그는 즉시 그의 혀를 보여주었고 용감하게 그의 두 손을 내밀면서 이렇게 말했다. '하늘의 하나님께서 저에게 이것들을 주셨습니다. 그러나 그분의 법은 제게 이것들보다 훨씬 더 많은 것을 의미합니다'"(7:10-11). 충성도를 시험하는 요소로서 음식법이 가지는 중요성은 우리가 신약성경의 논쟁 기사 이면에서 보게 되는 것이다(막 7:17-23; 행 10:9-16; 롬 14:17).

죄, 심판, 속죄

둘째, 형제들이 겪는 고통에 대한 이유는 그들을 타협하게 할 수도 있는 힘에 대한 충성스러운 저항이라는 단순한 문제를 넘어선다. 안티오코스 에피파네스의 압제는 유대 민족의 죄 때문에 (하나님에 의해?) 정당한 형벌로 일어난 것이었다. 일곱째 아들의 말(마카비2서 7:32-33)에 이 점이 나타난다. "우리가 고통을 당하고 있는 것은 우리의 죄 때문이요. 살아 계시는 우리 주님께서 우리를 채찍으로 고쳐주시려고 잠시 우리에게 화를 내셨지만, 하나님께서는 끝내 당신의 종들인 우리와 화해하실 것이오." 일어나고 있는 일에 대한 이러한 신학적 해석은, 신명기 28장에 나오는 순종과 불순종에 대한 축복과 저주로 시작해서 예루살렘의 파괴와 열왕기하 25장에서 포로로 끌려가는 백성으로 끝이 나는 신명기 역사의 신학적 형태와 일치한다.

셋째, 형제들의 죽음에는 더 큰 의미가 있다. 그들은 단순히 백성의 죄 때문에 죽게 된 것이 아니다. 그들의 충성됨으로 인한 고난은 심지어 백성의 죄에 대해 속죄하고 어떤 의미에서는 하나님의 진노를 만족시키고 잠재운다. "우리 민족 전체에게 내리셨던 전능하신 분의 노여움을 나와 내 형들을 마지막으로 거두어 주소서!"(마카비2서 7:38). 이 일곱 형제의 죽음과 그들의 어머니(7:41에서 사망 원인은 설명되지 않는다)의 충실함이 가지는 중요성은, 어떤 의미에서 그들이 백성을 **위해서** 죽었다는 것이고, 이는 예수와 관련해서 가야바가 한 말—"한 사람이 백성을 위하여 죽는 것이 유익하다"—에 반영된 사상과 일치한다(요 11:50; 18:14).

희망과 신원

넷째, 이 모든 것들의 틀을 이루고 있는 것은 신앙을 지킨 자들에게 육체적 부활의 소망이 있을 것이라는 매우 노골적인 진술이다. "이 우주의 왕께서는 우리를 다시 살리셔서 새로워진 영원한 생명을 누리게 하실 것이다"(마카비2서 7:9). 여기에서 "영원한" 또는 "영생"이라는 말은 우리가 요한복음에서 보게 되는 것과 같은 말이다(요 3:15, 16, 36; 4:14, 36 등). 그러나 여기에서는 "새로워진" 삶이라는 표현이 함께 사용됐는데, 이는 "이 시대"와 "오는 시대"의 차이에 부합하는 것이다(마 12:32; 막 10:40; 눅 20:34-35). 부활 때에 훼손되고 망가진 형제들의 몸은 치유되고 회복될 것이고(마카비2서 7:11), 그들의 어머니는 자녀들을 다시 맞아들이게 될 것이다(7:29). 그러나 다니엘 12:2에 묘사된 모든 사람을 대상으로 하는 총체적인 부활

(universal resurrection)—일부는 영생을 얻고 다른 사람은 심판을 받는 부활—과는 대조적으로, 마카비2서에서는 악인 중의 하나인 안티오코스가 죽고 부활하지 못할 것으로 예상한다(마카비2서 7:14).

다섯째, 형제들이 희망하는 바는, 하나님께서 극심한 적대와 전쟁을 통해 안티오코스를 벌하실 지도자를 세우심으로써 그들의 원수를 갚아주시는 것이다. 그리고 다음 장에서는 단지 그 결과만을 이야기한다. 여기에서 순교는 전투를 통해 저항하려는 의지와 한 쌍을 이루며, 8장에서 전투를 준비하는 것에는 하나님께 "복수를 위해서 피 흘리며 부르짖는 소리를 들어주소서"라고 기도하는 것이 포함된다(8:3).

요한계시록 6:1-17
("하나님의 말씀과 그들이 가진 증거로 말미암아 죽임을 당한 영혼들")

심판과 속죄

처음 네 개의 인을 떼는 것에서 촉발된 재앙은 하나님의 주권과 관련해서 여러 가지로 해석될 수 있다. 그 재앙들은 한편으로 어린양 예수의 주도로 발생한 것이지만, 네 명의 말을 탄 자가 재앙을 중재했고 그들은 차례대로 보좌 주변의 네 생물 중 하나에 의해서 '오라'는 부름을 받는다. 마카비2서에 표현된 하나님의 직접적인 주권과는 달리, 계시록에서 재앙을 가져오시는 하나님의 행동은 적어도 제한적이거나 어떤 의미에서는 중재된 것처럼 보인다. 요한계시록에서 중재되지 않은 하나님의 첫 행동은 "그들의 눈에서 모든 눈물을 씻어"주시는 것이다(계 7:17; 21:4). 말을 탄 자들이 상징하는 정복, 폭력 전쟁, 기근, 식량 부족, 그리고 이른 죽음과 질병은 요한의 독자들에게 매우 익숙한 경험이었고, 이는 후대의 많은 세대에게도 그러하다.[6]

다섯 번째 인을 뗄 때는 추가적인 재앙이 이어지지 않지만, 요한은 '죽임을 당한 영혼들'에 대한 환상을 보게 된다. '영혼'이라는 말은 육체가 없는 존재를 나타낼 수 있다. 그래서 요한이 어떤 의미에서 영혼들을 볼 수 있었는지는 분명하지 않다. 그러나 "죽임을 당한"이라는 말은 그들을 "죽임을 당한 것처럼 보이는"(계 5:6) 어린양의 이미지와 연결된다. 마카비2서의 순교자들은 백성을 (정당하게) 벌하시는 하나님의 손에서 고통을 당하지만, 요한계시록의 순교자들은 주님께서 친히 겪으셨던 고난에 동참한다. 요한이 '제단 아래에' 있는 영혼들을 보고 있더라도, 그들의 고난에 속죄의 의미가 있다는 그 어떤 암시도 없다. 왜냐하면 땅의 성전에는 두 개의 제단, 즉 분향단과 속죄 제단이 있지만, 하늘 성전에는 단지 향을 피울 수 있는 하나의 제단(분향단)만 있기 때문이다(계 8:3을 보라). 유일하게 속죄의 능력을 가지는 것은 어린양을 죽이는 것이

---

6. 흑사병(14세기)은 유럽의 3분의 1을 죽였다. 1918-19년 스페인 독감은 세계 인구의 3분의 1을 감염시켰다. 이러한 경험에서 벗어나 있는 것은 인류 역사상 비교적 드문 현상이다.

고, 그 어린양의 피로만 백성을 "사서" 하나님께 드릴 수 있다(계 5:9). 이것은 마치 하나님의 보좌 자체가 속죄 제단이 된 것처럼 보인다.

충성스런 증인

마카비2서의 형제들은 그들이 가진 율법에 대한 헌신 때문에 죽임을 당했지만, 요한계시록 6장의 순교자들은 "하나님의 말씀과 그들이 가진 증거" 때문에 고통을 당한다. 여기서 '하나님의 말씀' 은 예수에 대한 메시지를 말하는 것 같다. 왜냐하면 하나님의 말씀이 한 번은 예수에 대한 칭호로 소개되고(계 19:13), 두 번은 "예수의 증언"(1:2, 9)—이것은 결국 성령의 예언적 말씀과 연결된다 (19:10)[7]—과 함께 나타나기 때문이다. '증거/증언'(testimony)과 '증인'(witness)이라는 말은 둘 다 같은 그리스어 단어(μαρτυρία—편주)를 번역한 것인데, 여기에서 '순교자'(martyr)라는 단어가 유래했다. 이것은 요한계시록에서 매우 중요한 신학 개념이다. 예수께서는 "충성되고 참된 증인"(3:14)으로 묘사되고, 예수의 이름이 이 본문에서 총 14번 등장하는데, 이는 2(성경이 말하는 증인의 수; 신 17:6; 19:5을 보라)와 7(완전 수)을 곱한 숫자다. 예수를 따르는 자들도 예수와 마찬가지로 충성스러운 증인으로 불린다. "또 우리 형제들이 어린양의

---

7. 예수의 말씀과 성령의 말씀은 요한계시록 전체에서 밀접한 관련이 있으며, 특히 2장과 3장에 나오는 일곱 교회를 향한 메시지에서 그것이 두드러진다. 거기 보면, 예수의 선포가 매번 '성령이 교회들에게 하시는 말씀'으로 소개된다.

피와 자기들이 증언하는 말씀으로써 그[사탄]를 이겼으니, 그들은 죽기까지 자기들의 생명을 아끼지 아니하였도다"(계 12:11). 실제로 요한은 "하나님의 말씀과 예수의 증언"이 그와 그의 편지를 받는 형제자매들이 겪고 있는 고난의 원인이라고 보았다(1:9). 이러한 의미에서 제단 아래의 순교자들은 어린양을 따르는 것이 무엇인지를 전형적으로 보여 준다.

이 순교자들이 하나님의 백성의 죄악으로 인해 고통을 겪고 있다는 사상은 전혀 없다. 순교자들이 고통당하는 원인은 '땅에 거하는 자들'의 압제 때문인데, 이 표현은 어린양을 따르며 하늘에 거하는 자들과 대조되는 명칭으로서 짐승을 따르고 그의 표식을 받은 자들을 지칭하기 위해서 10번이나 사용됐다(13:8). 하나님의 최종 심판은 "[그분의] 거룩한 백성의 피를 흘리게" 했던 모든 자들에게 임할 것이다(16:6; 참조, 17:6; 18:24). 그러나 하나님의 의로운 심판은 "잠시" 연기됐는데, 그동안 마귀는 분노를 터뜨리지만 (12:12) 하나님의 백성은 참고 인내해야 한다(1:9). 여기에서 요한계시록은 압제에 직면하여 다니엘서에 진술된 정적주의적 윤리(the quietist ethic)를 따르고 있다.

"흰옷"은 하나님의 임재 속에 있는 정결함을 의미하고(4:4), 이것은 죽임 당한 어린양이신 예수의 대속적 죽음을 통해 주어진다 (7:14). 이 삽화에서 몸의 부활이 언급되지는 않지만, 전체 내러티브의 종말론적인 지평에서 볼 때 부활은 확실해 보인다(20:12-13).

참을성 있는 인내

요한계시록의 순교자들에 대한 묘사는 마카비2서에 나오는 여러 가지 전제—악한 압제자의 손에서 겪는 고난의 미덕, 주권자 하나님의 정의, 심판의 확실성—를 공유한다. 그러나 중요한 지점에서 요한계시록은 근본적으로 다른 신학적인 이해를 제시한다. 계시록이 말하는 하나님의 심판은 종말론적 유예 기간이 있고 난 뒤에 시행될 것이고, 오직 하나님에 의해서만 이루어지며, 군사적이고 정치적인 행동은 아닐 것이다. 속죄는 오직 예수의 고난을 통해서만 성취되고, 백성의 고난은 참고 인내하는 예수의 모범을 따른다. 그러므로 악한 압제에 대한 백성의 저항은 무기를 들고 저항하는 것이 아니라, 하나님께서 모든 것들을 새롭게 하실 마지막을 바라보며 계속해서 신실한 증인으로 살아가는 것이다(계 21:5).

더 읽을거리

추가적인 고대 문헌

순교한 일곱 형제의 이야기는 『마카비4서』 8-12장에서 더 상세히 설명되고, 미쉬나 깃틴 57b(과 더 이후의 『세데르 엘리아후 랍바』 30)에서 다양한 형태로 다시 이야기된 것처럼 보인다. 순교에 대한 랍비들의 가장 초기의 설명은 레위기에 대한 할라카적 미드라쉬의 일부인 시프라 에모르 9.5에서 발견된다. 여기 보면, 트라야누스 황제 때(주후 98-117년)에 파푸스와 율리아누스가 순교했다고 한다. 이 기간의 유대인 순교에 대한 또 다른 중요한 예는 '열 명의 순교자'로 알려진 랍비 그룹이다. 이들은 학가다 문헌에서 '아사라 하루게 말쿠트'(*Asarah Haruge Malkut*)로 불린다. 이 내용들은 성전 파괴를 애도하는 날인 '티샤 베아브'(*Tisha B'Av*)와 대속죄일인 '욤 키푸르'(*Yom Kippur*) 전례와 함께 수집됐지만, 그 순교자들의 죽음은 다양한 시대에 나타났고, 탈무드(아보다 자라 17b, 18a; 베라코트 61b; 산헤드린 14a)와 미드라쉬 랍바(예레미야애가 랍바 ii. 2; 잠언 랍바 i. 13, 소타 13.4), 그리고 소책자인 세마호트 8.8 그리고 랍비 나탄의 아보트 38A과 41B에도 언급되어 있다. 폴리카르포스의 순교는 신약성경 외부에 있는 가장 초기의 기독교 순교에 대한 기록이다.

원문 영어 번역과 비평본

NETS

NRSV

Hanhart, R. *Maccabaeorum Liber II*. Septuaginta 9.2. Göttingen: Vandenhoeck & Ruprecht, 1976.

이차 문헌

Boyarin, Daniel. "Martyrdom and the Making of Christianity and Judaism." *JECS* 6.4 (1998): 577-627.

Doran, Robert. *2 Maccabees: A Critical Commentary*. Hermeneia.

Minneapolis: Fortress, 2012.

Lander, Shira. "Martyrdom in Jewish Traditions." Paper for Bishops Committee on Ecumenical and Interreligious Affairs and the National Council of Synagogues (December 11, 2003). www.bc.edu/content/dam/files/research_sites/cjl/texts/cjrelations/resources/articles/Lander_martyrdom/index.html#_ftnref15.

Middleton, Paul. *The Violence of the Lamb: Martyrs as Agents of Divine Judgement in the Book of Revelation.* LNTS 586. New York: T&T Clark, 2018.

Schwartz, Daniel R. *2 Maccabees.* CEJL. Berlin: de Gruyter, 2008.

제6장
『솔로몬의 시편』과 요한계시록 7:1-17
(하나님의 종들을 인 침)

로널드 험스(Ronald Herms)

일반적으로 요한계시록에는 심판과 (겉보기에) 멸망으로 보이는 것이 반복적으로 나타나는 것으로 유명하다. 일부 독자들은 이 책에 그 외에 다른 것이 거의 없다고 확신한다. 그러나 요한계시록 7장은 요한이 본 환상 중에서 재난과 재앙의 빗발치는 공세로부터 독자들(또는 청자들)에게 수사적인 (심지어 심리적인!) '휴지' 또는 '막간'을 제공하는 것으로 주목할 만하다. 독자들은 점점 커지는 심판의 긴장 가운데서 평정심—심지어 잠깐의 휴식만이라도—을 되찾을 수 있다. 이것이 의도하는 효과는, 하나님께서 적대적인 상황 가운데서도 어린양께 충성하는 자들을 생각하시며 그들을 보호하신다는 확신을 불러일으키는 데 있다. 전략적으로 배치된 계시록 7장의 막간이 가지는 주요한 특징은, 인증과 보호를 뜻하는 하나님의 인(seal)이 하나님 나라 사역에 참여하는 종들에게 주어질 것이라는 약속이다(계 7:2-3; 참조, 1:6; 5:10).

역설적이게도 많은 독자들은 사람의 이마에 있는 '표'나 '인'의 개념을 13장의 무서운 시나리오—무시무시한 '짐승의 표'—와 연관시킨다.[1] 일반적인 오해는 7장에 나오는 인이 계시록에 나오는 그런 개념을 특징적으로 언급한 것이라고 보고, 그래서 7장의 인이 아주 불길한 것으로서 예수께 충성하는 자들이 어떤 희생을 치르더라도 피해야 하는 잠재적인 (심지어는 속임수와 같은) 올가미를 나타낸다고 생각하는 것이다. 안타깝게도 요한계시록을 그렇게 읽게 되면, 실제로 (유명하면서도 악명 높은 계시록 13장 본문이 있기 전부터 전해졌던) 묵시문학의 친숙한 이미지이자 더 넓은 핵심 개념을 놓치게 된다. 하나님의 종들의 이마에 인을 치는 이미지가 이번 장의 초점이 될 것이다. 특히 요한계시록 7:2-4과 『솔로몬의 시편』 15:6-9을 비교 분석하려 한다. 이 두 문서에서 하나님의 백성이 신적인 보호로 '인 침을 받거나' '표를 받는 일'은 긍정적으로 묘사되고, 이 보증은 하나님의 목적에 대적하고 적극적으로 반대함으로써 파멸하도록 '표를 받은' 자들과 대조된다.

---

1.   계 13:16-18의 인기 있는 해석과 관련해서 얼마든지 수많은 자료를 봐도 좋지만, 그중에서도 특히 Richard G. Kyle, *Apocalyptic Fever: End-Time Prophecies in Modern America* (Eugene, OR: Cascade, 2012), 82-86, 123-28을 보라.

『솔로몬의 시편』

("구원을 위한 하나님의 표가 의인들에게 있습니다")

유대 민족의 역사와 기억에 따르면, 주전 63년 로마 장군 폼페이우스가 주도한 예루살렘 침략으로 인해 사실상 로마가 유대라고 부른 이 지역에 외세의 정치 통제가 시작됐다.[2] 『솔로몬의 시편』은 아마도 이러한 사건에 대한 응답으로 기록된 것으로서, 국가 독립의 상실과 사회종교학적 정체성의 위협을 받아들이려는, 적어도 한 유대 공동체의 아주 침착한 노력을 나타낸다. 그런 관점에서, 로마가 예루살렘을 합병하여 수치를 안겨 준 일은 실패한 성전 지도자들을 무너뜨리려고 하시는 하나님의 정당한 반응이었다(『솔로몬의 시편』 2:3-5). 이는 "우리의 죄로 인해 죄인들이 우리를 대적하여 일어났다"라는 구절에 잘 드러나 있다(17:5; 참조, 2:11-13; 8:8-13). 게다가 유대 통치자들은 이방 침략자들과 공모하려는 혼란스러운 상황 가운데 있었는데(혼합된 충성), 이 이방인들은 당시에는 유대

---

2.   폼페이우스와 로마 군대를 "서쪽에서 온 전사"(『솔로몬의 시편』 17:12-14)와 동일시하는 것은 널리 받아들여지는 견해이며, 『솔로몬의 시편』 2:26-27은 주전 48년에 그가 이집트에서 죽은 것을 인정하는 역할을 한다. "오래 기다리지 않아 주께서 나에게 그의[용의] 오만함을 보여주셨다. 용의 오만함은 이집트의 산들 위에서 관통당했고, 땅이나 바다에서 가장 작은 자보다 더 멸시당했다. 그의 시신은 오만함의 파도에 의해서 휩쓸려 갔다. 그를 묶어줄 사람은 아무도 없었다. 이는 그가 자신의 부끄러움을 경멸했기 때문이다." 모든 번역은 Brad Embry, "The Psalms of Solomon," in *Early Jewish Literature: An Anthology*, vol. 2, eds. B. Embry, R. Herms, and A. T. Wright (Grand Rapids: Eerdmans, 2018), 563-84에서 가져온 것이다.

지도자들과 화친했지만, 궁극적으로는 그들을 저버리고 멸절시켰다(8:16-20). 동시에 이러한 심판과 격변의 경험은 이방 군대의 오만함과 부패한 영향력에도 하나님의 의로운 심판이 주어질 것임을 분명하게 상기시켜 주었다(17:12-14). 이렇게 『솔로몬의 시편』에는 슬픔의 표현(8:1-5), (의로운) 분노(4:1-8), 주님의 징계를 받아들이는 것(3:3-8), 신실한 정결로 나아가라는 권고(6:1-6), 하나님의 메시아적 대리인—하나님의 의로운 통치를 행하고 악의 구조를 무너뜨릴 수 있는 다윗 왕위의 계승자—의 도래에 대한 희망(17:21-43)이 포함되어 있다.

확실함을 전하는 것

그렇다면 (외견상) 유대 지도자들의 공모로 그리스-로마의 영향이 강요된 상황 속에서 정화를 위한 하나님의 심판—하나님의 백성과 성전과 이스라엘 땅을 정결케 하고 회복시키는 것—의 확실성을 전하는 것이 『솔로몬의 시편』의 대단히 중요한 역할이 됐다는 것은 놀랍지 않다. 그러나 그렇게 타협한 사람들이 어떻게 그런 확실성을 받아들일 수 있었을까? 저자는 의로운 사람들에게 하나님의 신실하신 심판을 어떻게 보증할 수 있었을까? 바로 이 부분에서 『솔로몬의 시편』 15:6-9은 하나님의 백성에게 주어지는 신성한 '표' 모티프—나중에 요한계시록의 저자가 '인'과 '표'로 사용하는 것과 같은 이미지—를 사용한다.

15:4 이런 일을 행하는 자는 결코 악에 의해 요동하지 않을 것이다. 불의한 자들을 향하여 일어나는 불과 진노의 화염이 그를 건드리지도 못하리라. 5 그 화염은 주님의 임재로부터 나와 죄인들을 덮칠 것이고 죄인들의 모든 확신을 멸할 것이다. 6 **이는 하나님의 표가** [의로운 자들의] **구원을 위해서 그들에게 주어졌기 때문이다.** 7 기근과 칼과 죽음이 의인들에게서 멀어질 것이고, 그것들이 마치 기근에 의해서 쫓기는 자들처럼 경건한 자들에게서 도망칠 것이다. 8 그러나 기근과 칼과 죽음은 달아나려는 죄인들을 추격할 것이다. 왜냐하면 법 없이 행하는 자들은 주님의 심판을 면할 수 없기 때문이다. 9 **죄인들의 이마에는 파멸의 표가 있기에** 그들은 전쟁에 숙련된 자들에 의해 사로잡히게 될 것이다.

　『솔로몬의 시편』 15편으로 이어지는 혼돈, 비판, 방향 감각 상실에 대한 설명에서 갑작스럽게 분위기가 바뀐다. 이 15편의 첫 부분에는 '감사 시'의 몇몇 요소인 고난의 언급("내가 박해받았었다"), 이전의 구원 행위를 떠올림("내가 구원받았었다"), 하나님께서 압제받는 자들을 생각하신다는 확언("가난한 자들의 소망이자 피난처")이 포함되어 있다. 더 나아가 이 시편은 이어서 하나님의 변호하심이 반드시 그 길에 있을 것이라고 확신하는 자들이 가져야 할 태도로서 신앙 고백과 찬양의 능력("입술의 열매")을 칭송하는데, 이는 그들이 보호하시는 '하나님의 표'를 분명히 지니고 있다는 증거가 된다. '죄인들'과의 대조는 '그들의 이마에는 파멸의 표가 있기에' 저주 심판을 피할 수 없다는 점에서 가장 두드러진다. 이 시편이 상징적이고 다채로운 묘사 언어를 빈번하게 사용한다는 사실을 감안하면, '표'는 두 경우 모두 신체적/물리적으로 보이는 표가 아니라 "주의 심판의 날"과 관련하여 (분명하게) 알려지는 것임을 알 수 있다(15:12). 그러므로 『솔로몬의 시편』 15편은 표를 눈에 보이는 것으로 이해하는 전승(아래를 보라)을 종말론적으로 전용했음을 보여 준다.

성경의 선례

『솔로몬의 시편』 15:6-9에서 사용된 '표' 이미지를 염두에 두고서, 초기 유대교 문헌에서 그런 이미지를 사용한 후기 저자들이 성경에 나오는 '인'(sealing)과 '표'(marking) 전승에 어떻게 영향을 받았는지를 주목하는 것은 도움이 된다. 창세기 4:15에 따르면, 가인이 동생 아벨을 죽인 것에 대한 보복을 두려워할 때, 이에 대한 응답으로 "주님께서는 가인에게 표를 찍어 주셔서, 어느 누가 그를 만나더라도, 그를 죽이지 못하게 하셨다." 여기에서 '표'는 긍정적인 표식으로 보호—즉, 불확실한 상황에 직면했을 때, 주님께서 연약한 상태에 있는 가인을 돌보실 것이라는 확신—를 뜻한다. 이것은 가인의 폭력에 비추어봤을 때, 틀림없이 자비의 행동으로 간주되어야 한다. 게다가 성경 전승에서 이 이미지의 발전된 형태가 에스겔 9:4-6에 분명히 나타난다. 거기에서 주님께서는 의로운 남은 자들(소수 집단)의 "이마에 표를 그려 놓아라"라는 명령을 하신다.

이 표는 예언자 에스겔이 유대 백성의 가증한 일로 그들에게 임하게 될 것이라고 예언하는 임박한 심판으로부터의 보호를 제공한다. 반대로, 예언자 하박국은 갈대아 사람의 위협이라는 불길함 앞에서 "주님, 당신은 심판하시려고 그들[교만하고 난폭한 갈대아인들]에게 표를 붙이셨습니다"(합 1:12 NRSV)라고 주장하기도 한다.

종합해 보면 이러한 성경 본문은 하나님의 신실한 백성을 위한 그분의 관심과 보호 행위가 고난과 적대감 속에서 안전함을 보증하는 인 또는 표로 제시되는 익숙한 모티프를 제공한다. 동시에 이 이미지의 긍정적인 적용과 부정적인 적용이 동등하게 실시될 수 있는 것처럼 보인다. 다시 말하자면, 이 이미지만으로는 '표'나 '인'을 받는 자에 대한 가치 판단을 할 수 없다는 것이다. 그 결정은 주님(또는 경우에 따라 각 저자)께서 하신다.

요한계시록 7:1-17

("우리가 우리 하나님의 종들의 이마에 인 치기까지")

이러한 익숙한 주제를 이스라엘의 성경 전승으로부터 각색한 요한계시록 7장은 일곱 인으로 봉해진 두루마리의 여섯 번째 인을 뗄 때 나타나는 6:17의 절망스러운 질문("그들의 진노의 큰 날이 이르렀으니, 누가 능히 서리요?"[문자적으로 '누가 견딜 수 있겠는가?'])에 대한 상징적인 응답으로 제시된다. 요한은 하나님의 백성에 관한 유사하고도 상호 보완적인 두 환상으로 대답한다. 첫째는 144,000명의 환상인데, 이 환상은 백성 모두가 완전히 계수되어 알려졌음을 시사한다(계 7:1-8). 둘째는 아무도 능히 셀 수 없는 큰 무리에 대한 환상이고, 이 환상은 땅의 백성을 회복시키는 어린양의 사역에 대한 압도적인 반응이 있음을 전달한다(7:9-17; 참조, 5:9-10). 이 두 장면은 하나의 메시지다. 이들은 하나님께서 신실하게 행하여 주신 결과로 '설 수 있게' 된 자들이고, 이것이 바로 하나님의 신실한 종들에게 인을 치는 모습이 기대하는 메시지다.

> 7:1 이 일 후에 내가 네 천사가 땅 네 모퉁이에 선 것을 보니 땅의 사방의 바람을 붙잡아 바람으로 하여금 땅에나 바다에나 각종 나무에 불지 못하게 하더라. 2 또 보매 다른 천사가 **살아 계신 하나님의 인을 가지고** 해 돋는 데로부터 올라와서 땅과 바다를 해롭게 할 권세를 받은 네 천사를 향하여 큰 소리로 외쳐 3 이르되 **"우리가 우리 하나님의 종들의 이마에 인 치기까지** 땅이나 바다나 나무들을 해하지 말라" 하더라.

성경의 선례

어린양을 따르는 동료들에게 확신과 위로를 전하는 요한의 전략에는 구약의 몇몇 전승과 초기 유대교 자료에서 온 신적 보호와 관련된 이미지들을 사용하는 것이 포함된다. 요한계시록 7장의 시작 부분에만 세 가지 보증 이미지가 잇달아 사용된다. 첫째는 천사들이 땅의 네 모퉁이에서 불어오는 바람을 통제하는 것이고(계 7:1), 둘째는 심판과 하나님의 백성의 보호를 위한 인에 대한 내용이며(7:2-3), 셋째는 고대 이스라엘의 지파 전통에 따라 하나님의 백성을 조직하는 것이다(7:4-8). 각각의 이미지는 성경과 전승 자료에 의존하여 요한계시록의 전반적인 메시지에 독특한 요소를 가미한다(표 6.1을 보라).

표 6.1: 구약과 초기 유대교 전승에 의존하는 이미지들

요한계시록 7:1-4	구약 전승	초기 유대교 전승
"땅의 네 바람"	겔 37:9; 단 7:2; 슥 6:5-6	『에녹1서』 18:1-4; 76:1-14; 『에스라4서』 13:5
"하나님의 인"	창 4:15; 출 28장; 겔 9:2-6	『솔로몬의 시편』 15:6-9; 『에스라4서』 6:5; 8:53; 『다마스쿠스 문서』 19:12
"144,000"	민 1; 10장	『전쟁 두루마리』 3.13-14; 5.1-3

인 이미지는 두 가지 주요 용어를 통해 이 전승을 가리키는 다양한 사례 중 첫 번째일 뿐이다. 곧, (1) '인/인 침 받은'(그리스어로 '스프라기스/스프라기조')이라는 표현은 신자들을 가리키는 긍정적인 의미로만 사용됐고(계 7:2, 3, 4, 5, 8; 9:4),[3] (2) '표'(그리스어로 '카라그마')

3.　고대 세계에서 이 이미지와 관련된 가장 일반적인 연관성은 (종종 밀랍 인장과 함께 사용되는) 통치자의 인장 반지가 권위와 인증의 표식으로 여겨지는 것이다. David E. Aune, *Revelation 6-16*, WBC 52B (Nashville: Thomas Nelson, 1998), 453 [= 『요한계시록 중』, 솔로몬, 2004]을 보라. 이것이 왜 노예에게 낙인을 찍거나 문신을 새기는 행위를 나타내는 것으로 간주되지 말아야 하는지에 대한 정당한 이유를 위해서는 Craig R. Koester, *Revelation*, AYB 38A (New Haven: Yale University Press, 2014), 416-17 [= 『요한계시록

라는 표현은 하나님께 저항하는 자들을 가리키는 부정적인 의미로만 사용됐다(13:16, 17; 14:11; 16:2; 19:20; 20:4). 독자들은 자신들을 이 '인 침 받은' 무리와 동일시하게 될 것이고, 나중에 '표를 받는' 또 다른 그룹이 존재한다는 것 또한 알게 될 것이다.

보호의 확실성

요한계시록 7장에서 하나님의 종들을 인 치겠다는 약속은 두루마리의 인을 뗄 때 연속적으로 묘사되는 파멸(계 6:1-17)에 대한 응답으로 등장한다. 신실한 증인들이 신원될 것이라는 확언은 매우 중요하다. 그러나 『솔로몬의 시편』 15:6-9은 긍정 표현과 부정 표현 **둘 모두**를 '표'와 관련하여 강하게 적용하는 반면, 요한은 신실한 '하나님의 종들'에게만 인을 친다고 언급하는 점에 있어서 에스겔 9장의 전승을 더욱 밀접하게 따라간다.[4] 궁극적으로 요한이 이 이미지를 이중으로 적용한 것은 나중에 요한계시록의 수사학적 의도로 드러난다. 그래서 7장은 독자들에게 나중에 13장에서 등장할 '짐승의 표'를 준비시키는 데 있어서 중요한 역할을 한다. 요한의 우주론에서 인을 치는 것(또는 표를 주는 것)은 피할 수 없는 보편적인 인간 경험으로 제시되지만, 독자들(과 사람들)이 그들 자신이 어

I』, 기독교문서선교회, 2019]을 보라.

4. 신실한 자들에 대한 이러한 일차적 관심사는 계 9:4에서 확증된다. 거기 보면 메뚜기 같은 생물(개역개정은 황충—역주)은 "땅의 풀이나 푸른 것이나 각종 수목은 해하지 말고 오직 **이마에 하나님의 인 침을 받지 아니한** 사람들만 해하라"는 명령을 받는다(강조는 내가 한 것이다).

느 집단에 속해 있을지에 대한 최종 결과는 『솔로몬의 시편』이나 에스겔보다 요한계시록에서 더욱 정해져 있지 않은 문제다.

요한계시록의 전체 내러티브를 염두에 두고, 독자들은 14:1-5에서 인이 "그들의 이마에 기록된 어린양의 이름과 그 아버지의 이름"임을 듣게 될 때에 비로소 인의 중요성을 완전히 알게 된다는 사실을 관찰할 수 있다. 에스겔 9장의 환상은 이마에 "여호와께 성결"이라고 새겨진 표식을 착용하는 이스라엘 대제사장의 관행과 합쳐졌을 것이다(출 28:36). 이는 그런 '인 침'이 요한계시록 3:12에서 새 이름에 대한 약속과 함께 이미 예견됐고, 궁극적으로 새 예루살렘과 하나님의 동산에 대한 마지막 환상에서 신실한 자들에 의해 실현됐음을 분명히 보여 준다(계 22:3-4). 요한의 이 이야기에 나오는 일관된 주제의 이 모든 요소들은 요한계시록 7장에서 하나님의 종들을 위한 인이 선포되면서 시작된다. 또한 이 전통적인 이미지가 『솔로몬의 시편』 15편에도 등장한다는 것은 탄식하며 울고 있지만 보호를 약속받은 남은 자에 대한 에스겔의 환상이 일부 초기 유대교와 기독교 공동체에서 독특하게 형성됐음을 보여 준다. 이 두 텍스트가 (사실이든 인지된 것이든) 위기의 시대에 작성됐다는 사실을 감안하면 이는 그렇게 놀라운 일이 아니다. 두 텍스트는 각각의 배경에서 신자들이 그 상태를 유지하도록 격려하는 동시에 그들을 인 치신 분이 언제든지 대적자들의 가장 어두운 적의까지도 꺾어버리실 것이라고 주장한다.

더 읽을거리

추가적인 고대 문헌

하나님의 인 전승을 사용한 것과 관련해서 『다마스쿠스 문서』 19:12 및 『에스라4서』 6:5과 같이 추가적으로 탐구할 수 있는 자료들이 있다. 일부 주석가들은 한 신자의 삶에 성령께서 하시는 역할을 묘사하기 위해 사용된 '인 치심'이라는 말에 주목했다(고후 1:22; 엡 1:13). 그러나 그러한 배경이 『솔로몬의 시편』 15편과 요한계시록 7장에 제시된 종말론적 신원과 관련이 있다고 해도 직접적인 것 같지는 않다.

원문 영어 번역과 비평본

Kim, H. C. *Psalms of Solomon: A New Translation and Introduction*. Highland Park, NJ: Hermit Kingdom, 2008.

Wright, Robert B. *Psalms of Solomon: A Critical Edition of the Greek Text*. London: T&T Clark, 2007.

————. "Psalms of Solomon: A New Translation and Introduction." Pages 639–70 in vol. 2 of *The Old Testament Pseudepigrapha*. Edited by James H. Charlesworth. Garden City, NY: Doubleday, 1985.

이차 문헌

Atkinson, Kenneth. "Enduring the Lord's Discipline: Soteriology in the Psalms of Solomon." Pages 145–66 in *This World and the World to Come: Soteriology in Early Judaism*. Edited by Daniel M. Gurtner. New York: Bloomsbury, 2011.

Bons, Eberhard and Patrick Pouchelle, eds. *The Psalms of Solomon: Language, History, Theology*. Early Judaism and Its Literature. 40. Atlanta: SBL Press, 2015.

Embry, Brad. "Psalms of Solomon." Pages 563–84 in vol. 2 of *Early Jewish Literature: An Anthology*. Grand Rapids: Eerdmans, 2018.

Gordley, Matthew E. "Creating Meaning in the Present by Reviewing the Past: Communal Memory in the Psalms of Solomon." *Journal for Ancient Judaism* 5 (2014): 368–92.

Hill, Wesley. "*Psalms of Solomon* and Romans 1:1-17: The 'Son of God' and the Identity of Jesus." Pages 31–37 in *Reading Romans in Context: Paul and Second Temple Judaism*. Edited by Ben C. Blackwell, John K. Goodrich, and Jason Mason. Grand Rapids: Zondervan, 2015 [= 『제2성전기 문헌으로 읽는 로마서』, 감은사, 2019].

제7장
『아담의 유언』과 요한계시록 8:1-13
(하늘의 침묵)

제이슨 매스턴(Jason Maston)

요한계시록 8장은 일곱 '인' 이야기를 끝내고 '나팔' 본문을 시작함으로써, 하나의 종말 심판 장면에서 또 다른 종말 심판 장면으로 이동한다. 이번 장은 일곱째 인을 뗄 때 하늘이 고요해지는 내용으로 시작하고 하나님께서 일곱 나팔을 천사들에게 나누어주는 장면으로 이어진다(계 8:1-2). 요한은 나팔을 불기 전에 천사들이 "보좌 앞에 있는 금제단에" 모든 성도의 기도와 함께 "향"을 올려드리는 장면을 이야기한다(8:3-4). 이 부분에서 천사는 "제단의 불"로 향로를 채우고 그것을 땅에 쏟아버리자 "우레와 음성과 번개와 지진"(8:5)이 일어난다. 요한계시록 8:5에서 우주적 심판의 징후가 있고 난 뒤에, 내러티브는 일곱 나팔을 가진 일곱 천사에게로 돌아간다. 요한계시록 8:7-9:21에서 요한은 여섯 천사가 나팔을 불 때 일어나는 일을 묘사한다(일곱 번째 천사는 긴 막간이 있은 후에 11:15-18

에 나온다). 마지막 세 나팔은 각각을 "화!"로 간주하는 8:13의 진술에 따라 나머지 나팔들과 구분된다.

요한계시록은 경외심을 불러일으키는 이미지로 가득한 책이지만, 8장의 메시지는 시각적인 것보다 청각적인 것을 강조함으로써 전달된다. 처음부터 끝까지 '우레' 소리, 우주적인 '소리', '나팔 소리', '큰 소리로 부르짖는 독수리', '모든 성도들의 기도 소리'가 줄기차게 등장한다. 그런데 이러한 모든 소유과는 반대로 8장의 첫 구절은 매우 조용하다. "그가 일곱째 봉인을 뗄 때에, 하늘은 약 반 시간 동안 고요하였다"(8:1). 소리로 가득 차 있는 장면에서 첫 부분의 침묵은 귀를 먹먹하게 만든다. 이 진술은 몇 가지 질문을 제기한다. 왜 침묵이 있는가? 왜 그 침묵이 '반 시간 동안' 지속되는가? 어떻게 이 침묵이 다음 장면인 제단 앞에 선 천사와 관련 있는가? 이 제단 장면이 나팔을 나눠주는 것과 천사들이 나팔을 부는 것 사이에 포함된 이유는 무엇인가? 요한은 이 질문들에 분명한 대답을 주지는 않는데, 아마도 독자들이 이 침묵의 목적을 안다고 생각하는 것 같다. 사실 유대교 작가들은 종종 하늘의 침묵에 대해서 이야기했다. 요한의 언급을 더 잘 이해하기 위해 유대교와 기독교의 기원을 모두 가진, 복잡하면서도 흥미로운 텍스트인『아담의 유언』과 비교해 볼 수 있다.

『아담의 유언』
("침묵이 모든 계급의 불과 바람에 부여된다")

'유언'은 한 사람이 자녀들에게 조언과 가르침을 마지막으로 전한 것을 기록한 글이다. 히브리 전통에서 이 장르는 야곱이 열두 아들에게 전한 마지막 유언(창 49장)만큼이나 이른 시기에 나타났다. 제2성전기에 많은 사람들이 이 장르를 채택하여 각색했는데, 가장 널리 알려진 작품으로는 『열두 족장의 유언』이 있다. 이에 비해 『아담의 유언』은 상대적으로 덜 알려졌다.

『아담의 유언』은 세 부분으로 되어 있다. 첫 번째 부분인 시간 전례부(1-2장)는 정해진 시간마다 창조된 모든 것들이 주님께 드리는 찬양을 기록한다. 두 번째 부분인 예언부(3장)는 아담이 아들 셋에게 미래 세상에 일어날 사건들에 대해서 이야기해 준 내용을 기록하고 있다. 마지막 부분인 계급 제도부(4장)는 하늘 존재들의 아홉 가지 계급에 관해 서술한다.

『아담의 유언』은 여러 언어를 통해 전달됐고, 우리가 다루는 본문(1:10-12)은 그리스어, 시리아어, 아르메니아어로 남아 있다. 원문이 어떤 언어였는지는 분명하지 않지만, 학자들은 히브리어, 그리스어, 시리아어를 제안해 왔다. 우리의 목적을 위해 중요한 것은, 『아담의 유언』이 작성된 연대와 기독교적인 영향에 대한 문제다. 『아담의 유언』이 기독교 신앙의 영향을 크게 받았다는 것은 의심의 여지가 없다. 특히 계급 제도부는 "메시아 우리 주 예수"(『아

담의 유언』 4:1, 8)를 명시적으로 언급하고, 예언부는 성육신과 동정
녀 마리아를 언급하고 있기 때문이다(3:3).[1] 『아담의 유언』의 이런
기독교화된 형태는 아마도 주후 3세기에 비롯한 것 같다. 그러나
훨씬 더 이른 시기의 것으로 추정되는 시간 전례부는 기독교적인
요소를 가지지 않은 것처럼 보이고, 대부분의 연구를 통해서 볼
때 유대교의 기원을 가진 것으로 간주된다. 리처드 보컴(Richard
Bauckham)은 『아담의 유언』 1:12이 주후 70년 제2성전이 파괴되기
전 제사장들의 관습/관례를 반영하는 것이 틀림없다고 주장한다.[2]
이는 적어도 이 부분(1:12), 아니 아마도 시간 전례부의 전체가 1세
기에 작성됐고 요한계시록이 기록되던 시기에 통용되던 신념과
행위를 증거하고 있음을 의미한다.

시간 전례부에서는 매일의 시간마다 창조 세계의 예배 패턴을
묘사한다. 여기서 특히 흥미로운 부분은 밤 제10시에서 제12시에
일어나는 사건이다. 그 내용은 이렇다.

제10시는 인간의 찬양이다. 하늘의 문이 열리고, 그 문을 통해 모
든 살아 있는 것들의 기도가 들어오고, 그들은 경배하고 떠난다.

---

1.   번역은 S. E. Robinson, "Testament of Adam," in *The Old Testament
     Pseudepigrapha, Vol. 1: Apocalyptic Literature and Testaments*, ed. James H.
     Charlesworth (Garden City, NY: Doubleday, 1983), 989–95에서 가져온 것
     이다.

2.   Richard Bauckham, *The Climax of Prophecy: Studies on the Book of
     Revelation* (Edinburgh: T&T Clark, 1993), 79–81 [= 『요한계시록 신학』, 부
     흥과개혁사, 2021].

그리고 그 시간에 스랍들과 수탉들이 날개를 움직일 때 사람이 하나님께 구하는 무엇이든지 응답을 받게 된다. 제11시에 태양이 낙원에서 떠올라 피조 세계를 비출 때 온 땅에 기쁨이 있다. 제12시는 분향을 위해 기다리는 시간이고, 모든 제사장들이 하나님께 향을 태울 때까지 불과 바람의 모든 계급에 침묵이 부여된다. 그리고 그때 모든 하늘의 권세들이 해산된다. (『아담의 유언』 1:10-12)

분향

해 질 녘에 하루를 시작하는 유대인의 관습에 따라 시간 전례부는 밤 사이에 일어나는 일들을 묘사함으로 시작한다. 밤의 활동은 분향을 준비하는 침묵으로 끝이 난다. 이것은 아마도 출애굽기 30:7에 언급된 아침에 제사장이 분향하는 활동—"아론이 아침마다 그 위에 향기로운 향을 사르되 등불을 손질할 때에 사를지며"—을 언급하는 것 같다. 분향단은 성막과 후대의 성전에서 성소와 지성소를 나누는 휘장 바로 앞에 위치해 있다(출 30:6).

천사들의 침묵

분향을 준비하는 시간은 "바람과 불의 모든 계급"이 침묵하는 모습으로 특징지어진다(『아담의 유언』 1:12). 두 가지 증거 내용을 살펴보면, "바람과 불"이 우주의 원소가 아니라 천사들을 가리킨다는 것이 드러난다. 첫째, 시간 전례부는 계속해서 천사들의 행동을 묘사한다. 예를 들면, 저녁 제4시와 제9시는 스랍들(세라핌)과 그룹들

(케루빔)의 행동을 묘사한다(1:4, 9). 낮에는 천사들의 훨씬 더 많은 행동에 대한 언급이 포함된다(2:1, 2, 6, 9). 둘째, 저자는 시편 104:4—"바람을 자기 사신으로 삼으시고 불꽃으로 자기 사역자를 삼으시며"—을 암시하는 것일 수 있다. 이것은 하나님께서 바람과 불의 화염을 자신의 사신으로 사용하신다는 사상이다. 문법을 약간 변경하고 '사신'이라는 단어를 '천사'로 이해함으로써(다른 본문에서 이 단어를 그렇게 번역하고 있다), 천사를 바람 또는 타오르는 불로 이해하는 것이 훨씬 더 분명해진다. 예를 들면, 히브리서는 칠십인역을 인용하며 "그는 그의 천사들을 바람으로, 그의 사역자들을 불꽃으로 삼으시느니라"(히 1:7)고 기록한다. 시간 전례부도 이와 같은 사상을 가지고 있는 것일 수 있다.

분향을 준비하며 천사들은 모든 활동을 멈춘다. 이전의 11시간은 천사와 나머지 창조 세계가 찬양을 부르는 것을 포함해서 다양한 사건을 이야기한다. 그러나 이 시간(제12시)에는 모든 활동이 멈추고 침묵이 "부여된다"(『아담의 유언』 1:12). 여기서 질문은 이것이다. 왜 침묵이 있어야 하는가?

이스라엘의 기도

천사들이 침묵하는 것과 관련해서 특별한 이유가 주어지지는 않지만 유대교에는 이스라엘의 기도가 하나님의 보좌에 올라가게 하기 위해서 천사들이 침묵한다는 전승이 있다. 보컴은 하나님께서 자신의 백성의 기도를 들으실 수 있도록 천사들이 침묵하는 것을 묘사하는 몇 가지 랍비 문헌을 이야기한다.[3] 이 랍비 문헌이 주후 1세기보다 후대의 것이기는 하지만, 『아담의 유언』에서 천사들이 침묵하는 이유를 설명하는 추가 자료를 제공해 준다. 『아담의 유언』에서 저녁 제10시에는 "인간의 찬양"이 나온다(1:10). 이것은 "스랍들과 수탉들이 날개를 움직이는" 행동이 천사들이 이스라엘의 기도를 하나님의 보좌로 가져간다는 사상을 가리키는 것일 수 있다.

안타깝게도 『아담의 유언』이 많은 부분에 있어서 불분명하지만 다음과 같은 전반적인 그림은 분명하다. 곧, 밤의 활동은 이스라엘의 찬양과 기도로 끝난다. 그 후 하나님을 예배해 온 천사들이 이제는 하나님께서 백성의 기도를 들으실 수 있도록 침묵한다. 백성의 기도는 천사들이나 다른 피조물들의 찬양보다 더 중요하다. 그래서 하나님께서 백성의 기도에 주목하실 수 있도록 천사들과 피조물들이 침묵하는 것이다. 이는 "사람이 하나님께 구하는 무엇이든지 응답"받게 되기 때문이다(1:10; 참조, 2:12).

요한계시록 8:1-13

("하늘이 반 시간쯤 고요하더니")

시간 전례부에서 아담은 하늘의 권세들이 하나님을 찬양할 때, 하

---

3. Bauckham, *Climax of Prophecy*, 70-76.

루 중 매시간 일어나는 일들을 묘사한다. 배경은 천국이다. 요한계시록 8장에서 요한은 그가 하늘에서 본 것을 기술한다. 위에서 언급했던 것처럼 요한계시록 8장에서는 인 이야기를 마치고 나팔 이야기를 시작한다. 이 8장에는 청각 언어가 가득한데, 이는 시작 부분의 침묵을 두드러지게 한다. 또한 요한계시록은 『아담의 유언』과 마찬가지로 침묵의 목적에 대해서는 이야기해 주지 않는다. 대신에 요한은 독자들이 그것이 의미하는 바가 무엇인지 알고 있을 것이라고 전제한다. 『아담의 유언』이 이 침묵의 목적을 이해하도록 도와준다.

천사들의 침묵

요한은 누가 침묵하는지 설명해 주지 않는다. 위에서 논의한 바와 같이, 『아담의 유언』은 천사들이 침묵했음을 보여주며, 요한도 같은 것을 암시하는 것처럼 보인다. 요한계시록 4장은 천사적 존재들의 찬양이 하나님의 보좌 알현실에서 끊임없이 울리고 있음을 보여 준다. 요한계시록 4:8은 우리에게 "거룩하다. 거룩하다. 거룩하다. 주 하나님 곧 전능하신 이여, 전에도 계셨고, 이제도 계시고, 장차 오실 이시라"(참조, 사 6장)고 찬양하는 네 생물에 대해서 말해 준다. 그러나 시간의 끝에는 하늘에 침묵이 나타난다. 영원토록 노래했던 천사들은 이제 조용하다.[4]

---

4. "반 시간쯤"(계 8:1)이라는 표현이 독특하다. 보통 사람들은 "약 1시간"과 같은 덜 정확한 시간을 기대했을 것이다. 주석가들은 반 시간의 의미에 대해서

분향

나팔이 주어질 때, 또 다른 천사가 등장하여 "보좌 앞 금제단"에 선다(계 8:3). 이 천사는 "많은 향"과 "모든 성도의 기도"를 가지고 있다. 이 천사는 제의적 역할(cultic role)을 하는데, 이는 아마도 땅의 제사장에 해당하는 역할로 이해되어야 할 것이다. 고대 유대교의 맥락에서 땅에서 일어나는 사건들은 하늘의 것을 반영한다. 둘은 관련되어 있다. 그래서 성막이나 성전에 있는 분향단에서 분향하는 것은 하나님의 보좌 알현실의 하늘 성전에서 분향하는 것에 상응한다. 요한은 기도와 뒤섞인 향을 나타내는 것 같고, 이 향은 희생제물을 드릴 때와 비슷하게 기도에 하나님을 기쁘시게 하는 달콤한 향을 더해준다.

순교자들의 기도

이것은 누구의 기도이며, 무엇을 위한 기도인가? 요한계시록에 언급된 마지막 제단은 6:9에 나온다. 다섯 번째 인을 뗄 때, 요한은 '하나님의 말씀과 그들이 가진 증거로 말미암아 죽임을 당한 영혼들이 제단 아래에 있는 것'을 본다. 이 순교자들은 "거룩하고 참되신 대주재여, 땅에 거하는 자들을 심판하여 우리 피를 갚아 주지 아니하시기를 어느 때까지 하시려 하나이까?"(계 6:10)라고 부르짖는다. 그들은 흰 두루마기를 받고 정의가 실현될 것에 대한 약속을 받지만, "그들의 동무 종들과 형제들도 자기처럼 죽임을 당하

논의하지만, 왜 요한이 이렇게 구체적인지에 대한 분명한 이유는 없다.

여 그 수가 차기까지"(6:11) 기다려야 한다. 요한은 독자들이 요한
계시록 8:3-5과 6:9-11에 묘사된 장면들 사이에서 관련성을 끌어
내도록 의도한 것처럼 보인다.[5] "모든 성도의 기도"(8:3)는 구체적
으로 순교자들의 정의에 대한 호소다.[6] 천사들의 침묵은 하나님께
서 이 시간에 오직 이 기도만을 들으신다는 것을 의미한다.

침묵은 이 상황이 엄숙한 특징을 지니고 있음을 나타낸다. 하
나님께서 이전에는 행동을 미루셨지만, 이제는 더 이상 지체하지
않으실 것이다. 향과 순교자들의 기도를 올려드렸던 천사는 이제
향로를 "제단의 불"로 채워서 "그것을 땅에" 쏟았다(8:5). 이 행동
으로 인해 "우레와 음성과 번개와 지진"으로 표현된 심판이 일어
났다. 하나님께서는 이제 백성을 신원하신다.[7]

신학적으로 볼 때 하나님의 심판과 백성의 기도 사이의 이러한
연관성은 중요하다. 하나님께서는 폭군처럼 심판하지 않으시고,
그분의 심판은 걸음마를 배우는 어린아이의 본능적인 짜증과 비

---

5. 요한계시록 8:3의 제단과 6:9의 제단이 같은지와 관련해서 학자들 간에 논
    쟁이 있다. 그러나 신성한 공간에 대한 요한의 견해를 이해하면, 그가 두 장
    면 사이에 어떤 연관성을 의도했을 가능성이 커 보인다.
6. 몇몇 주석가들은 기도가 순교자들의 기도가 아니고, 모든 기독교인들이 드
    리는 기도라고 제안한다. 이것은 확실히 가능성 있는 해석이지만, 기도의 내
    용만큼은 요한계시록 8:5의 우주적 심판 징후가 가리키는 하나님의 심판에
    대한 요청으로 제한되어야 한다.
7. 나팔은 요한계시록 8:3-5에 나오는 기도에 대한 하나님의 응답으로 해석되
    지 말아야 할 것이다. 나팔은 심판의 다양한 측면을 나타낸다. 나팔이 인과
    대접과 어떤 관련이 있는지는 요한계시록 연구에서 가장 논쟁적인 사안 중
    하나이다.

교될 수도 없다. 오히려 하나님께서는 정확히 정의를 가져오기 위해서, 즉 옳은 것을 회복하고 악을 정복하기 위해서 심판하신다. 하나님의 심판은 "하나님의 말씀과 그들이 가진 증거로 말미암아" 고난을 겪어온 신실한 자들이 드리는 기도에 대한 응답이다(6:9).

『아담의 유언』은 하늘의 침묵과 이것이 향과 함께 성도의 기도를 올려드리는 것과 어떤 관련이 있는지에 대한 한 가지 가능성 있는 설명을 제공한다. 모든 주석가들이 요한계시록 해석의 복잡성을 상기시키는 이 설명을 확신하는 것은 아니다. 요한계시록을 『아담의 유언』과 함께 읽음으로써 우리는 다른 방법으로는 알아채지 못했을 수도 있는, 요한의 환상에 나타난 잠재적인 연관성을 알게 된다. 하늘 존재들의 침묵은 순교자들의 기도 소리가 하나님께로 나아가게 한다. 이 침묵은 우리에게 하나님께서 우리의 기도를 들으시고 그의 백성을 신원하시기 위해 행동하실 것을 말해준다.

더 읽을거리

추가적인 고대 문헌

몇몇 랍비 문헌(바빌로니아 하기가 12b; 창세기 랍바 65:21; 타르굼 에스겔 1:24-25)은 천사들이 침묵하는 것을 언급한다. 사해문서『안식일 희생제사의 노래』(4Q405) 20-22도 관련이 있다. 보컴은 『요한계시록 신학: 예언의 절정』에서 이것들을 포함해서 다른 문서들도 검토

한다. 천사의 침묵에 대한 또 다른 견해는 원시 창조로 돌아가는 것과 관련된다. 『에스라4서』 7:30과 『바룩2서』 3:7을 보라.

원문 영어 번역과 비평본

Robinson, S. E. "Testament of Adam." Pages 989–95 in vol. 1 of *The Old Testament Pseudepigrapha*. Edited by James H. Charlesworth. Garden City, NY: Doubleday, 1983.

Stone, Michael Edward. *Armenian Apocrypha Relating to the Patriarchs and Prophets*. Jerusalem: Israel Academy of Sciences and Humanities, 1982.

이차 문헌

Bauckham, Richard. *Climax of Prophecy: Studies on the Book of Revelation*. Edinburgh: T&T Clark, 1993.

Hansen, Ryan Leif. *Silence and Praise: Rhetorical Cosmology and Political Theology in the Book of Revelation*. Emerging Scholars. Minneapolis: Fortress, 2014.

Robinson, Stephen E. "The Testament of Adam: An Updated Arbeitsbericht." *JSP* 5 (1989): 95–100.

————. *The Testament of Adam: An Examination of the Syriac and Greek Traditions*. SBLDS 52. Chico, CA: Scholars, 1982.

Stone, Michael E. *A History of the Literature of Adam and Eve*. SBLEJL 3. Atlanta: Scholars Press, 1992.

제8장
「동물 묵시록」과 요한계시록 9:1-21
(대환난 속의 동물 이미지)

이안 박스올(Ian Boxall)

나팔은 성경 전승의 많은 것들을 떠올리게 한다. 나팔은 전쟁에서 승리를 선포하거나 금식이나 축제를 알릴 때, 또는 종말론적인 주의 날을 알리기 위해 불렸다.[1] 어린양이 일곱 번째 인을 떼자마자 하늘 성소에 나팔을 가진 일곱 천사가 등장하는 것은(계 8:2), 중요한 순간에 이르렀다는 기대감을 고조시킨다. 처음 네 천사가 나팔을 불 때 심판이 연속적으로 빠르게 이어지는 것은 종말론적인 측면이 전면에 드러나 있음을 알 수 있게 해준다. 그러나 요한계시록 9:1-21에서 요한의 내러티브는 다섯 번째와 여섯 번째 나팔의 효과를 매우 자세하게 묘사하면서 느려진다. 처음 네 나팔 재앙과는 다르게, 후반부의 나팔은 직접적으로 인간 세계, 특히 "땅에 사

---

1. 종말론적인 주의 날을 알리기 위해 나팔을 부는 것과 관련해서는 예를 들어 습 1:14-16; 욜 2:1; 마 24:31; 고전 15:52; 살전 4:16을 보라.

는 자들"(8:13)을 대상으로 한다.

요한이 이제부터 묘사하는 것은 아주 극도로 끔찍하다. 하늘에서 떨어진 별이 무저갱, 즉 "끝이 안 보이는 구덩이"를 열자 무서운 황충 군대가 땅 위로 나왔다(9:3-11). 황충들의 혼합적인 특징(9:7-10의 표현을 가리킴—편주)은 그들의 겉모습에 대한 섬뜩함과 공포감을 강화한다. 여섯 번째 나팔을 부는 소리가 날 때 요한이 보게 되는 이 거대한 군대는 세계 최악의 끔찍한 느낌을 강화한다. 황충의 말 같은 모습은 엄청난 수의 실제 기병대로 대체됐고, 그 말들은 사자 머리와 뱀의 꼬리를 가진 무시무시한 혼종(hybrids)이었다(9:17-19). 그러나 이 부분의 더 넓은 문학적 맥락은 희망의 이유를 제공해 준다. 나팔을 부는 것은 어린양이 하나님의 구속 계획을 담고 있는 두루마리의 인을 떼는 것과 직접적으로 연결되어 있다(6:1-8:1). 황충에 대한 언급은 주님의 날을 알리는 요엘서의 메뚜기 환상만이 아니라(욜 1:4-7), 출애굽기 10:1-20의 매뚜기 재앙을 생각나게 한다. 이러한 심판이 전개됨에 따라 하나님께서 그분의 백성을 해방하실 새 유월절과 새 출애굽에 어린양이 중심이 될 것이라는 기대감을 일으킨다.

요한계시록 9장은 세 부분으로 이루어진 우주론(하늘, 땅, 무저갱)과 이 영역들 사이의 (떨어지고 올라가는) 규칙적인 움직임을 전제로 한다. 이 장의 동물 이미지만이 아니라 우주의 다양한 단계들 사이의 상호작용도 유대 묵시 전승에 영향을 받은 초기 기독교 청중에게는 친숙했을 것이다. 『에녹1서』에 전제된 환상 세계는 우리가 다루게 될 본문을 이해하는 데 특히 도움을 줄 것이다.

「동물 묵시록」

("그리고 보라. 하늘에서 한 별이 떨어졌고, 그것이 일어나 황소들 가운데서 풀을 뜯어 먹더라")

『에녹1서』는 노아 홍수 이전의 족장인 에녹(창 5:21-24)의 전승들을 모아놓은 '전집'을 부르는 일반적인 명칭이다. 『에녹1서』는 서로 다른 시기에 작성된 다섯 권의 책으로 구성되어 있고, 신약 시대(예, 마 25:31-46; 유 6, 14-15)와 그 이후의 시대(예, 『바르나바스의 편지』 4.3; 『베드로의 묵시록』 4; 13; Tertullian, *Cult. fem.* 1.2; *Idol.* 4; Origen, *Princ.* 1.3.3; 4.4.8)에 매우 영향력이 있었다.[2] 이 전승들 대부분은 원래 아람어로 기록됐고(이 책의 다섯 부분 중 한 부분을 제외한 모든 부분의 단편들이 쿰란에서 발견됐다), 그리스어로 번역됐다. 그리고 그 후에 에티오피아어로 번역되어 에티오피아 정교회의 중요한 정경 텍스트가 됐다. 「꿈 환상의 책」(『에녹1서』 83-90장)이라고 알려진 네 번째 책에 에녹이 결혼하기 전에 받은 것으로 알려진 두 가지 꿈이 포함되어 있는데, 그중 한 꿈은 노아 홍수에 대해 예언하는 꿈이고(『에녹1서』

---

2. 『에녹1서』에 대한 더 많은 정보를 위해서는 이 책의 제1장에 있는 벤자민 E. 레이놀즈의 글(「에녹의 비유」와 요한계시록 1:1-20 [다니엘서의 인자])을 보라.

83-84장) 다른 하나는 소위 「동물 묵시록」(85-90장)이라고 불리는 것으로서 더 넓은 범위의 인간 역사를 다루고 있다. "큰 뿔"(90:9)을 가진 숫양을 예후다 마카비와 동일시하면, 그리스의 셀레우코스 안티오코스 4세에 의해 촉발된 위기가 절정에 이르렀던 주전 163년경이 이 책이 다루고 있는 내용의 연대라는 합의가 이루어진다.

「동물 묵시록」은 아담의 창조부터 이스라엘 역사와 종말까지의 인간 이야기를 우화적으로 표현한 것이고, 여기에서 인간들은 인간이 아닌 동물들로, 천사들은 인간 인물들로, 타락한 천사들은 별들로 상징화되어 있다. 동물 이미지는 적절한 패턴을 가지고 있다. 아담부터 이삭까지의 족장들은 황소로, 야곱/이스라엘은 숫양으로, 이스라엘 백성은 양으로 되어 있다. 이스라엘을 반대하는 이방 나라들은 인종에 따라 구분된다(예, 당나귀 = 이스마엘의 사람; 늑대 = 이집트 사람; 사자 = 바벨론 사람/갈대아 사람). 메시아 시대에 이스라엘이 회복되면 흰 황소들(아담부터 이삭까지의 족장들—역주)이 재출현하게 된다. 즉, 처음으로 되돌아가게 되는 셈이다. 이방의 압제 아래에서 이스라엘이 위기를 겪을 때 기록된 이 환상이 아우르는 역사적 범위는 역사 과정이 여전히 하나님의 통치 아래에 굳건히 있다는 것을 예언적으로 재확신시켜 준다.

떨어진 별들

인간 역사의 이야기는 아담과 그의 직계 후손들에 대한 소개(『에녹 1서』 85장)가 있은 후에 파수꾼들과 타락한 천사들에 대한 이야기에 의해 중단된다. 「동물 묵시록」은 앞선 「파수꾼의 책」(1-36장, 특히 6-11장), 즉 창세기 6:1-4을 더욱 발전시킨 내용에 기초한 신화를 전제로 한다. 「파수꾼의 책」에 따르면, 일부 천사들이 일으킨 반란이 하늘과 땅 사이에 있는 경계를 넘어서게 되는 결과를 낳았고, 세미하자(Semihazah)가 이끄는 타락한 파수꾼들은 인간의 아내를 취해 파괴적인 거인이라는 혼종을 낳았다. 이와 얽혀 있는 한 평행전승은 땅의 곤경을 아사엘 또는 아자젤이 이끄는 천사들이 인간들에게 금지된 하늘의 비밀을 가르쳤기 때문이라고 본다.

「동물 묵시록」에서 에녹은 하늘에서 떨어진 한 별(86:1)과, 이어서 다른 많은 별들이 "하늘에서 이미 내려와 있던 첫 번째 별이 있는 곳으로 내려오고 **또** 내던져지는 것"을 보게 된다(86:3).[3] 천사들은 일반적으로 별들과 연결된다(예, 단 12:3; 계 1:20; 3:1; 8:10-11). 떨어진 별은 타락한 천사에 대한 적절한 이미지가 된다. 첫 번째 별은 나중에 그가 손발이 결박되어 심연, 즉 무저갱으로 던져진다는 사실을 고려하면, 아마도 세미하자가 아니라 아사엘로 보는 것이 바람직할 것 같다(『에녹1서』 88:1; 10:4-8에 나오는 아사엘의 비슷한 운명을 보라). 이 심연은 일시적인 감옥으로 기능을 하고, 아사엘은 모든 떨어진 별들이 불의 심연으로 던져지게 될 마지막 심판 때까지 이곳에 거주한다(90:24). 에녹서의 설명에 따르면, 감옥-심연은 "좁고, 깊고, 무섭고, 어두운" 곳인데(88:1), 이는 죄수들의 성격을 나타

---

3. 사용된 번역은 M. A. Knibb, "1 Enoch," in *The Apocryphal Old Testament*, ed. H. F. D. Sparks (Oxford: Clarendon, 1984), 184-319에서 가져온 것이다.

내는 감옥 환경에 대한 생생한 묘사다.

전쟁하는 동물들

그러나 아사엘이 갇힐 때, 땅에는 이미 손상이 가해졌다. 창조 질
서는 천사와 인간, 영과 육의 이종교배로 인한 혼돈에 자리를 내
주었다. 「동물 묵시록」은 역사 속의 인간들을 동물 상징주의로 표
현한 것과 유사하게, 파수꾼들과 그들의 인간 아내 사이에서 얻은
반만 인간인 자식을 동물로 표현한다.

> 그리고 나는 그들[떨어진 별들]을 보았고, 그들 모두가 말처럼 자신
> 들의 은밀한 부위를 내어놓고 황소들의 암소들 위에 올라타기 시
> 작하는 것을 보았다. 그 암소들은 모두 임신했고, 코끼리와 낙타
> 와 나귀를 낳았다. (『에녹1서』 86:4)

나귀는 그렇지 않더라도, 코끼리와 낙타는 이상하게 보이는
동물로서 천사와 인간 사이의 혼종을 나타내기에 적절한 상징이
다.[4] 그들이 황소들(= 인간)을 공격하는 것은 이어지는 이스라엘 역
사에 대한 언급 속에서 다양한 야생 동물들이 계속적으로 하나님
의 백성(양)을 공격하는 것에 대한 전조가 된다(89-90장). 예를 들면,
다양한 동물 종은 유다 왕국의 마지막 날에 이교도 국가(갈대아 사

---

4.   George W. E. Nickelsburg, *1 Enoch 1*, Hermeneia (Minneapolis: Fortress, 2001), 374.

람, 시리아 사람, 이집트 사람, 모압 사람, 암몬 사람. 왕하 23:28-35; 24:2-3을 보라)의 공격을 묘사하기 위해서 사용된다.[5] "그가 사자들, 호랑이들, 늑대들, 하이에나들의 손에 그들을 넘겼고, 여우들의 손에 넘겼으며, 모든 동물들에 내어주었다. 그리고 이 야생 동물들은 이 양들을 갈기갈기 찢기 시작했다"(89:55: 여기서 사자는 바벨론, 호랑이는 그리스, 늑대는 이집트, 하이에나는 아람 사람, 여우는 암몬 사람을 나타낸다—역주). 역사는 반복되는 경향이 있다.

요한계시록 9:1-21

("하늘에서 땅에 떨어진 별 하나가 있는데 그가 무저갱의 열쇠를 받았더라")

떨어진 별들

하늘에서 떨어지는 별에 대한 요한의 환상(계 9:1)은 떨어진 별인 아사엘에 대한 에녹서의 환상을 생각나게 한다. 그러나 요한의 강조점은 「동물 묵시록」과는 달리, 천사들의 반란이 아닌 신적인 주권에 있다. 이 별은 무저갱을 여는 열쇠를 "받았는데", 이것은 신적인 허용을 의미한다(9:1; 또한 9:3, 5). 별-천사는 이제 악과 혼돈의 힘을 무시무시한 황충의 모습으로 지하 감옥에서 나오게 할 수 있다. 그러나 역설적인 것은 이와 같은 힘이 하나님의 대리자 역할을 한다는 것이다. 주석가들은 이 열쇠를 가진 천사가 아바돈

5.　Nickelsburg, *1 Enoch 1*, 385.

(Abaddon, "파괴") 또는 아볼루온(Apollyon, "파괴자")이라고 불리는 왕으로서 황충을 다스리는 무저갱의 천사와 동일시될 수 있는지와 관련하여 의견이 갈린다(9:11). 아마도 가장 가능성이 높은 것은 이 둘을 별개의 인물로 보는 것이다. 왜냐하면 타락한 천사는 외부에서 문을 여는데, 아바돈은 그 내부를 다스리고 있던 자이기 때문이다.

감옥으로서의 무저갱

무저갱의 '갱', 즉 '심연으로 내려가는 구덩이'는 아래 깊은 곳으로 이어지는 좁고 아마도 긴 통로를 나타낸다. 요한이 이 환상에서 묘사하는 세 단계로 되어 있는 우주론에서, 무저갱은 깊은 물(히브리어로 '테홈', 창 1:2; 사 51:10; 겔 31:15; 암 7:4)과 귀신들의 처소를 가리킨다. 그곳의 악한 거주자들은 그 무저갱의 통로로부터 나오는 매캐한 연기—태양과 공기를 어둡게 하는 연기—에서 뚜렷이 드러난다. 이것은 성도들의 기도와 섞여서 하늘에 있는 하나님의 보좌로 올라가는 달콤한 향이 나는 향연과 확연하게 대조된다(계 8:4). 무저갱의 입구가 자물쇠와 열쇠로 잠겨 있다는 사실은 이곳이 감옥 상태임을 강조한다. 여기에서 이 감옥은 죄수들을 풀어주기 위해 열리고, 나중에 이 문은 사탄인 용을 천 년 동안 가두기 위해 다시 열릴 것이다(20:1-3).

전쟁하는 동물들

요한계시록도 동물 이미지를 사용한다. 그러나 「동물 묵시록」에서는 동물 이미지가 주로 인간 나라들에 대해 사용되지만, 요한계시록 본문에서는 황충과 말로 되어 있는 무시무시한 혼종이 무저갱에서 나왔다는 사실에서 볼 수 있듯이 자신을 사탄인 용의 편에 확고히 위치시킨다. 에녹서의 글에 나오는 것 중에 이와 가장 가깝게 대응되는 것은 코끼리, 낙타, 당나귀로 상징되는 파수꾼의 폭력적인 자손이다. 혼종 동물들은 질서와 혼돈의 경계에서 잘못된 편에 서 있다. 요한계시록의 황충은 황충 떼의 파괴적인 에너지를 전갈의 독침이 가지는 파괴적인 효과와 결합한다. 이와 유사하게 유브라데강에 풀어놓은 불을 뿜는 광대한 수의 말들("이만 만", 9:16)은 군마, 사자, 뱀을 섞어놓은 강력한 존재다.

황충의 악마적 특징은 의심의 여지가 없다. 그러나 이 악마 같은 동물에게 친숙한 차원도 있다. 이들의 얼굴은 사람의 얼굴을 닮았다(9:7). 이들은 여자의 머리털을 가졌는데, 아마도 이는 그 길이를 언급하는 것 같다(9:8). 이것은 무저갱에서 나온 초인적인 세력과 그들의 인간 대리자 사이의 긴밀한 협력을 상기시키면서 불안감을 준다. 로마의 동쪽 국경에서 가장 큰 위협이었던 파르티아인들은 전사들이 긴 머리를 한 것으로 유명했다(Plutarch, *Crass.* 24:2; 참조, Suetonius, *Vesp.* 23:4). 게다가 요한이 글을 쓰던 시기에 돌아다니던 어떤 이야기에 따르면, 죽었다고 생각됐던 네로가 사실은 파르티아로 도망쳤고 결국 파르티아 군대와 함께 돌아왔다(『시빌라의 신탁』 4.119-124, 137-139; 참조, Suetonius, *Nero* 47; Tacitus, *Hist.* 2.9). 요한이 본 수백만의 기병처럼(계 9:16-19), 파르티아 사람들도 유브라데강에서 올 것이다. 몇몇 주석가들은 네로 황제가 아폴론 신과 자주 동일시됐다는 점을 고려해 볼 때 황충의 왕의 그리스어 이름인 아볼루온(Apollyon, "파괴자")에서 네로에 대한 암시를 추가적으로 발견해 낸다(Suetonius, *Nero* 53; Tacitus, *Ann.* 14.14.1).

그러나 하나님의 통제는 이 악마적 피조물이 성취할 수 있는 것을 제한한다. 식량을 황폐화할 수 있는 땅의 황충과는 달리 이 황충은 땅의 풀이나 푸른 것이나 각종 수목은 해하지 말라는 명령을 받는다. 대신에 그들의 목표는 인간이다. 특히 하나님의 인이 없는 사람들을 제한된 기간인 다섯 달 동안만 고통스럽게 하는 것이다. 마병대는 유브라데에 놓인 네 천사—인류의 3분의 1을 죽이도록 허락된 천사들(계 9:15)—와 연합하여 엄청난 파괴를 입힐 수 있었다. 심판은 거칠었지만, 제한이 있었다. 이것은 비록 바라는 효과를 얻지는 못했지만(9:20-21), 회개를 촉구하는 기능을 한다.

요한계시록과 「동물 묵시록」은 악마의 세력과 인간의 반역으로 특징지어진 망가진 세상을 악몽 같은 언어로 묘사한다. 「동물 묵시록」에 있어서 혼종은 처음부터 창조 세계의 균형을 깨뜨린다. 요한계시록에 있어서 혼종은 마지막에 이르는 부분에서만 강해진다. 무저갱은 타락한 천사들과 그들과 한 패거리를 이루는 자들을 위한 일시적인 감옥의 역할을 한다. 그러나 궁극적으로 더욱 영구적인 해결책이 요구된다. 「동물 묵시록」에서 야생 동물들에 대한 숫양(예후다 마카비, 『에녹1서』 90:9)의 결정적인 승리는 아직 최종적인 해결이 아니다. 최종적인 해결은 심판이 있고 난 뒤에 흰 황소(아마도 메시아)의 출현과 함께 올 것이다(90:37). 요한계시록에서 하나님께서는 이미 통제하고 계시고, 하나님의 대리자로서 행동하는 또 다른 동물(어린양)을 통해 악마적인 혼종의 파괴적인 힘을 엄격하게 제한하고 계신다. 죽임 당한 어린양은 일곱 인을 뗐고, 하나님의 구원 계획이 성취되게 하셨다. 유월절이 도래했고, 새로운 출애굽이 시작됐다.

더 읽을거리

추가적인 고대 문헌

제멋대로 떨어지는 별들 같은 천사들은 『에녹1서』 80:6-7, 『시빌라의 신탁』 5.158-61, 유다서 13절에도 나온다. 무저갱을 감금과 형벌의 장소로 간주하는 고대 텍스트 중에 『에녹1서』 18-21장과 누가복음 8:31을 비교해 볼 수 있다. 일반적으로 '스올'(예, 욥 26:6; 잠 15:11)과 동의어인 '아바돈'은, 1QHª 11:19, 4Q286 단편 7에서 벨리알의 다른 이름으로 의인화된 것으로 보인다.

원문 영어 번역과 비평본

Bertalotto, Pierpaolo, Ken M. Penner, and Ian W. Scott, eds. "1

Enoch." In *The Online Critical Pseudepigrapha*. Edited by Ian W. Scott, Ken M. Penner, and David M. Miller. 1.5 ed. Atlanta: Society of Biblical Literature, 2006. www.purl.org/net/ocp/1En.

Isaac, E. "1 (Ethiopic Apocalypse of) Enoch." Pages 13–89 in vol. 1 of *The Old Testament Pseudepigrapha*. Edited by James H. Charlesworth. Garden City, NY: Doubleday, 1983.

Knibb, Michael A. "1 Enoch." Pages 184–319 in *The Apocryphal Old Testament*. Edited by H. F. D. Sparks. Oxford: Clarendon, 1984.

―――. *The Ethiopic Book of Enoch*. 2 vols. Oxford: Clarendon, 1978.

Nickelsburg, George W. E., and James C. VanderKam. *1 Enoch: The Hermeneia Translation*. Minneapolis: Fortress, 2012.

Olson, Daniel C. *Enoch: A New Translation*. North Richland Hills, TX: BIBAL, 2004.

이차 문헌

Collins, John J. *The Apocalyptic Imagination: An Introduction to Jewish Apocalyptic Literature*, 3rd ed. Grand Rapids: Eerdmans, 2016.

Lupieri, Edmondo F. *A Commentary on the Apocalypse of John*.

Translated by M. Poggi Johnson and A. Kamesar. Grand Rapids: Eerdmans, 2006.

Nickelsburg, George W. E. *1 Enoch 1*. Hermeneia. Minneapolis: Fortress, 2001.

Ryan, Sean M. *Hearing at the Boundaries of Vision: Education Informing Cosmology in Revelation 9*. LNTS 448. London: Continuum, 2012.

Stuckenbruck, Loren T. "The Book of Revelation as a Disclosure of Wisdom." Pages 347–60 in *The Jewish Apocalyptic Tradition and the Shaping of New Testament Thought*. Edited by Benjamin E. Reynolds and Loren T. Stuckenbruck. Minneapolis: Augsburg Fortress, 2017.

제9장
『희년서』와 요한계시록 10:1-11
(하늘의 책을 지닌 천상의 존재들)

존 K. 굿리치(John K. Goodrich)

요한계시록 9장이 끝나는 부분에서 여섯 번째 나팔이 울리고 다
양한 재앙이 이어진다. 유브라데에 천사들이 놓이고(계 9:14-15), 한
군대가 배치되자(9:16-17), 세상 사람들의 3분의 1이 죽임 당한다
(9:18-19). 이 모든 것은 회개하지 않는 인류에 대한 하나님의 벌하
심을 나타낸다. 그러나 심판이 아직 완전히 이른 것은 아니다. 왜
냐하면 요한은 이미 여섯이 아니라 나팔을 가진 일곱 천사를 이야
기했기 때문이다(8:2, 6). 이 나팔 심판이 일곱 인으로 인해 일어난
심판과 완전히 다른 심판을 시작하는 것인지, 아니면 요한이 이미
언급했던 내용을 다른 언어로 반복하고 있는 것이든지 간에, 독자
들은 나팔 소리가 끝났다고 착각하지 않는다. 일곱 번째 마지막
나팔 소리가 기다리고 있다.

그러나 나팔은 곧바로 마무리되지 않는다. 한 장에 걸친 막간

이 여섯 번째 인과 일곱 번째 인을 나누듯이, 여섯 번째 나팔과 일곱 번째 나팔도 그렇게 할 것이다.

요한은 일곱 번째 나팔이 울리기를 기다리다가 새로운 환상을 보게 된다. 요한은 '작은 두루마리'를 들고 있는 '힘 센 다른 천사'를 만난다(10:1-2). 얼마 있다가 그 천사는 요한에게 그 두루마리를 건네주라는 지시를 받는데, 요한은 그 두루마리를 읽는 것이 아니라 갖다 먹더니 배에 쓰게 되었다(10:8-10). 정직한 독자라면 "자, 이게 바로 당신이 두루마리를 먹지 않는 이유야"라고 생각할 것이다. 이는 타당한 지적이다. 그러나 우리는 왜 천사가 요한에게 먼저 두루마리를 전달했는지를 궁금해해야 한다. 이 글은 천상의 존재들과 하늘의 책들이 다른 유대 묵시 작품인 『희년서』에서 어떻게 따로따로 그리고 동시에 기능하는지를 보여줌으로써 이 이상해 보이는 삽화를 분명하게 이해하려는 데 그 목적이 있다.

표 9.1: 인, 나팔, 그리고 막간

계 6:1-17	계 7:1-17	계 8:1-5	계 8:6-9:21	계 10:1-11:14	계 11:15-19
첫 번째에서 여섯 번째까지의 인	막간	일곱 번째 인	첫 번째에서 여섯 번째까지의 나팔	막간	일곱 번째 나팔

『희년서』

("하나님의 어전을 섬기는 천사가 모세에게 말했다. …

'창조에 대한 완전한 역사를 쓰라'")

『희년서』는 창세기와 출애굽기 전반부의 이야기를 개작한 주전 2세기 작품이다. 총 50장으로 되어 있는 이 작품은 성경의 가장 첫 부분의 의미, 특히 시내산에서 율법을 받기 전에 히브리 족장들을 위해 모세의 법률을 제정한 것의 중요성을 명확히 하려 한다. 왜냐하면 『희년서』에 따르면, "이 율법은 모든 세대를 위한 영원한 것"이기 때문이다(『희년서』 15:25).

『희년서』의 히브리어 사본이 쿰란에서 발견되기는 했지만, 이 책은 주로 에티오피아어로 보존됐다. 『희년서』에는 어떤 환상이나 하늘 여행, 또는 신성한 역사를 광범위하게 반복하는 내용이 등장하지 않는다. 그래서 이 책의 장르는 묵시가 아니라, 오히려 **다시 쓴 성경**이다. 그러나 『희년서』는 묵시문학(특히 『에녹1서』)과 공유되는 많은 주제를 담고 있어서 신학적인 방향성에 있어서는 묵시적이라고 널리 인정된다.[1] 우리의 목적을 위해서 우리는 『희년서』에 두드러지게 나타나는 두 가지 묵시적인 주제—천상의 존재들의 활동과 하늘의 책들이 하는 기능—에 집중할 것이다.

---

1.   참조, Todd R. Hanneken, *The Subversion of the Apocalypses in the Book of Jubilees*, SBLEJL 34 (Atlanta: SBL, 2012).

천상의 존재들

천사들은 『희년서』에서 이른 시기부터 자주 등장한다. 심지어 이 책의 창조 내러티브를 다시 말하는 부분에서도 그렇다.[2] 이 내용은 하늘들과 땅과 물들에 대한 창조로 시작되지만, 즉시 자그마치 19개의 서로 다른 계급으로 구성된 하늘 군대를 창조하신 내용이 이어진다(『희년서』 2:2).[3] 이 천사들 중 가장 탁월한 천사는 '어전 천사들'(the angels of the presence)이다. 이들은 주로 하나님 앞, "하나님의 성소에서" 섬기며(31:14), "거룩하게 하는 천사들"과 함께 "위대한 두 [천사] 계급"을 형성한다(2:18).

그러나 『희년서』에서 천사들은 하늘에만 제한되지 않는다. 왜냐하면 그들은 땅에서도 맡겨진 일을 수행하기 때문이다. 예를 들어, 불순종으로 인해 하나님의 심판을 받은, 파수꾼으로 알려진 천사들은(5:1-5) 원래 "인간의 자녀들을 지도하고 … 땅에서 심판을 행하며 고결하게 살아가라고 보냄을 받았었다"(4:15). 다른 천사 그룹도 그들이 다양한 인간 그룹과 관계되어 있다는 점에서 강조된다. 특히 유익한 부분 중 하나는 다음과 같다.

27 하나님께서는 어전 천사들과 거룩하게 하는 천사들 앞에서 이

---

2. 간략한 요약을 위해서는 James C. VanderKam, "The Angel of the Presence in the Book of Jubilees," *DSD* 7 (2000): 378–93, at 378-80을 보라.

3. R. H. Charles, ed., *The Apocrypha and Pseudepigrapha of the Old Testament in English: With Introductions and Critical and Explanatory Notes to the Several Books*, 2 vols. (Oxford: Clarendon, 1913), 2:13-14에서 각색했다.

스라엘을 거룩하게 하셨다. 이는 이스라엘이 그분과 함께 있고, 거룩한 천사들과 함께 있게 하기 위함이다. … 31 그리고 하나님은 [이스라엘]을 거룩하게 하셨고, [그들을] 사람의 모든 자녀들 가운데서 모으셨다. 왜냐하면 많은 나라들과 많은 민족들이 있고, 그들 모두가 그분의 것인데, 하나님께서는 그 모든 자들 위에 자신에게서 벗어나도록 미혹하는 권세의 영을 두셨기 때문이다. 32 그러나 하나님께서는 이스라엘 위에는 그 어떤 천사나 영도 두지 않으셨다. 그분만이 이스라엘의 통치자이기 때문이다. 이스라엘을 지키시는 하나님께서 그분의 천사들과 영들의 손에서, 그리고 모든 권세들의 손에서 이스라엘을 요구하심은, 하나님께서 이스라엘을 지키실 뿐만 아니라 축복하시고, 이제부터 영원토록 그들이 하나님의 것이 되고 하나님이 그들의 것이 될 수 있게 하기 위함이다. (15:27-32)

이 기이한 본문에 따르면 특정 사람들과 관련해서 특정 임무들이 다양한 천상의 존재들에게 부여됐다(참조, 신 32:8 LXX; 단 10:13-21; 12:1). 한편으로, 악마적 존재들("권세의 영")—"영들의 우두머리"인 마스테마(Mastema) 왕의 "손 아래에 놓인 자들"(『희년서』 10:7; 11:5)—은 나라들을 다스리어 "사람들을 미혹한다"(15:31). 반면에 선한 천사들은 하나님의 백성을 보호하지만(15:32), 엄밀히 말해서 그들 중 누구도 이스라엘을 다스리지는 않는다. 하나님만이 그 나라를 다스리시기 때문이다.

하늘의 책

『희년서』에 나오는 천사들이 제공하는 또 다른 봉사의 일을 주목할 가치가 있다. 그것은 바로 하늘의 책을 전해 주는 것이다. 하늘의 책이라는 개념이 초기부터 이스라엘의 거룩한 저술에서 비롯됐지만 (출 32:32-33), 이 개념은 제2성전기 때 반복적으로 나타나는 묵시적 주제가 됐다. 『희년서』에는 생명의 책(30:19-23), 파멸의 책(36:10), 행위의 책(4:17-23; 39:6)을 포함하여 몇몇 종류의 하늘의 서판이 언급된다. 이 책들은 『희년서』와 관련 문헌에서 다양한 목적으로 사용된다. 그러나 저자가 어떤 종류의 하늘의 문서를 염두에 두는지와 상관없이 "하늘의 책이라는 주제"는 레슬리 베인스(Leslie Baynes)가 설명했듯이, "신적인 권위에 호소하는 텍스트가 어떤 주장을 단언하든지 간에 언제나 그러한 권위를 부여하는 기능을 한다."[4]

『희년서』에는 적어도 한 가지 종류의 하늘의 책이 추가로 나타나는데, 그것은 베인스가 "운명의 책"이라고 부르는 것이다.[5] 이것은 창조부터 새 창조까지의 역사적 사건들을 기록한 것으로 특별한 수령인에게 미리 전해진다. 『희년서』 자체가 바로 이 문서의 사본임을 주장하는데, 이는 시내산에서 모세에게 그 문서를 받아 쓰게 했던 천사 중개자에게 주어진 것이었다.

> 27 그리고 [하나님께서] 어전 천사에게 말씀하셨다. "모세에게 창조

4. Leslie Baynes, *The Heavenly Book Motif in Judeo-Christian Apocalypses 200 B.C.E.–200 C.E.*, JSJSup 152 (Leuven: Brill, 2012), 206.
5. Baynes, *The Heavenly Book Motif*, 109-34.

의 시작부터 나의 성소가 영원토록 그들 가운데 지어진 때까지의 [역사를] 써주어라." … 29 그리고 이스라엘 진영 앞에 온 그 어전 천사는 시대—창조 때부터 새 창조의 때, 즉 하늘과 땅이 새롭게 되고 그 모든 피조물이 하늘의 권능들을 따라서 새롭게 되는 때 [까지의]⁶ 시대—를 나눈 표를 가져갔다. … 2:1 그리고 어전 천사는 주님의 말씀을 따라서 모세에게 말했다. "창조에 대한 완전한 역사를 써라. …"(1:27-2:1)

『희년서』에 따르면 모세는 천사의 중재를 통해서 인간 역사에 대한 기록을 받았다. 모세는 이것을 옮겨 썼고 목이 뻣뻣한 이스라엘에게 전해 주어야 했다(1:7). 이스라엘의 반역과 최종적인 유배살이에도 불구하고 "[하나님께서] 그들보다 더 의로우시고" "[그분께서] 진정으로 함께하실 것임"을 인정할 수 있도록 말이다(1:6). 이러한 주장이 가지는 영향은 놀랍다. 이것은 하나님께서 언약에 변함없이 신실하시다는 것을 나타낼 뿐만 아니라, 『희년서』 자체가 믿을 만하고 권위 있게 하나님의 예정된 우주적 계획을 증언한다는 것을 나타내기도 한다. 제임스 밴더캠(James VanderKam)이 설명했듯이, "모세가 기록하고, 하나님의 얼굴 앞에 있는 천사가 모세에게 받아 쓰게 하였으며, 하늘 서판의 의심할 여지가 없는 내용에 근

6.　이 곤혹스러운 구절에 대한 복원을 위해서는 O. S. Wintermute, "Jubilees," in *The Old Testament Pseudepigrapha*, vol. 2, ed. James H. Charlesworth (Garden City, NY: Doubleday, 1985), 35-142, at 54n1을 보라.

거하고, 하나님께서 직접 명령하신 책보다 더 권위적인 것이 어디 있을까?"[7] 이스라엘에게 기쁨과 고난을 둘 다 약속하는 이 계시는 단 한 사람 모세에게 위임됐고, 따라서 모세는 하늘의 운명의 서판뿐만 아니라 그것이 전달하는 최고의 권위를 소유한 사람이다. 독자에게 주어지는 명령은 분명하다. 즉, 모세의 권위 있는 말에 주의를 기울여야 한다는 것이다.

요한계시록 10:1-11

("내가 천사의 손에서 작은 두루마리를 갖다 먹어 버리니")

천상의 존재들

『희년서』와 요한계시록은 동일한 묵시적 주제들을 사용한다. 특히 천사의 활동과 하늘의 책이 그렇다. 『희년서』가 천사들을 하나님의 하늘 어전에 위치시키듯이, 요한도 어린양을 찬양하고 하나님을 경배하기 위해서 보좌를 둘러싸고 있는 "그 수가 만만이요 천천인" 하늘에 있는 천사 무리를 언급한다(계 5:11-12; 7:11-12; 참조, 8:2-3). 『희년서』가 천사들이 하나님께 반역하고 나라들을 현혹시켰다고 언급했듯이, 요한계시록도 하늘로부터 추방된 천사들에 대해서 언급하며 그들이 사람들을 악을 행하도록 이끌었다고 이야기한다(9:11; 12:7-9; 16:13-14; 18:2). 마지막으로 『희년서』가 이스라

---

7. VanderKam, "The Angel of the Presence," 393.

엘을 보호하는 천사들을 언급했듯이, 요한계시록도 천사들에게 교회들을 감독하는 역할을 부여한다(1:20; 2-3장). 이러한 유사점을 넘어 요한계시록에 나오는 하나님의 천사들은 하나님을 섬기는 추가적인 일을 성취한다. 요한은 천사들이 자신과 의사소통하며 인도하고(1:1; 19:9; 21:9; 22:1, 6-11, 16), 중요한 메시지를 전하며(5:2; 14:6-9; 18:1-3; 19:17), 하나님의 심판을 수행하고(7:1-2; 9:14-15; 14:15-19; 15:1; 15:6-16:12; 16:17; 17:1-18; 18:21), 심지어 천사들이 직접적으로 사탄과 그의 귀신들과 싸우는 것을 본다(12:7-9; 20:1-3).

그러나 천상의 존재들과 관련된 요한계시록의 가장 눈에 띄는 삽화 중 하나는 요한이 요한계시록 10:1-11에 나오는 천사와 만나는 장면이다. 요한은 다음과 같이 보도한다.

> 1 내가 또 보니 힘 센 다른 천사가 구름을 입고 하늘에서 내려오는데 그 머리 위에 무지개가 있고 그 얼굴은 해 같고 그 발은 불기둥 같으며 2 그 손에는 펴 놓인 작은 두루마리를 들고 그 오른발은 바다를 밟고 왼발은 땅을 밟고 3 사자가 부르짖는 것같이 큰 소리로 외치니 그가 외칠 때에 일곱 우레가 그 소리를 내어 말하더라. (10:1-3)

이 천사는 아주 인상적이다. 이 존재는 이전에 요한계시록 5:1-2에 언급된 "힘 있는 천사"를 떠올리게 할 뿐만 아니라, 에스겔 1장에 나오는 보좌에 앉으신 인자 같은 이와 닮았다. "내가 보니 그 허리 위의 모양은 단 쇠 같아서 그 속과 주위가 불 같고 내가 보니 **그 허리 아래의 모양도 불 같아서** 사방으로 **광채가** 나며 그 사방 광채의 모양은 비 오는 날 **구름에 있는 무지개** 같으니 이는 여호와의 영광의 형상의 모양이라 내가 보고 엎드려 말씀하시는 이의 음성을 들으니라"(겔 1:27-28). 만약 이 보좌에 앉으신 인물이 보이는 바와 같이 주님 자신이라면, 요한은 자신이 만난 천사를 하나님과 매우 유사하게 묘사하고 있는 것이다.[8] 그러나 "그 손에 펴 놓인 작은 두루마리"(계 10:2)는 무엇인가?

하늘의 책

『희년서』에서 보았듯이 하늘의 문서는 묵시의 일반적인 주제다. 그래서 그 문서들이 요한계시록에서도 나타나는 것은 놀라운 일이 아니다. 『희년서』가 생명책과 행위의 책을 언급하듯이, 요한계시록도 그러하다(계 3:5; 13:8; 17:8; 20:12, 15; 21:27). 힘 센 천사의 손에 있는 "작은 두루마리"는 다른 종류의 문서이지만, 그럼에도 불구하고 하늘의 책이다(그리스어 '비블라리디온' = "작은 두루마리"[10:2, 9, 10]; '비블리온' = "두루마리"[10:8]).

이 두루마리는 10장이 계속되면서 더욱 부각된다. 하나님의 종말 계획이 완성되는 것이 임박했음을 알리는 천사가 나온 후에 (10:4-7) 하늘의 음성은 요한에게 이 책을 가지라고 명령한다.

> 8 하늘에서 나서 내게 들리던 음성이 또 내게 말하여 이르되 "네

---

8. 계 5:1-2과의 유사점도 보라.

가 가서 바다와 땅을 밟고 서 있는 천사의 손에 펴 놓인 두루마리를 가지라" 하기로 9 내가 천사에게 나아가 작은 두루마리를 달라 한즉 천사가 이르되 "갖다 먹어 버리라 네 배에는 쓰나 네 입에는 꿀같이 달리라" 하거늘 10 내가 천사의 손에서 작은 두루마리를 갖다 먹어 버리니 내 입에는 꿀같이 다나 먹은 후에 내 배에서는 쓰게 되더라 11 그가 내게 말하기를 "네가 많은 백성과 나라와 방언과 임금에게 다시 예언하여야 하리라" 하더라. (계 10:8-11)

이는 참 기이한 장면이지만, 요한이 다시 한번 에스겔의 앞부분에 나오는 내용을 반향하고 있다는 것을 알게 된다면 명확해진다. 거기서 예언자 에스겔은 보좌에 앉으신 인물에게서 동일한 위임을 받는다. "내게 이르시되 '인자야 내가 네게 주는 이 두루마리를 네 배에 넣으며 네 창자에 채우라' 하시기에 내가 먹으니 그것이 내 입에서 달기가 꿀 같더라. 그가 또 내게 이르시되 '인자야 이스라엘 족속에게 가서 내 말로 그들에게 고하라'"(겔 3:3-4). 에스겔 삽화와 요한계시록 10:8-11 사이에는 분명한 유사점이 존재한다. 두 장면에는 하늘의 존재가 건네준 꿀맛 나는 두루마리를 예언자가 먹는 것과 반역한 백성에게 전할 명령을 받는 것이 포함된다. 그러나 둘 사이의 차이점도 동일하게 중요하다. 에스겔은 포로 가운데 있는 이스라엘에게 전하라고 명령을 받지만, 요한은 "많은 백성과 나라와 방언과 임금에게 다시 예언하여야" 한다(계 10:11). 그리고 에스겔과 요한의 두루마리는 달콤한 맛이 나지만, 요한의 두루마리는 배에 쓰다. 요한의 이러한 역반응은 에스겔 3:14을 반향하는 것 같다. 거기 보면, 주의 영이 예언자를 데리고 가실 때, 그는 "**근심하고/쓰고**(bitterness) 분한 마음으로" 간다. 에스겔은 우리에게 "[그 두루마리의] 안팎에 애가와 애곡과 재앙의 말이 기록되었다"라고 말해 주는데(겔 2:10), 이를 통해 봤을 때 아마도 에스겔이 전하는 메시지의 내용과 그것 때문에 완고한 포로들로부터 받게 될 저항이 그를 근심하고/쓰고 분하게 만들었을 것이다. 우리는 요한의 두루마리의 정확한 내용에 대해서는 들어본 적이 없지만, 아마 요한의 경우에도 마찬가지일 것이다. 왜냐하면 요한이 회개하지 아니하는 나라들과 왕들에게 예언해야 하기 때문이다(참조, 계 9:20-21). 이것이 힘센 천사가 요한에게 먼저 이 두루마리를 먹으라 한 이유다. 두루마리가 섭취되어서 요한은 하나님의 메시지를 받고 그 메시지가 주는 효과—구원의 기쁨(단맛)과 심판의 괴로움(쓴맛)—를 경험하며, 이어지는 장들에서 그 내용을 더욱 생생하게 묘사할 수 있어야 한다.

그러나 요한의 환상 경험은 에스겔이 받은 위임과 비슷할 뿐만 아니라, 『희년서』에서 모세가 어전 천사를 만난 것과도 유사한 점이 많다. 두 작품에서 천상의 존재는 하늘의 책을 통해 하나님의 예언자에게 숨겨진 메시지를 전한다. 요한은 메시지를 쓰라는 임무만이 아니라 그것을 먹으라는 임무도 부여받았지만, 요한과 모세는 둘 다 반역하는 백성에게 구원과 심판을 선언하라는 권한을 부여받았다. 두 삽화에서 천상의 중재자로부터 하늘의 책을 받는 일은 놀라운 권위를 전달하여 메시지와 그 메시지 전달자가 구별되지 않게끔 한다. 그러므로 독자들은 주의를 기울여야 한다.

더 읽을거리

추가적인 고대 문헌

제2성전기 유대 문헌, 특히 묵시 문헌(아래의 이차 문헌을 보라)에는 다양한 천사들과 하늘의 책들이 나타난다. 초자연적인 중개자들은 『에스라4서』와 『바룩2서』뿐만 아니라, 『에녹1서』 17-36장, 『아브라함의 묵시』 12-17장, 「레위의 유언」 2-5장, 『아브라함의 유언』 10-14장에 등장한다. 『에녹1서』 10:8; 33:4; 72:1; 81:1-2과 『아브라함의 유언』 12:1-18에 보면 천사들이 하늘의 저술에 참여한다고 한다. 『에녹1서』 69:8-11에서 타락한 천사는 인류에게 글을 쓰라고 한 공로를 인정받는다. 신적인 정보를 전달하는 과정에서 하늘의 음식을 먹는 것과 관련해서는 『에스라4서』 14:38-41을 보라.

원문 영어 번역과 비평본

VanderKam, James C. *The Book of Jubilees: A Critical Text*. Corpus Scriptorum Christianorum Orientalium 510; Scriptores Aethiopici 87. Leuven: Peeters, 1989.

Wintermute, O. S. "Jubilees." Pages 35-142 in vol. 2 of *The Old*

Testament Pseudepigrapha. Edited by James H. Charlesworth. Garden City, NY: Doubleday, 1985.

이차 문헌

Baynes, Leslie. "Revelation 5:1 and 10:2a, 8–10 in the Earliest Greek Tradition: A Response to Richard Bauckham." *JBL* 129 (2010): 801–16.

Davidson, Maxwell J. *Angels at Qumran: A Comparative Study of 1 Enoch 1–36, 72–108 and Sectarian Writings from Qumran*. JSPSup 11. Sheffield: Sheffield Academic, 1992.

VanderKam, James C. *Jubilees: A Commentary in Two Volumes*. Hermeneia. Minneapolis: Fortress, 2018.

————. *The Book of Jubilees*. GAP 9. Sheffield: Sheffield Academic, 2001.

van Ruiten, Jacques. "Angels and Demons in the Book of Jubilees." Pages 585–609 in *Angels: The Concept of Celestial Beings—Origins, Development and Reception*. Deuterocanonical and Cognate Literature Yearbook 2007. Edited by F. V. Reiterer, T. Nicklas, and K. Schöpflin. Berlin: de Gruyter, 2007.

Warren, Meredith J. C. "Tasting the Little Scroll: A Sensory Analysis of Divine Interaction in Revelation 10.8–10." *JSNT* 40 (2017): 101–19.

제10장
『에스라4서』와 요한계시록 11:1-19
(바다로부터 온 사람과 두 증인)

개릭 V. 앨런(Garrick V. Allen)

요한계시록 11장은 전통적으로 해석하기 가장 어려운 부분 중 하나다. 11장에 언급되는 특정 장소와 인물들을 해석하는 문제 그리고 일곱 나팔의 끝부분에 나오는 막간의 내러티브적인 모호함에 있어서 그렇다. 선견자 요한은 천사 안내자 중 하나의 손에서 달콤하면서도 배에는 쓴 두루마리를 먹은 후에(계 10:10-11), "지팡이와 같은 측량자"를 받고 "일어나서 하나님의 성전과 제단과 그 안에서 경배하는 자들을 측량하라"는 누군가의 명령을 듣는다(11:1).[1] 그러나 성전 바깥 마당을 측량하는 것은 금지됐다. 왜냐하면 그곳은 마흔두 달 동안 짓밟히도록 이방 나라들에 넘겨졌기 때문이다

---

1. 이 음성을 하나님이나 천사의 것으로 해석하는 다양한 방식이 있지만, 가장 도발적인 것은 Ian Boxall, *The Revelation of Saint John* (London: Continuum, 2006), 163에 나온다. 거기서 Boxall은 요한이 예언자적이면서 신적인 모습을 하고 있다고 주장한다.

(11:2). 선견자가 이 명령에 따라 행동하기 전에, 그 음성이 미래 시제로 바뀌면서 두 인물을 소개한다. 그들은 바로 "나의 두 증인"으로서 베옷을 입고 1,260일 동안 예언할 자들이다(11:3). 그들이 하는 예언 활동의 기간은 선견자가 측량하도록 명령받은 성전의 바깥 뜰을 이방 나라들이 짓밟는 기간과 일치하는데, 이것은 아직 이행하지 않은 측량 명령과 두 증인의 행위를 연결짓는 것이다. 그 음성은 두 증인을 "이 땅의 주 앞에 서 있는 두 감람나무와 두 촛대"라고 모호하게 말하며(11:4), 스가랴 4장의 "두 감람나무"(sons of oil)를 암시한다. 두 증인은 입에서 불이 나오며 적들을 삼켜버릴 수 있는데, 이는 대결 구도에서 이루어지는 예언 담화(confrontational prophetic speech) 전승과 특히 엘리야에 근거하는 것이다(렘 5:14; 집회서 48:1). 이 두 증인은 비를 멈추게 하고(왕상 17:1에 나오는 엘리야와 같다) 물을 피로 바꾸며 땅을 여러 재앙으로 칠 수 있는(출 7:17-24) 권세를 가지고 있기도 하다.

두 증인의 예언 활동 기간 동안의 권세에도 불구하고, 무저갱에서 올라온 짐승은 전쟁을 일으켜 그들을 이기고 죽였다(계 11:7).[2] 두 증인의 시체는 큰 도시, 즉 소돔이자 애굽 곧 주님께서 못 박히신 곳(11:8)의 길거리에 놓여 있었고, 많은 사람들은 삼일 반 동안 이들을 보며 감탄했다. 이 사람들은 두 증인이 세상의 거민들을 괴롭게 했던 것 때문에 이들의 시체를 보고 흡족히 여기며 서로 예물을 교환했다. 삼일 반 후에 하나님의 영이 두 증인 속에 들어

---

2. 참조, 계 13:1, 11에 나오는 바다와 땅의 짐승들.

갔고, 이들은 하늘로 소환됐다(11:12). 이들이 떠나고 지진이 일어나 도시의 10분의 1이 파괴되고 칠천 명이 죽었다. 생존자들은 두려워하며 하나님을 경배했다(11:13). 그리고 때마침 요한계시록 11:15에서 일곱째 천사가 나팔을 불자, 하나님 나라를 전하는 하늘의 선포가 시작되고 보좌 주변에 있던 이십사 장로들이 경배하는 내용이 이어진다. 하늘 성전이 열리고, 언약궤가 보이며, 번개와 음성들과 우레와 지진과 큰 우박이 우주를 뒤흔든다. 이것이 마지막이다.

이 두 증인은 요한계시록 11장에 펼쳐지는 종말론적 시나리오에서 불가사의하면서도 매우 중요한 역할을 한다. 이 기간은 하나님의 예언적 증인과 땅의 거민들 사이의 갈등으로 특징지어지는데, 이 갈등은 짐승의 출현으로 격렬해진다. 두 증인의 사역은 하나님의 통치로 이어지는, 패배의 문턱에서 얻은 승리(부활과 승천)에서 절정에 이른다. 그러나 증인들의 종말론적인 역할을 맥락화하여 그들이 가진 이로운 권능을 사용하지 않은 이유를 이해하는 데 어떤 전통이 도움을 줄 수 있을까?

요한계시록 11장과 제2성전기 문헌 사이의 수많은 연관성이 동원될 수 있지만, 나는 두 증인의 행동 및 이들과 『에스라4서』 13장(바다에서 온 사람)과의 관계가 가지는 종말론적인 의미에 초점을 맞출 것이다. 『에스라4서』를 두 증인 내러티브와 함께 읽으면, 본문의 종말론적인 긴장이 고조되고, 이 두 예언자의 이상한 행동과 능력이 맥락화된다.

『에스라4서』

("바다에서 온 사람")

『에스라4서』 3-14장은 주후 70년 로마의 제2성전 파괴를 둘러싸고 있는 문제들을 해결하기 위해 바벨론의 성전 파괴를 문학적 구조물로 사용한다. 여기에는 에스라가 받은 매우 상징적인 일곱 개의 환상이 포함되어 있다. 이 환상들은 출애굽의 언어와 영감받은 경전 작품에 대한 에스라의 예언적 복원을 사용하여 시대의 끝에 정점에 이른다(『에스라4서』 14:1-48).[3]

폭력적인 해결

『에스라4서』의 여섯 번째 환상—바다에서 온 사람(13:1-58)[4]—에서 에스라는 한 사람이 바다에서 올라오는 것을 보는데, 이 사람은 구름을 타고 날아가며 그 음성을 듣는 자들을 마치 불길에 노출된 것처럼 녹인다.

> 칠 일 후 내가 밤에 한 꿈을 꾸었다. 보라, 한 바람이 바다에서부

---

3. 『에스라4서』에 대한 더 많은 정보를 위해서는 이 책의 제4장에 나오는 다나 M. 해리스의 글(『에스라4서』와 요한계시록 5:1-14 [메시아의 동물 이미지])을 보라.

4. 이 장면의 이미지는 『에스라4서』에 나오는 앞선 환상 자료(11:1-12:51에 나오는 "독수리 환상")와 밀접한 관련이 있으며 다니엘 7장에 빚을 지고 있다. 참조, Stone, *4 Ezra*, 384.

터 일어나 그 모든 파도를 뒤흔들었다[참조, 단 7:1-2]. 그리고 내가 보았는데, 이 바람은 사람의 형상 같은 무언가를 바다의 중심에서 올라오게 했다. 그리고 나는 그 사람이 하늘 구름을 타고 날아가는 것을 보았는데, 그가 보려고 얼굴을 돌리는 곳마다 그의 시선 아래에 있는 모든 것이 떨었다. 그리고 그의 음성이 입에서 나올 때마다, 그 음성을 듣는 모든 자들이 밀랍이 불을 만나서 녹는 것처럼 녹아내렸다. (『에스라4서』 13:1-4)[5]

그를 대적하는 셀 수 없는 무리가 전쟁하기 위해 모였고, 이에 대한 반응으로 그 사람은 산을 잘라서 무리가 있는 곳으로 날아갔다(13:5-7). 무리가 그 사람에게로 진격할 때 긴장은 공개적 충돌이 되었다. 무리는 그 사람의 입에서 나오는 불에 의해 완패당했고, 적대적인 무리가 있던 자리에는 재와 연기 냄새만 남게 된다(13:8-11; 참조, 사 11:4; 호 10:10-11). "그의 혀에서 불꽃 폭풍이 나왔다. 불줄기와 타오르는 입김과 큰 폭풍이 함께 섞여서 싸울 태세로 돌진해 오는 무리 위에 떨어졌고, 그들 모두를 태워버렸다. 그러자 갑자기 수많은 무리 중에 그 어떤 자도 보이지 않게 되었고, 오직 재의 먼지와 연기 냄새만 남게 되었다"(『에스라4서』 13:10b-11). 이 승리가 있은 후 그 남자는 산에서 내려와 평화의 무리를 일으켰다(13:12-13).

---

5. Bruce M. Metzger, "The Fourth Book of Ezra: A New Translation and Introduction," in *The Old Testament Pseudepigrapha*, ed. J. H. Charlesworth (Garden City, NY: Doubleday, 1985), 551에서 가져온 번역이다.

즉각적인 심판

긴 요청(『에스라4서』 13:14-24)이 있고 난 뒤에, 환상이 해석되면서 바다에서 온 사람이 하나님의 아들임이 확인된다(13:26, 32). 그분의 등장으로 인해 땅에는 혼란이 발생하고 군사 충돌이 일어난다. 국가 간의 충돌 외에(13:31-32), 이 사람은 자신을 반대하는 군대를 하나로 만든다(13:33-34). 하나님의 아들인 자가 서 있는 산은 시온이고, 이곳은 그가 나라들을 심판하는 단상(platform)이다(13:35-38). 그는 심판에서 "평화의 무리"(13:39)를 모으는데, 이들은 살만에셀이 강 건너 다른 땅으로 데려간 열 지파다(13:40-41; 참조, 왕하 17:1-23). 그러나 이 포로들이 "열국의 무리를 떠나" 율법을 지키기 위해 인적이 없는 땅에 머물기로 했을 때 살만에셀의 계획은 무산된다(『에스라4서』 13:41-43; 참조, Josephus, *Ant.* 11.133; 『시빌라의 신탁』 2.170-173; 『모세의 유언』 3:4-9; 4:9). 이 지파들은 "마지막 때"까지 그 땅에 거주할 것이고, 곧 다시 되돌아 올 것이다(『에스라4서』 13:46-47).

요한계시록 11:1-19
("나의 두 증인")

『에스라4서』 13장의 군사적으로 승리하는 메시아와 요한계시록 11장의 두 증인은 많은 부분에서 주제적인 유사점을 공유한다.

표 10.1: 『에스라4서』 13장과 요한계시록 11장의 공통된 특징

『에스라4서』 13장	요한계시록 11장
바다에서 온 사람의 설명되지 않은 외모 (13:1-3)	증인들의 설명되지 않은 외모(11:13)
구름을 타고 날아감(13:3)	구름을 타고 하늘로 올라감(11:12)
폭력과 불을 통해 전쟁에서 승리함 (13:10)	그들을 해하고자 하는 자들을 불로 죽이는 능력(11:5)
시온에 서 있음(13:35-36)	예루살렘에 위치함(11:8)
시온이 미래에 도래할 것이라는 기대 (13:36)	새 예루살렘을 기대하는 성전 이미지 (11:1-2, 19; 21:1)
두려워하는 무리의 종말론적인 반대 (13:5)	종말론적인 반대와 나라들(11:7)

　　이 장면은 둘 다 종말 직전의 상황을 묘사하면서 구름을 타고 여행하는 종말론적 인물들의 역할을 서술한다. 서술된 사건들은 (적어도 비유적으로는) 예루살렘에서 발생하고, 두 증인과 바다에서 온 사람은 큰 무리의 반대를 받는다. 요한계시록에 나오는 두 증인의 행위를 거의 동시대의 작품인 『에스라4서』에 나오는 종말론적인 인물과 연결하면 처음에 우리에게 어려웠던 텍스트를 이해하는 데 도움이 된다. 『에스라4서』로 인해, 낯선 두 증인이 헤게모니를 가지게 된다는 것에 대한 부담을 덜게 된다.

수동적인 저항

『에스라4서』와 요한계시록 11장 사이의 관계는 그 둘 사이의 많은 차이점이 보여주듯이 직접적이지 않다. 그러나 이 차이점들은 우리가 종말에 대한 요한계시록의 극적인 환상 중 하나를 이해하는

데 배후에서 빛을 비춰주기도 한다. 이 두 전승 사이의 주된 차이는 갈등이 발생하는 방식이다. 『에스라4서』 13장에서 그 사람은 한 산의 높은 곳에 앉아서 자신을 대적하기 위해 모인 엄청난 무리를 대대적으로 물리치고, 그들을 먼지와 연기로 만들어버린다. 그러고 나서 그 남자는 평화의 무리를 자신에게로 소집하는데, 이는 상징적으로는 이스라엘을 시온 주변에 재건하는 일이자 결정적으로는 가장 돌이킬 수 없는 형태로 포로 생활을 종식시키는 일이다. 그는 오랫동안 기다려온 포로 생활의 종식을 실현하는 승리의 정복자다. 반대로 요한계시록의 두 증인은 그들과 관련해서 열거된 능력들에도 불구하고 굉장히 수동적이다. 화자는 그들이 대적들을 죽일 **수 있었지만**, 그러지 않았음을 이야기한다. 그들에게는 하늘을 닫을 권세가 있지만 그들은 그렇게 하지 않았다. 심지어 무저갱에서 올라온 짐승과의 투쟁에서도 증인들은 쉽게 정복될 수 있는 수동적 대상이었다(계 11:7). 또한 증인들의 부활도 외부적인 힘에 의해, 즉 그들의 시체가 하나님으로부터 오는 생명의 영을 수동적으로 받아들이는 것을 통해서 일어났다(11:11). 이 두 증인은 종말론적인 폭력에 대한 요한계시록의 반응과 우주적 전쟁의 결과를 전형적으로 보여 준다. 그것은 공격할 수 있는 선택권이 있음에도 불구하고 수동적으로 저항함으로써 결국 하나님의 역사로 승리하게 된다는 것이다. 『에스라4서』의 군사적 메시아는 요한계시록의 메시아(죽임 당한 어린양) 안에 내재한 수동적 저항 모델과 다르고, 효과적인 예언적 증언에 대한 해석과도 다르다.

연기된 심판

이 개념은 두 이야기가 종말 이해에 있어서 어떻게 다른지를 보여준다. 『에스라4서』 13장의 환상은 그 사람이 적들을 파멸시키는 생생한 묘사와 평화의 무리를 모으는 것으로 끝나는데, 이것은 경건하지 않은 나라들에 대한 메시아의 예언자적 심판(13:37-38)과 포로 생활의 종식으로 해석되는 행동이다. 이 텍스트에서 메시아는 효과적으로 심판을 행하고 군사적 충돌 후에 하나님의 백성을 재건한다. 이와는 달리 요한계시록 11장의 이야기는 예수의 행동에 근거한 메시아적 모델을 따르면서도 그들 자신이 메시아는 아닌 두 명의 예언자적 인물에게 초점을 맞추면서 더욱 미묘한 차이를 드러낸다. 증인들의 직접적인 행동에 의해서가 아니라 일곱 번째 천사가 나팔을 불자 종말이 시작되면서(계 11:15), 하나님 나라의 도래와 하늘의 예배, 그리고 하늘 성전의 열림과 대재앙이 이어진다. 요한계시록 전체는 21-22장에 나오는 새 예루살렘의 도래에 대한 서곡이다. 그러나 11장은 갑작스러운 심판(11:18), 하늘과 땅의 경계를 흐릿하게 함, 하나님과 그의 메시아의 통치(11:15)가 이 마지막을 특징짓는 인상을 준다. 종말의 전개 방식이 이 전승들에서 달리 나타난다.

요한계시록 11장과 『에스라4서』 13장 사이에 직접적인 문학적 관계가 부족함에도 불구하고 이 두 텍스트는 두 증인의 행위와 그 행위의 결과를 맥락화하는 많은 개념적 유사점을 공유한다. 이 유사점은 두 증인이 가진 강력한 능력을 설명해 주고 이들이 그 능

력을 사용하기를 꺼린다는 예상 밖의 특징과 더불어 놀랍게도 그
들이 짐승에게 패배한다는 사실을 부각시킨다. 그러나 하나님 나
라의 도래로 이어지는 두 증인의 부활 경험은 『에스라4서』 13장
과 유사한 시나리오가 아니라, 요한계시록 12장에서 붉은 용에게
서 벗어나 하늘로 들려 올라가고 19장에서 말을 탄 승리자로 돌아
오시는 예수의 생애에 의해 영향을 받았다. 비록 예수께서 11장에
서 딱 한 번만 간접적인 방식으로 확인되기는 하지만(계 11:15), 그
분은 여전히 내러티브와 종말론적 시나리오의 윤곽을 결정짓는
중심인물이다. 증인들의 예언자적 사역이 종말론적 예언자의 원
형인 엘리야와 밀접하게 연결되어 있다고 하더라도 그들은 내러
티브와 종말론적 시나리오의 일부일 뿐이다.

더 읽을거리

추가적인 고대 문헌

요한계시록 11장과 제2성전기 유대 문헌 사이에는 많은 또 다른
의미 있는 유사점이 존재한다. 가장 분명한 것은 에스겔 40-48장
에서 비롯된 하늘 측량 전승인데, 이는 쿰란에서 나온 『새 예루살
렘』 텍스트(1Q32, 2Q24, 4Q554, 4Q554a[?], 4Q555, 5Q15, 11Q18),[6] 『성전 문

---

6.   참조, Lorenzo DiTommaso, The Dead Sea *New Jerusalem Text*, TSAJ 110
      (Tübingen: Mohr Siebeck, 2005).

서』, 『에녹1서』 61:1-5에도 나온다. 이것들은 경계와 보호에 초점을 두지만, 하늘 측량 전승을 활용하는 것에 있어서 기능적인 다양성이 있다. 또한 잘 알려지지 않은 전승은 언약궤와 관련되는데, 이것이 가장 분명하게 나타난 텍스트는 마카비2서 2:6-8과 『바룩2서』 6:1-9이다. 이 전승은 주로 포로기의 끝과 포로기 이전에 이스라엘이 누리던 유산의 회복에 관한 것이다. 더 구체적으로, 요한계시록 11:4은 스가랴 4:14을 암시하고, 이것은 쿰란에서 나온 파편 사본—4QCommentary on Genesis C (4Q254 4)—에 암시된 어구다. 엘리야 전승(참조, 왕상 17:1-19:18)도 요한계시록 11장과 『에스라4서』에 나오는 공통 전승과 연결된다. 예를 들면, 초기 유대교와 기독교에서 탁월한 종말론적 예언자의 전형인 엘리야를 보라 (예, 막 9:9-13; 15:35; 눅 1:17; 4:25-27; 9:8; 참조, 신 18:18; 말 4:5-6).

원문 영어 번역과 비평본

NETS (2 Esdras)

NRSV (2 Esdras)

Metzger, Bruce M. "The Fourth Book of Ezra: A New Translation and Introduction." Pages 517-59 in vol. 1 of *The Old Testament Pseudepigrapha*. Edited by James H. Charlesworth. Garden City, NY: Doubleday, 1985.

Wong, Andy, with Ken M. Penner and David M. Miller, eds. "4 Ezra." In *The Online Critical Pseudepigrapha*. Edited by Ken

M. Penner and Ian W. Scott. 1st ed. Atlanta: Society of Biblical Literature, 2010. www.purl.org/net/ocp/4Ezra.

이차 문헌

Allen, Garrick V. *The Book of Revelation and Early Jewish Textual Culture*. Cambridge: Cambridge University Press, 2017.

―――――. "The Reuse of Scripture in 4QCommentary on Genesis C (4Q254) and 'Messianic Interpretation' in the Dead Sea Scrolls." *RevQ* 27 (2015): 303–17.

Herms, Ronald. *An Apocalypse for the Church and for the World: The Narrative Function of Universal Language in the Book of Revelation*. BZNW 143. Berlin: de Gruyter, 2006.

Stone, Michael E. *Fourth Ezra*. Hermeneia: A Critical and Historical Commentary on the Bible. Minneapolis: Fortress, 1990.

제11장
『아담과 이브의 생애』와 요한계시록 12:1-17
(사탄의 반란)

아치 T. 라이트(Archie T. Wright)

성경과 초기 유대 문헌에는 사탄의 타락과 관련해서 읽을 수 있는 경우가 몇 가지밖에 없다. 학자들은 에스겔 28:11-19과 이사야 14:3-20이 교만으로 인한 사탄의 타락을 묘사한다고 제안해 왔다. 그러나 주석적인 증거를 토대로 볼 때, 두 본문의 경우 저자는 사탄이 아니라 인간인 왕을 가리키고 있다. 사탄의 타락을 묘사한다고 생각되는 세 번째 본문은 누가복음 10:18이다. 그러나 이것은 종말론적 사건(아마도 계 12장)이나 다른 가능성 있는 해석과 관련된 예수의 예언적 선언이라고 주장할 수도 있다. 사탄/마귀는 신약성경에 여러 번 언급되지만, 지적한 바와 같이 그가 소위 영광을 잃게 됐다는 것은 거의 언급되지 않는다. 요한계시록 12장이 그런 경우 중 하나다.

　사탄의 타락을 설명하는 또 다른 텍스트는 『아담과 이브의 생애』12:1-17이다. 『아담과 이브의 생애』는 요한계시록 12장과의 중요한 유사점—개념, 어휘, 이미지—을 제공한다. 앞으로 살펴보겠지만 그런 유사점들은 요한계시록 연구의 중요한 배경을 제공할 뿐만 아니라, 요한계시록의 저자가 아담과 이브에 대한 초기 유대교의 서술에 사용된 전승을 잘 알고 있음을 시사하기도 한다.

『아담과 이브의 생애』

("내가 너로 인해 땅으로 쫓겨났다")

『아담과 이브의 생애』는 창세기 3-5장에 대한 미드라쉬적 해석으로 독자들에게 아담과 이브가 겪은 동산 이후의 경험에 대한 환상을 제공한다.[1] 슬라브어와 아르메니아어 텍스트가 존재하기는 하지만, 이 이야기에 대해 사람들이 알고 있는 가장 초기 해석은 그리스어 텍스트(*LAE* 또는 『모세의 묵시』)와 라틴어 텍스트(*Vita*)로 전해졌다. 라틴어 텍스트는 여러 사본으로 남아 있으며, 그중 가장 초기의 것은 주후 9세기의 것이고 다른 사본은 14세기와 15세기의 것이다. 몇몇 학자들은 주전 1세기의 히브리어 원본이 있었고 이

---

1. '미드라쉬'라는 용어는 단순히 역사 비평적 의미보다 성경 본문을 더 깊이 있게 주석하는 것을 나타낸다. 저자는 본문을 다양한 각도에서 검토하고 즉각적으로 분명하지 않은 해석을 제시하면서 성경의 진정한 의미를 이해하려고 노력한다.

원본을 주후 1세기에 그리스어로 번역한 것이라고 제안한다.[2] 라틴어 텍스트는 그리스어에서 번역됐을 가능성이 있지만, 주후 2세기와 4세기 사이에 히브리어에서 번역되었을 가능성도 있다.[3] 그러나 그리스어 판본과 라틴어 판본의 내용에 있어서 상당한 차이가 있다는 것은 복잡한 번역 과정이 있었음을 시사한다.

천사의 기능

『아담과 이브의 생애』의 두 가지 판본은 창세기에 나오지 않는 중요한 세부 사항들로 동산에서 일어난 사건을 묘사한다. 네 명의 대천사와[4] 그 지도자 미가엘을[5] 포함한 천사 존재에 대한 주목할 만한 언급들이 있다. 미가엘은 아담이 죽은 후에 그의 몸과 영혼을 호위하는 것을 포함하여 중요한 기능을 수행한다(Vita 22:2). 미가엘은 하나님과 인간 사이의 가장 중요한 전령 역할을 하기도 하며(LAE 2:1; 3:2; 49:2), 요한계시록 12장에 나오는 천사장과 동일한 역할을 하는 것처럼 보이기도 한다.

---

2. M. D. Johnson, "Life of Adam and Eve," in *The Old Testament Pseudepigrapha*, vol. 2, ed. James H. Charlesworth (New York: Doubleday, 1985), 251.

3. *Vita* 29:8은 파괴에 대한 어떤 논의도 없이 유대교의 두 번째 성전을 언급하는데, 이는 기본 텍스트가 주후 70년 이전 그리고 로마인들에 의해 예루살렘이 파괴되기 전이었음을 나타낸다. 그러나 이 사본이 가장 신뢰할 만한 라틴어 사본은 아니라는 점을 유의해야 한다.

4. *LAE* 32; 40:2; *Vita* 21:2; 22:2; 41:1; 46:3.

5. *LAE* 2:1; 3:2; 7:2; 17:1; 22장; 33:3; 36:1, 3; 37:3-6; 49:2.

사탄의 기능

선한 천사에 대한 묘사와 더불어, 그리스어 텍스트(*LAE* 또는 『모세의 묵시』)와 라틴어 텍스트(*Vita*)는 사탄/마귀를 여러 번 언급하기도 한다. 이들의 주요 기능 또는 임무 중의 하나는 "탐욕이라는 악한 독약을 통해" 인간들이 죄를 짓도록 고무시키는 것이다(*LAE* 19:3; 25:4; 28:3; *Vita* 15:3; 17:1). 사탄은 죽음과 더불어 자연 세계에 존재하는 다양한 질병에 대한 원인이기도 하다(*LAE* 2:4; 14:2; 8:2; 10-12; 20:3; *Vita* 34-35; 37-39).[6] 라틴어 텍스트 17:1은 적어도 아담의 외침에 따르자면 사탄의 한 가지 또 다른 기능이 인간의 영혼을 파괴하는 것임을 지적한다. 기만은 사탄의 주된 활동 방식이 분명한데, 이는 사탄이 이브가 주님의 길에서 떠나도록 유인하기 위한 두 번째 노력에서 자기를 천사의 광채로 가장한다는 사실을 들었기 때문이다(*Vita* 9:1-5; 참조, "광명의 천사", 고후 11:14).

사탄의 타락

두 판본 사이의 주요한 내용 차이 중 하나는 라틴어 텍스트(*Vita* 12:1-17:3)에는 그리스어 텍스트(*LAE*)에 없는 사탄의 타락에 대한 내용이 포함되어 있다는 것이다. 라틴어 텍스트에 나오는 사탄 이야기는 사탄이 선재하던 타락한 천사라고 단언하는데, 여기서 선재한다는 말은 인간과 비견해서 인간 이전에 존재했었다는 말이지, 반드시 창조 사건 자체와 관련해서 선재한다는 말은 아니다. 이

---

6. 『아담과 이브의 생애』에 대한 모든 번역은 나의 것이다.

이야기에서 마귀는 스스로 자신이 하늘에서 떨어진 이유를 설명하면서 자신에게 처한 비극을 아담 탓으로 돌리며 그를 비난한다("너로 인해 내가 땅으로 쫓겨났다", 12:1). 라틴어 텍스트 13:2에서 마귀는 인간(아담)이 창조되었을 때 하나님께서 아담 안에 생기를 불어 넣으셨고, 그가 하나님의 형상대로 지음 받았음을 설명한다. 하늘의 천사장인 미가엘은 아담을 모든 천사들 앞으로 데리고 왔고, 천사들이 하나님 앞에서 아담을 경배하게 했다(13:3). 미가엘이 "주 하나님의 형상을 경배"할 때 그는 천사들에게 귀감이 되었고, 그리고 나서 마귀에게 "이 야웨 하나님의 형상을 경배하도록" 요구했다.

그러나 마귀는 미가엘의 지시를 거부하며 "나는 아담을 경배하지 않는다"라고 말했다. 그럼에도 불구하고 미가엘은 계속해서 마귀와 다른 자들에게 경배하라고 강요했다(14:2-3). 그리고 나서 마귀는 자신이 거부하는 이유를 말한다. "나는 나보다 열등하고 내 뒤에 창조된 자를 경배하지 않을 것이다. 오히려 그가 나를 경배해야 한다." 저자는 마귀가 자기 아래에서 활동하는 천사들을 거느리고 있으며(15:1), 그들 역시 아담을 경배하기를 거부했다고 말한다. 미가엘은 그 천사들에게 한 번 더 기회를 주며, 아담을 경배하는 것과 하나님의 진노를 받아들이는 것 사이에서 하나를 선택하게 한다(15:2). 이에 마귀는 철저한 반란의 위협으로 응답하며 "자기 보좌를 하늘의 별들 주위에 세우고 가장 높은 자가 될 것이다"라고 말한다(15:3). 이것은 이사야 14:13-14에 나타나는 반란 전승을 암시할 수 있다. 거기에서 바벨론 왕은 자기 왕좌를 하나님의 보좌 위에 세운다. 라틴어 텍스트 16:1에서 마귀는 이 반역으로 인해 주님께서 마귀와 그의 천사들을 (그날까지 그들의 것이었던) 하늘 영광으로부터 추방하셨고, 그들을 땅으로 던지셨다고 말한다(참조, 계 12:8-9). 앞으로 살펴보겠지만, 이러한 내용은 요한계시록 12장에 보도된 환상을 이해하기 위한 잠재적인 배경을 제공한다.

요한계시록 12:1-17

("큰 용이 내쫓겼다")

여자와 용의 이야기

우리가 다루는 본문은 요한계시록 12:1이 아니라 11:19에서 시작하는 것처럼 보인다.[7] 11:19에서 저자는 하나님의 하늘 성전이 열리고 언약궤가 나타나는 것을 통해 하늘에 나타날 첫 번째 큰 표적에 대한 배경을 제시한다. 이때 하늘에 큰 요란한 소리와 지진이 있고 하늘에 큰 표적이 나타나는데, 이것은 묵시 용어로 묘사된 한 여자—해를 옷 입고 발 아래에는 달이 있고 머리에는 열두 별의 관을 쓰고(12:1) 곧 출산하려 하는(12:2) 여자—에 대한 것이다. 이 여자는 이야기의 주인공에 해당된다.

---

7. 계 11:19은 가톨릭 교회의 성구집에서 12:1-6, 10과 함께 성모 승천 대축일에 읽힌다.

그리고 나서 저자는 요한계시록 12:3에서 하늘에서 적대자와 관련된 두 번째 큰 이적이 보였다고 말한다. 이 인물은 머리가 일곱이고 열 뿔과 일곱 왕관을 지닌 큰 붉은 용으로 묘사된다. 그 큰 용은 12:9에서 "마귀라고도 하고 사탄이라고도 하는 옛 뱀"으로 확인된다.[8] 12:4에서 우리는 "그 꼬리가 하늘의 별 삼분의 일을 끌어다가 땅에 던졌다"는 말을 듣게 된다. 그런 다음 저자는 첫 번째 큰 이적에 나오는 여자가 철장으로 만국을 다스릴 남자아이를 낳는다고 말한다(12:5). 그러나 이 아이는 하나님께로 '들려' 올려졌는데, 우리는 누구 또는 무엇에 의해서 이렇게 되었는지는 듣지 못한다.

사탄의 타락

여기서 우리의 목적과 가장 많이 관련되는 부분은 요한계시록 12:7에서 시작된다. 요한계시록 12:7-9이 12장의 주된 줄거리인 여자와 용에 관한 이야기에 삽입된 방백처럼 보이지만, 여기에 사탄의 타락이 짧게 언급된다. 저자는 하늘에서 천사장 미가엘과 그의 천사들이 용/사탄과 그의 천사들에 맞서는 전쟁이 일어났다고 말한다(12:7). 그러나 용과 그의 천사들이 패배하여 하늘에서 추방됐다. "그러나 그[용]는 이기지 못하여 다시 하늘에서 그들이 있을 곳을 얻지 못한지라. 큰 용이 내쫓기니 옛 뱀 곧 마귀라고도 하고 사

---

8. '용'은 신약에서 13번 사용되는데, 모두 요한계시록에서만 등장한다(계 12:3, 4, 7[×2], 9, 13, 16, 17; 13:2, 4, 11; 16:13; 20:2).

탄이라고도 하며 온 천하를 꾀는 자라. 그가 땅으로 내쫓기니 그의 사자들도 그와 함께 내쫓기니라"(12:8-9). 요한계시록 12:10은 용이 패배했음을 기념적으로 선포하는데, 여기에서 저자는 하나님의 구원과 능력과 나라와 또 그의 그리스도의 권세가 도래했다는 것을 듣는다.

사탄의 기능

이 본문에서 우리는 사탄의 기능에 대해서도 듣게 된다. 사탄은 "온 천하를 꾀는" 자로 밝혀진다(12:9). 사탄의 기능은 인류를 미혹하여 그들이 하나님과 그분의 뜻을 저버리게 하는 것이다. 그는 인류를 참소하는 자이기도 하다. 흥미롭게도 저자는 아마도 구약에 나오는 사탄의 모습을 암시하는 것 같다. 사탄이 욥기 1-2장과 스가랴 3장의 하늘 법정의 구성원으로 행했던 것처럼, "참소하는 자는 … 우리 하나님 앞에서 밤낮 형제들을 참소한다"(12:10). 기묘하게도 여기 요한계시록 12장에서 저자는 이유에 대한 어떤 분명한 설명도 없이 마귀, 사탄, 용, 뱀을 바꿔가며 사용하는데, 이는 이러한 명칭들 모두가 여러 다른 전승에서 비슷한 기능을 하며 최고로 악한 인물을 상징하는 동일한 존재를 가리키고 있음을 나타낸다.

　　다행스럽게도 요한계시록의 신자들은 십자가에서 흘린 그리스도의 피로 마귀를 이겼다(12:11). 불행하게도 마귀는 자신의 역할을 수행할 시간이 얼마 남지 않았음을 알기에 큰 분노를 품고 땅에 내려왔다(참조, 눅 10:18; 요 12:31). 큰 용은 이제 자기가 땅으로 내쫓긴 것을 보고 여자를 쫓는다(계 12:13). 그러나 여자는 독수리의 두 날개를 받아 뱀에게서 도망칠 수 있었고, "한 때와 두 때와 반 때"라는 특정 기간 동안 보호받는 것처럼 보인다(12:14). 뱀은 그 입으로 물을 강같이 토하여 여자를 함정에 빠뜨리려고 시도한다(12:15). 그러나 땅은 그 입을 벌려 용의 입에서 토한 강물을 삼킴으로써 여자를 돕는다(12:16). 결과적으로 용은 여자에게 분노하고 그녀의 자녀들과 전쟁을 벌이려고 떠나는데(12:17), 이 자녀들은 그 언어가 암시하듯이 이전에 태어난 남자아이가 아니라 그리스도를 따르는 자들이다.

주된 유사점

요약하자면 요한계시록 12장과 『아담과 이브의 생애』 사이의 몇 가지 중요한 유사점은 주목할 만한 가치가 있다. 요한계시록 12:9은 사탄이 온 세상을 미혹하는 자라는 점에 주목한다. 라틴어 텍스트 9장에서는 사탄의 기능을 속이는 자로 묘사한다(또한 LAE 29:17). 왜냐하면 그가 이브를 속여 하나님께서 그녀가 티그리스 강에서 나와 회개의 기간을 끝내도록 허락하신다고 믿게 하기 때문이다. 요한계시록 12:17은 용/마귀가 나가서 여자의 자녀들과 전쟁을 벌일 것이라고 말한다. 우리는 이에 대한 가능성 있는 암시를 라틴어 텍스트 17:1-2에서 발견할 수 있다. 여기서 마귀는 자신이 하늘에서 쫓겨났기 때문에 인류의 영혼들을 파괴할 것이라고 말한다.

두 텍스트 모두 사탄의 모습을 반역하는 천사로 제시한다. 『아담과 이브의 생애』에서는 이것이 사탄의 임무가 시작되는 부분에 분명하게 언급된다. 또한 요한계시록 12장에서는 그의 임무의 끝 부분으로 이해될 수 있다. 이 인물의 기능은 각 텍스트에서 비슷하다. 사탄은 인류를 속이는 자이고, 인류를 참소하는 자이며, 그의 목표는 사람들이 하나님의 선한 계획에서 멀어지게 하는 것이다. 두 텍스트는 하늘 영역에 거하시는 하나님의 주권과 권위를 가지고 일하는 천사 존재의 계급을 제시한다. 『아담과 이브의 생애』는 인류가 야웨의 형상으로 창조됐다고 말한다(Vita에서 분명하다). 신약의 다른 본문에 비춰볼 때 요한계시록 12장에도 같은 것이 전제되어 있다. 사탄이 하늘에서 떨어진 것과 관련해서 요한계시록에는 그 어떤 분명한 설명도 주어지지 않지만, 『아담과 이브의 생애』는 왜 하늘에서 전쟁이 일어났는지, 또 왜 사탄과 그의 천사들이 땅으로 쫓겨났는지에 대한 배경을 제공한다.

더 읽을거리

추가적인 고대 문헌

다음 텍스트는 초기 기독교의 사탄의 역할과 비슷한 역할을 하는 하늘의 존재들과 영들을 묘사한다. 직접적인 유사점이 있는 것은 아니지만, 11Q13 9-15; 1QS I, III; 1QM 15-19; 「레위의 유언」 3장; 18장; 「시므온의 유언」 6:6; 「단의 유언」 5장; 『에녹2서』 29장과 31장; 『에녹1서』 6-16장과 40장; 『스바냐의 묵시』; 『희년서』 10장; 그리스-로마의 레토 신화; 『바룩3서』 4장; 이집트의 "이시스-오시리스-호루스-티폰" 신화; 『시빌라의 신탁』 3:396-400; 다니엘 7-8장은 악한 영적 존재가 인간 영역에서 기능하는 발전적인 세계관을 보여 준다.

원문 영어 번역과 비평본

Dochhorn, Jan. *Die Apokalypse des Mose: Text, Übersetzung, Kommentar.* Tübingen: Mohr Siebeck, 2005.

Johnson, M. D. "Life of Adam and Eve." Pages 249-95 in vol. 2 of *The Old Testament Pseudepigrapha*, edited by James H. Charlesworth. 2 vols. Garden City, NY: Doubleday, 1985.

Miller, David M., and Ian W. Scott, eds. "Life of Adam and Eve." In *The Online Critical Pseudepigrapha*. Edited by Ian W. Scott, Ken M. Penner, and David M. Miller. Atlanta: Society of Biblical Literature, 2006. www.purl.org/net/ocp/AdamEve.

Tromp, Johannes. *The Life of Adam and Eve in Greek: A Critical Edition.* Leiden: Brill, 2005.

이차 문헌

Anderson, Gary, and Michael E. Stone, eds. *A Synopsis of the Books of Adam and Eve*. 2nd ed. SBL Early Judaism and Its Literature 17. Atlanta: Scholars, 1999.

Harkins, Angela Kim, Kelley Coblentz Bautch, and John C. Endres, S. J. *The Fallen Angel Traditions*. CBQMS 53. Washington, DC: Catholic Biblical Association, 2014.

Heiser, Michael S. *The Unseen Realm*. Bellingham, WA: Lexham, 2015 [= 『보이지 않는 세계』, 좋은씨앗, 2019].

Levison, John R. "The Life of Adam and Eve." Pages 445-61 in vol. 1 of *Early Jewish Literature: An Anthology*. Edited by Brad Embry, Ronald Herms, and Archie T. Wright. Grand Rapids: Eerdmans, 2018.

Reed, Annette Yoshiko. *Fallen Angels and the History of Judaism and Christianity*. Cambridge: Cambridge University Press, 2005.

Russell, Jeffrey B. *Satan: The Early Christian Tradition*. Ithaca, NY: Cornell University Press, 1981 [= 『사탄』, 르네상스, 2006].

Stone, Michael E. *A History of the Literature of Adam and Eve*. SBLEJL 3. Atlanta: Scholars Press, 1992.

Tromp, Johannes. *The Life of Adam and Eve and Related Literature*. Sheffield: Sheffield Academic, 1997.

제12장
『에스라4서』와 요한계시록 13:1-18
(하나님을 모독하는 짐승)

제이미 데이비스(Jamie Davies)

요한계시록 13장에서 우리는 짐승 환상을 보게 되는데, 이 환상은 초자연적인 공포 영화와 헤비메탈 음악에서 비유적으로 등장하는 유명한 이미지다.[1] 요한의 환상이 가장 잘 알려져 있기는 하지만, 이와 같은 짐승 환상은 유대교와 기독교의 묵시문학에서 드물지 않게 볼 수 있다. 예를 들면, 다니엘 7장에서 "큰 짐승 넷이 바다에서 나왔는데" 그 모습은 날개 달린 사자, 곰, 표범, 무시무시한 뿔 달린 짐승과 비슷하다(단 7:3-8). 각 짐승은 옛적부터 계신 이(the Ancient of Days)와 영원한 통치권을 가진 "인자 같은 이"(7:13) 앞에서 심판을 받는다. 다니엘은 이 환상으로 인해 번민하지만, 천사

---

1. 예를 들면, 영화 〈오멘〉("The Omen," Richard Donner, 20th Century Fox, 1976)과 헤비메탈 그룹 아이언 메이든(Iron Maiden)의 "The Number of the Beast"(Steve Harris, EMI Records, 1982)가 있다.

안내자는 다니엘에게 그 환상을 해석해 준다. 네 짐승은 (보통 바벨론, 메대, 바사, 그리스로 해석되는) 땅의 왕국을 다스리는 네 명의 통치자를 묘사한 것으로 이들은 하나님과 그의 거룩한 자들이 다스리는 권세와 충돌한다.

이 묵시적인 짐승 환상이 작동하는 방식은 이렇다. 곧, 이 환상은 압제하는 정치 권력과 하나님의 나라 사이의 갈등에 관한 것이다. 정치적 현실에 대한 묘사는 모든 묵시 이미지에서 그러하듯이 깔끔하게 어떤 명제로 해석될 수 있는 암호화된 상징 체계가 아니라, 세상과 그 체계를 상상하는 방식을 바꾸는 변혁적 이미지로 기능한다. 이 환상은 제국의 기만적 선전을 폭로하는 강력한 형태의 반제국주의적 정치 신학이다.[2] 요한계시록 13장도 예외는 아니지만, 이 본문을 살펴보기에 앞서서 우리는 먼저 동일한 짐승 이미지를 사용하는 또 다른 텍스트인 『에스라4서』 11장을 살펴볼 것이다.

---

2.   이와 관련된 탁월한 논의를 위해서는 Anathea Portier-Young, *Apocalypse Against Empire: Theologies of Resistance in Early Judaism* (Grand Rapids: Eerdmans, 2011)을 보라.

『에스라4서』

("깃털로 덮인 날개 열둘과 세 개의 머리를 가진 독수리")

『에스라4서』는 예루살렘 성전이 무너진 후 아마도 도미티아누스의 압제적인 통치 기간(주후 81-96년)에 작성된 묵시 작품이다.[3] 이 작품에서는 '에스라'가 백성의 고난에 직면하여 하나님의 정의에 관한 질문과 씨름하는 가운데 일곱 개의 환상을 이야기해 준다. 일곱 개의 환상 중 다섯 번째는 11장과 12장에 나오는 꿈-환상이다. 에스라의 환상은 그의 "형제 다니엘"(『에스라4서』 12:11)의 환상과 마찬가지로 세계를 지배하는 나라들에 대한 질문과 관련 있다.

바다에서 나온 독수리

『에스라4서』 11:1-35에서 에스라는 한 꿈을 꾸고, "깃털로 덮인 날개 열둘과 세 개의 머리를 가진 독수리"가 "땅 위에 날개를 펼치는" 모습을 본다(11:1-2).[4] 이 독수리는 "땅과 거기에 거주하는 자들을 다스리기 위해"(11:5) 날아다니며, 온 세상을 지배한다. 이 괴물 같은 새의 날개와 머리는 복잡하고 상세하게 묘사된다. 각 날개는

---

3. 『에스라4서』에 대한 더 많은 정보를 위해서는 이 책의 제4장에 있는 다나 M. 해리스의 글(『에스라4서』와 요한계시록 5:1-14 [메시아의 동물 이미지])을 보라.

4. 『에스라4서』의 모든 영어 번역은 Bruce M. Metzger, "The Fourth Book of Ezra: A New Translation and Introduction," in vol. 1 of *The Old Testament Pseudepigrapha*, ed. James H. Charlesworth (Garden City, NY: Doubleday, 1985), 517-59에서 가져온 것이다.

크고 작은 다른 날개를 생기게 하고, 이 날개들은 잇달아 땅을 다
스리는데, 어떤 것은 길게, 또 어떤 것을 짧게 다스린다(11:11-29). 세
개의 머리 중 하나는 휴식을 취하고 있다가 깨어나서 다른 두 머
리와 동맹을 결성하여 작은 날개들을 먹어 치움으로써 "이 머리가
온 땅에 대한 통치권을 얻고 강력한 압제로 그 땅 주민들을 지배
한다"(11:32). 그런데 그때 갑자기 이 머리가 사라지고, 둘만 남는다.
그리고 한 머리는 나머지 다른 한 머리에 의해서 삼켜지고, 남아
있는 머리가 유일한 통치자로 남게 된다.

　　당혹스럽게 느껴지는 일련의 날개와 머리의 역사 속 지시 대
상을 식별하는 것이 어렵기는 하지만 주석가들은 그 주요 지시 대
상이 무엇인지 확인하는 데에는 그렇게 애를 쓰지 않았다. 왜냐하
면 독수리는 (그야말로) 로마 제국에 대한 기본적인 상징이었기 때
문이다.[5] 날개와 머리는 율리우스 카이사르부터 플라비우스 왕조
의 말기까지의 황제들을 가리킨다.[6]

숲속에서 나온 사자

그다음에 두 번째 짐승이 등장한다(11:36-12:3). 다시 보았을 때, 에

5.　로마 군대가 들고 다니는 전투 깃발에는 독수리 형상이 있었다.

6.　많은 사람들이 독수리의 세 머리와 동일시하는 세 명의 플라비우스 황제들
　　은 베스파시아누스(주후 69-79년), 티투스(주후 79-81년), 도미티아누스(주
　　후 81-96년)였다. 특히 이들 중 마지막 황제는 잔학함으로 유명하다. 예를 들
　　면, Michael Stone, *Fourth Ezra*, Hermeneia (Minneapolis: Fortress, 1990),
　　10, 361-65을 보라.

스라는 "사자 같은 짐승이 숲에서 잠자고 있다가 일어나서 으르렁
거리는 모습"(11:37)을 보게 되었다. 그러나 그 소리는 사람의 소리
였고, 사자는 지극히 높으신 분의 심판 선언으로 독수리와 맞섰다.

> 나는 세상을 다스리기 위해 네 짐승을 만들었고, 그것들을 통해
> 시대의 끝이 오게 하려고 했었다. 너는 그중 남은 짐승이 아니
> 냐? 네 번째 짐승인 너는 와서 전에 있던 모든 짐승을 정복했고,
> 세상을 많은 공포로 다스리며, 온 땅을 극심한 압제로 지배했다.
> … 너는 땅을 심판했지만, 진리로 하지는 않았다. 온순한 자들을
> 괴롭히며, 평화로운 사람들을 해쳤다. … 그래서 너의 오만함이
> 가장 높으신 분 앞에 나타났고, 너의 교만함이 전능하신 분 앞에
> 드러났다. 그리고 가장 높으신 분께서는 그분의 시대를 지켜보셨
> 다. 보라, 그 시대가 끝났고, 그의 시대도 완결되었다! 그러므로
> 너 독수리야, 너는 확실히 사라질 것이다. … 그래서 너의 폭력이
> 사라진 온 땅은 새로워지고 해방될 것이고, 모든 땅은 심판을 바
> 라며 이를 행하시는 분의 자비를 바라게 될 것이다. (11:38-46)

사자의 이 말로 인해 독수리의 남아 있는 머리가 사라졌고(12:1),
"독수리의 몸 전체가 불타기"(12:3)까지는 소란의 시기가 있었다.
　잠에서 깬 에스라는 꿈 때문에 당황스러워하며 거의 탈진하다
시피 했고, 주님께 해석을 구했다. 다니엘의 "네 번째 나라"(12:11)
를 재해석하여 독수리를 로마로 이해하는 것이 어렵지 않은 것처

럼, 사자의 이미지도 분명한 지시 대상을 가지며 해석을 통해 이를 명확하게 알 수 있다. 그것은 유다 지파의 사자, 즉 "가장 높으신 분께서 마지막 때까지 지키시는 다윗의 손에서 일어나실 메시아"(12:32)다. 그분은 오셔서 독수리를 심판하시고 꾸짖으시며, 독수리를 가장 높으신 분의 심판대 앞에 세우고, 결국에는 파멸시킬 것이다. 또한 메시아는 오셔서 압제를 견디어 낸 하나님의 백성 중 남은 자에게 자비와 구원을 베푸실 것이다. 그러므로 제국의 독수리는 하나님 나라의 기름 부음을 받은 통치자에 의해 전복되고, 이는 폭력이 다스리는 세상에 위안을 주게 된다.

요한계시록 13:1-18
("내가 보니 바다에서 한 짐승이 나오는데")

그리고 우리는 요한계시록 13장에 와서 하나가 아닌 세 짐승의 환상을 보게 된다. 첫 번째는 큰 용이다. 이 짐승은 이미 소개됐는데, 우리는 이것을 "옛 뱀 곧 마귀라고도 하고 사탄이라고도 하는" 존재로 알고 있다(계 12:9). 13장의 시작부에 이 용은 땅 아래로 던져져 "바다 기슭"에 자리를 잡고 있다(12:18). 그리고 이 장면에서 요한은 남아서 두 짐승, 곧 고대 리워야단과 베헤못처럼 바다에서 나온 한 짐승과 땅에서 나온 한 짐승 중 첫 번째 짐승이 도래하는

장면을 목격한다.[7]

바다에서 올라온 짐승

다니엘 7장에 나오는 네 짐승은 요한이 첫 번째 짐승을 묘사하기 위해 사용하는 이미지에서 다시 반향되어 나타나는데, 이 짐승은 『에스라4서』의 독수리처럼 바다에서 올라온다(계 13:1-10). 그러나 다니엘서에 나오는 짐승 중 네 번째와 동일시되는 독수리와는 다르게 요한의 환상은 네 짐승 모두가 가지고 있는 외적인 모습을 합친 것처럼 보인다. 이 일곱 머리에 열 뿔이 달린 바다 짐승은 "표범 같으면서도 곰 같은 발과 사자 같은 입을 가지고 있다"(13:2). 만약 이게 우리가 예상하는 것처럼, 정치 국가를 묘사하는 것이라면, 단순히 일련의 제국들 가운데 가장 최근의 것을 나타내는 것일 뿐만 아니라, 그중 가장 악한 제국을 상징하는 것이기도 하다.

　이 짐승은 성도들과 전쟁을 벌여 그들을 정복하고 세계적인 권세를 얻게 된다고 한다(13:7). 그러나 이 짐승의 권력은 단순히 정치적이고 군사적인 승리보다 점점 더 깊어진다. 왜냐하면 땅에 거하는 자들이 이 짐승을 따르고 예배하기 때문이다. 이러한 행위는 구약에서 하나님만을 위해서 드려지던 찬송에 등장하는 수사적 질문을 패러디한다. "누가 이 짐승과 같으랴? 누가 이 짐승과 맞서

7.　이 두 짐승—하나는 바다에서 나왔고, 다른 하나는 땅에서 나온—은 고대 유대 문헌에서 흔히 볼 수 있는 것이며(예, 욥 40:15-41:34), 고대의 다양한 창조 기사에서 발견되는 이미지를 보여 준다. 『에스라4서』 6:49-52도 이 두 짐승을 언급한다.

서 싸울 수 있으랴?"(13:4).[8] 이것은, "황금 시대"를[9] 약속하며 군사적이고 정치적인 권세로 온 세상을 정복했을 뿐만 아니라 (특히 동부 지방에서) 황제 숭배—황제 자신에게 드려진 경배—로 힘이 실린 로마 제국에 대한 세계관을 완전히 바꿔놓는 묘사다.

땅에서부터 올라온 짐승

이 짐승의 신성 모독적인 성격은 그 머리의 이름들(계 13:1)과 그 입에서 나온 말(13:5)에 나타나고, 두 짐승 중에 두 번째 짐승이 등장하면서 더욱 강조된다(13:11-18). 땅에서 일어난 이 짐승은 양처럼 뿔을 가지고 있지만, 용처럼 말한다. 이 짐승은 종교적인 목적을 가지고 있다. 숭배를 강요하고 큰 이적(왕상 18:38에 나오는 엘리야처럼 하늘에서 불이 내려오게 하는 이적을 포함하여)을 행하며 우상 숭배를 지시함으로써 [사람들을] 미혹한다(계 13:12-15). 고대 로마에서 종교 행위는 경제적이고 정치적인 삶과 분리되지 않았다. 이것은 땅의 짐승도 마찬가지다. 모든 사람들은 사고팔기 위해서 짐승의 표인 666을 받아야 한다.

요한은 우리에게 이 숫자와 관련해서 지혜와 총명을 구하라고 말한다. 그러나 그런 지혜와 총명을 어디에서 발견할 수 있을까? 요한은 우리에게 단서—"그것은 사람의 수니"(13:18)—를 주지만,

---

8. 예를 들면, 출 15:11; 시 35:10; 89:6을 참조하라.
9. 라틴어 '아우레아 새쿨라'(*aurea saecula*)는 로마 문헌과 정치 선전에서 널리 쓰이는 모티프로, 만인에 대한 평화와 풍요로운 식량 공급을 동반한 번영하는 공동체적 삶에 대한 약속을 의미한다.

이것 말고는 추측의 늪에서 길을 잃을 위험에 처해 있다. 고대의 일부 증거들이 우리에게 도움을 준다. 폼페이의 잔해 속에서 발견된 한 벽면에는 "나는 545라는 숫자의 그녀를 사랑한다"와 같은 로맨틱한 고백이 보존되어 있다. 이 고대 벽면 낙서는 '게마트리아'(gematria)라고 불리는 보편적으로 사용되는 관행의 한 예다. 고대 히브리어, 그리스어, 라틴어에서는 숫자로 문자를 표현했고, 단어와 이름에 수적인 가치를 부여하면서 재미를 느꼈다. 그리스어에서 히브리어로 음역한 "네론 카이사르"(nerōn kaisar)라는 글자의 값을 모두 더하면 666이 된다.[10] 매우 흥미로운 것은 그리스어로 된 다른 철자법인 '네로 카이사르'(nerō kaisar)는 616이 된다는 것이다. 이는 요한계시록 13:18의 일부 사본에서 발견하게 되는 이문(variant, "다른 독법")과 정확히 일치한다. 이러한 이문들이 정확히 일치할 가능성이 매우 희박하기 때문에 대부분의 학자들은 666이라는 숫자 이면에 기독교인들을 극악무도하게 박해했던 로마 황제 네로의 이름이 있다고 확신한다.

---

10. 이것은 또한 "짐승"을 음역한 단어인 '테리온'(thērion)의 값을 더한 결과이기도 하다. 게마트리아 체계의 표와 다른 많은 유용한 것들을 위해서는 Mark Wilson, *Charts on the Book of Revelation* (Grand Rapids: Kregel, 2007), 85을 보라.

표 12.1: 게마트리아 체계[11]

'네론 카이사르'(Nerōn Kaisar)	'네로 카이사르'(Nerō Kaisar)
N / נ = 50	N / נ = 50
R / ר = 200	R / ר = 200
Ō / ו = 6	Ō / ו = 6
N / נ = 50	
K / ק = 100	K / ק = 100
S / ס = 60	S / ס = 60
R / ר = 200	R / ר = 200
666	616

그러나 기억하라. 여기서 핵심은 묵시 이미지를 암호 해독하
듯이 명제로 바꾸는 것이 아니라, 이미지로서의 이미지의 힘을 인
식하면서 역사적 지시 대상을 고려하는 데 있다. 요한이 자신의
세상을 이해하는 데 끼친 이 환상의 영향은 단순히 짐승이 누구인
지를 확인하는 것을 넘어선다. 이 환상은 우리의 상상력을 재구성
하여 이러한 권세들이 주장하는 것처럼 그들이 '평화와 안전'을
가져오는 자들이 아니라[12], 신성 모독을 일삼는 짐승들로 생각하게
한다. 이들 사이의 관계는 그런 상상력 넘치는 비평이 더욱 깊어
지게끔 한다. 바다 짐승의 힘과 권세의 근원은 단순히 정치적이고
군사적인 힘만이 아니라, 사탄적인 용의 것이기도 하다(13:2, 4). 바
다 짐승은 이 권세를 땅의 짐승과 공유하고, 땅의 짐승은 바다 짐
승을 대신해서 행동하며(13:12, 14) "용처럼" 말하고(13:11), 땅에 사는

11. Wilson, *Charts on the Book of Revelation*, 86에서 수정한 것이다.
12. 라틴어 '평화와 안전'(*pax et securitas*)은 아마도 로마 제국의 선전 구호였을
    것이다. 살전 5:3을 참조하라.

자들이 바다 짐승을 숭배하게 한다(13:12). 그러므로 이 셋은 매우 밀접하게 관련된 불경스러운 삼위일체, 즉 이 세상 나라의 중심에 있는 신성 모독적인 권세다.

결론적으로, 요한계시록 13장을 『에스라4서』 11장의 맥락에서 읽음으로써 몇 가지 흥미로운 통찰을 얻을 수 있다. 요한계시록과 『에스라4서』보다 앞선 문헌인 다니엘서와 마찬가지로 이 두 문헌은 로마 제국을 오만한 짐승의 이미지로 묘사하며 기독교의 정치적 상상력을 완전히 바꿔놓는다. 이 두 문헌은 이러한 이미지가 어떻게 읽혀져야 하는지를 보여주는 탁월한 예가 된다. 끝없는 암호 해독과 무모한 추측은 현대의 해석을 고통스럽게 했고, 해석가들은 실존하는 정치 지도자 중에 어떤 사람이 요한계시록의 짐승인지를 알아내려고 애썼다. 그러나 요한계시록을 『에스라4서』와 같은 다른 묵시 작품과 비교함으로써 우리는 이 이미지의 주요 지시 대상이 21세기가 아니라 1세기에서 발견된다는 것을 알게 된다.

그러나 그렇다고 상징의 의미가 고대 역사에 달려있다는 것을 말하는 것은 아니다. 계시록의 이미지에는 지속적으로 강력한 영향력을 발휘하는, "넘치는 의미"를 가지고 있다.[13] "교만한 말과 신성 모독"(13:5)을 일삼으며 황금 시대를 약속하고 충성을 요구하는

---

13. Richard Bauckham, *The Theology of the Book of Revelation* (Cambridge: Cambridge University Press, 1993), 10 [= 『요한 계시록 신학』, 한들출판사, 2000].

어떤 정치 지도자나 체제라도 불경스러운 짐승 같은 권세자, 아마
도 용에게서 권세를 얻은 자로 새롭게 해석될 수 있다. 이러한 짐
승에 대한 우상 숭배가 나타날 때, 이에 대한 반응으로 신실한 증
언이 요구된다. 요한이 요한계시록 13:10에서 말하듯이, "이것은
하나님의 백성에게 인내와 믿음을 요구한다."

더 읽을거리

추가적인 고대 문헌

다니엘 7장의 매우 중요한 환상뿐만 아니라, 짐승 이미지를 사용
하는 고대의 다른 묵시 작품들도 있다. 예를 들면, 동물 이미지는
(종종 「동물 묵시록」으로 불리는) 『에녹1서』 85-90장에서 땅의 나라들
과 이스라엘의 역사를 말하기 위해 사용된다. 『에스라4서』의 자매
묵시서인 『바룩2서』는 같은 목적으로 다양한 묵시적 이미지를 사
용한다. 예를 들면, 35-43장의 "숲의 묵시"와 53-74장의 "구름 묵
시"를 보라. 로마의 시인 베르길리우스의 서사시인 『아이네이스』
는 로마 제국의 자기 이해를 탐구하기 위한 가장 중요한 텍스트
중 하나이다. 이 책 6권 말미에는 '신의 아들' 아우구스투스의 통
치로 인해 '황금기'가 어떻게 도래하게 되었는지를 말해 주는 유
명한 구절이 있다.

원문 영어 번역과 비평본

NETS (2 Esdras)

NRSV (2 Esdras)

Metzger, Bruce M. "The Fourth Book of Ezra: A New Translation and Introduction." Pages 517–59 in vol. 1 of *The Old Testament Pseudepigrapha*. Edited by James H. Charlesworth. Garden City, NY: Doubleday, 1985.

Wong, Andy, with Ken M. Penner and David M. Miller, eds. "4 Ezra." In *The Online Critical Pseudepigrapha*. Edited by Ken M. Penner and Ian W. Scott. Atlanta: Society of Biblical Literature, 2010. www.purl.org/net/ocp/4Ezra.

이차 문헌

Bauckham, Richard. *The Theology of the Book of Revelation*. Cambridge: Cambridge University Press, 1993.

Blount, Brian K. *Can I Get a Witness? Reading Revelation Through African American Culture*. Louisville: Westminster John Knox, 2005.

Gorman, Michael J. *Reading Revelation Responsibly*. Eugene, OR: Cascade, 2011 [= 『요한계시록 바르게 읽기』, 새물결플러스, 2014].

Hays, Richard B., and Stefan Alkier, eds. *Revelation and the Politics of Apocalyptic Interpretation*. Waco: Baylor University

Press, 2012.

Koester, Craig R. *Revelation and the End of All Things*. 2nd ed. Grand Rapids: Eerdmans, 2018 [= 『인류의 종말과 요한계시록』, 제1판, 동연, 2011].

Kraybill, J. Nelson. *Apocalypse and Allegiance*. Grand Rapids: Brazos, 2010 [= 『요한계시록의 비전』, 기독교문서선교회, 2012].

Stone, Michael E. *Fourth Ezra*. Hermeneia. Minneapolis: Fortress, 1990.

제13장
『다마스쿠스 문서』와 요한계시록 14:1-20
(두 가지 길을 보여주는 천사들)

벤 C. 블랙웰(Ben C. Blackwell)

요한계시록에는 예수를 따르는 자들에 대한 관심과 경건한 자들에 대한 관심이 반복적으로 나타난다. 14장도 이런 책의 흐름에서 뚜렷하게 벗어나는 것처럼 보이지는 않는다. 우리는 이 장에서 먼저 어린양과 144,000을 보고(계 14:1-5), 이어서 경건치 않은 자들에게 하나님의 심판을 수행하는 다양한 천사들을 보게 된다(14:6-13). 그러나 어린양을 따르는 공동체가 경건치 않은 자들로부터 전면적인 박해를 받는 것과는 달리, 새로운 마귀적 인물들—용, 바다에서 올라온 짐승, 땅의 짐승—은 하나님과 그분의 백성에게 가하는 박해 이면에 있는 중심인물로 등장한다(12-13장). 용의 계획은 "그 여자의 남은 자손 곧 하나님의 계명을 지키며 예수의 증거를 가진 자들과 싸우려는 것"이다(12:17). 이것은 중요한 질문을 제기한다. 박해에 직면하여 하나님의 백성에게는 어떤 일이 일어날까? 그리고 용과 짐승을 따르는 대다수의 인류에게는 어떤 일이 발생할까?

요한계시록 14장은 묵시적 틀 안에서 두 가지 질문을 다룬다. 하나님께서는 두 가지 구별되는 길, 즉 축복으로 가는 거룩의 길과 형벌로 가는 악의 길을 제시하심으로써 신적인 계획을 실행하신다. 우리에게는 매우 놀랍겠지만, 이런 개괄적인 접근 방식은 고대 문서에서 독특한 것이 아니다. 수많은 제2성전기 유대 문헌은 유대인들이 이교도의 압제에 직면해서 어떻게 언약에 신실해야 하는지를 설명할 때 그런 유형의 렌즈를 사용한다. 제2성전기 문헌 중 『다마스쿠스 문서』는 요한계시록과의 몇 가지 독특한 유사성을 공유하는데 이를 통해 우리는 계시록을 더 잘 이해할 수 있을 것이다.

『다마스쿠스 문서』

("벗어난 자들을 향한 모든 멸망의 천사의 손에 있는 불의 화염")

『다마스쿠스 문서』는 사해문서가 발견되기 전에 우리가 접할 수 있었던 유일한 쿰란 분파의 문서다. 이 문서는 19세기 후반에 벤 에즈라 회당의 카이로 게니자에서 발견됐지만,[1] 그 본래 출처는 쿰

---

1. 게니자는 묘지에 묻히기를 기다리는, 낡거나 더 이상 사용하지 않는 신성한 문서를 위한 (임시) 저장 공간이다.

란 공동체(또는 이와 비슷한 공동체)이다.[2] (카이로 『다마스쿠스 문서』는 약칭
으로 CD로 불린다.) 쿰란 텍스트의 대부분이 다양한 유대교 집단에서
통용됐기에 분파적이지 않은 문서로 묘사된다. 이와는 대조적으
로 『다마스쿠스 문서』를 비롯한 『공동체 규율』(1QS), 『전쟁 두루마
리』(1QM), 『호다요트』(1QHª)와 같은 문서는 분파 문서다. 왜냐하면
이 문서들이 다른 유대교 집단과 달리 쿰란 공동체처럼 분파적 유
대교 집단의 뚜렷한 정체성을 나타내기 때문이다.[3] 『다마스쿠스
문서』를 더 큰 구속사적 틀에 위치시키면, 이 문서는 언약 공동체
의 신학적 정당성을 설명해 주고, 공동체의 일원으로서 어떻게 살
아가야 하는지에 대한 규칙을 제공해 준다.

두 가지 다른 길

이 공동체는 구약 예언서에 세부적으로 기록된 포로와 (부분적) 귀
환의 역사로부터 자신들을 언약에 신실한 상속자로 여긴다. 열방
의 악함은 기정사실이다. 그래서 이 텍스트는 의의 교사(the Teacher
of Righteousness)를 따라서 진실하게 언약을 지키는 유대인들과 부
분적으로 언약을 지키는 (그래서 신실하지 않은) 유대인들 사이의 경

---

2. 카이로 문서는 중세 시대의 것이지만(주후 10-12세기), 원래 텍스트는 제2성
   전기까지 거슬러 올라간다. 왜냐하면 쿰란에서 10개의 사본이 발견되었기
   때문이다(4Q266-73; 5Q12; 6Q15).

3. John J. Collins, *Beyond the Qumran Community: The Sectarian Movement of
   the Dead Sea Scrolls* (Grand Rapids: Eerdmans, 2009) [= 『사해 사본과 쿰란
   공동체』, 쿰란출판사, 2012].

계에 초점을 맞춘다. 이 후자 집단의 신실하지 못함으로 인해 "언약의 저주가 그들에게 달라붙고 그들은 언약의 복수를 수행하는 칼에 넘겨질 것이다"(『다마스쿠스 문서』 1:17-18).[4]

이 문서는 계속해서 신실하지 못한 지도자(아마 바리새인)와 그들이 속한 공동체의 성격을 묘사한다.

> 그들은 쉬운 해석을 구하고, 망상을 택하며, 빠져나갈 구멍을 면밀히 조사하고, 목을 당당하게 하며, 죄인에게는 무죄를, 의인에게는 유죄를 선언하고, 언약을 위반하며 규례를 어기고, 담합하여 의인의 삶을 반대한다. 그들의 영혼은 완전하게 걷는 모든 자들을 혐오하며, 칼을 들고 그들을 끝까지 추적하고, 사람들 가운데 분쟁을 일으켰다. 이들의 모임으로 인해 하나님의 진노가 일어나 수많은 자들을 초토화시켰는데, 이는 그들의 행위가 하나님 앞에서 부정했기 때문이다. (1:18-2:1)

이 신실하지 못한 자들은 일반적인 부도덕 외에도 의로운 공동체를 박해했다. 결과적으로, 하나님의 진노가 언약의 저주의 형태로 그들 위에 부어졌고, 그들의 멸망을 가져왔다. 『다마스쿠스 문서』는 하나님의 용서를 경험하는 자들과 형벌 받을 자들을 대조한다.

---

4. 『다마스쿠스 문서』의 번역은 Florentino Garcia Martinez and Eibert J. C. Tigchelaar, eds., *The Dead Sea Scrolls: Study Edition*, vol. 1 (Grand Rapids: Eerdmans, 1997)에서 가져온 것이다.

하나님은 지식을 사랑하신다. … 인내, 그리고 죄악을 회개하는
자들을 속죄하시는 풍성한 용서도 하나님의 것이다. 그러나 그
길에서 벗어나 계율을 혐오하는 자들을 향한 힘과 권세와 모든
멸망의 천사의 손에 있는 불의 화염도 그분의 것이다. 어떤 남은
자나 생존자도 없을 것이다. 이는 태초에 하나님께서 그들을 선
택하지 않으셨기 때문이다. 하나님께서는 이들이 시인하기 전부
터 이들의 행위를 아셨고, 피 때문에 이 세대를 가증하게 여기셨
다. 그리고 이 나라, 바로 이스라엘에서 그들이 멸종할 때까지 그
분의 얼굴을 숨기셨다. (2:3-9)

하나님께서는 언약을 어겼을 때 회개하는 자들에게 용서를 베푸
시는 분이시다. 그러나 유배의 경험은 이스라엘 중 상당수가 회개
하지 않았음을 보여주었다.

중첩되는 세력들: 신, 천사, 그리고 인간

『다마스쿠스 문서』 2:3-9은 신의 역사와 인간의 작용 사이에 존재
하는 뚜렷한 긴장 상태를 강조한다. (내가 여기서 "역사, 능력, 세력, 매
개"[모두 agency의 번역어—역주]라는 말을 사용할 때, 이는 신적 주권과 인간의
자유의지를 논할 때처럼 의지와 행위를 의미한다.) 회개하는 자들에게 용서
의 희망을 제시하는 이 본문은 인간에게 돌이켜 하나님의 용서를
받아들일 수 있는 자유의지의 능력이 있음을 암시한다. 그러나 우

리는 분파 문서의 더 넓은 관점을 반영하는 더욱 결정론적인 관점
을 보게 된다. 그것은 바로 의로운 자들과 불의한 자들을 구분하
는 것이 이미 '세상의 시작'부터 있었다는 점이다. 이러한 신적이
고 인간적인 요소들 외에, 『다마스쿠스 문서』는 어떻게 마귀(벨리
알)가 "풀려나 이스라엘을 반대함으로써" 그들이 음행과 부를 추
구하며 성전을 더럽히는 행위를 하게 할지에 주목한다(4:13-19). 따
라서 형벌에 대한 책임은 당연히 인간에게 있지만, 여러 세력이
서로 중첩되게 연루되어 있다.

신, 인간, 천사 세력의 중첩은 하나님의 진노가 '멸망의 천사
들'을 통해서 부어질 때 중요한 역할을 한다. 텍스트에는 이 천사
들이 포함되기는 하지만, 이들이 어떻게 심판할지는 명시적으로
자세하게 설명되어 있지 않다. 그러나 나중에 저자는 가데스에서
약속의 땅에 들어가지 않으려는 자들의 신실하지 못함을 묘사하
면서(민 13-14장) 다음과 같이 기록한다.

> 하나님의 진노가 이 회중을 향해 불타올랐다. … 이를 통해 이 언
> 약의 첫 세대는 범죄자가 되어 칼에 넘겨졌다. 이는 이들이 하나
> 님의 언약을 저버리고 그들의 변덕스러운 생각을 선택했기 때문
> 이고, 각자 자신의 욕망대로 행하면서 마음의 완고함을 따랐기
> 때문이다. (『다마스쿠스 문서』 3:8-12)

여기에서 하나님의 진노의 본질은 칼이라는 수단을 통해 묘사된

다. 즉, 하나님의 행동이 인간 행위의 수단에 의해 이루어진다. 이것은 하나님께서 '멸망의 천사들'의 결과로 묘사했던 파괴와 유형적으로 유사하다. 따라서 우리는 여기에서 천사와 인간을 통해서 역사하시는 하나님과 더불어 매개자들이 중첩되는 것을 보게 된다.

그러므로 『다마스쿠스 문서』는 그 공동체를 불신실함에 맞서는 것으로 제시하는데, 이는 천사와 인간 안에서, 그리고 이 둘을 통해 역사하시는 하나님의 행동하심에 대한 관점과 통합된 이미지로, 우리가 앞으로 요한계시록에서 보게 될 것과 매우 유사하다.

요한계시록 14:1-20

("천사가 낫을 땅에 휘둘러 땅의 포도를 거두어 하나님의 진노의 큰 포도주 틀에 던지매")

요한계시록 14장은 우리가 『다마스쿠스 문서』에서 본 것과 유사한 이원론 유형에 호소한다. 그러나 요한의 내러티브는 인간 사건에 영향을 주는 하늘의 실재에 훨씬 더 많이 초점을 맞춘다. 두 텍스트는 논의를 더 넓은 구속사적 구조에 위치시키는데, 이는 현재와 미래를 언약 형성, 재앙에서의 구속, 유배 심판과 같은 과거 사건의 렌즈를 통해 해석하는 것이다.

두 가지 다른 길

때때로 우리는 그리스도인이 문화에 참여하는 것을 상황에 맞추어 유연하게 생각할 수 있지만, 요한계시록은 이원론적 관점을 제시하며 그리스도에 대한 완전한 헌신이나 그분의 나라에 대한 반대 중 하나를 상정한다. 우리는 요한계시록 14장에서 이것을 분명하게 보게 된다. 마귀적 짐승을 따르며 이마에 그의 표를 받는 자들과는 다르게 144,000은 예수와 아버지의 이름이 그 이마에 있고 심지어 여자와 더불어 더럽히지 않고 순결함과 흠 없음을 유지하는 자들이다. 이러한 뚜렷한 차이의 밑바탕에는 종말론적 심판의 실재가 있다. 모든 나라들은 "심판하실 때가 이르렀기 때문에 하나님을 두려워하며 그에게 영광을 돌리라"는 요구를 받는다(계 14:7). 요한계시록의 묵시적 열기가 두려움을 불러일으키는 데 초점이 맞춰져 있는 것처럼 보이지만, 그보다 여기에는 다른 두 가지 목적이 있다. 즉, 하나는 의로운 자들에게 희망을 주는 것이고, 다른 하나는 패역한 자들에게 경고하는 것이다.

이 장은 의인과 악인의 운명이 역전되는 그림을 제시한다. 의인들은 현재 고난을 받지만, 이후에는 축복을 받을 것이다. 반면에 악인들은 현재 번영하는 것처럼 보이지만, 곧 하나님의 진노를 받게 될 것이다. 이 텍스트는 먼저 의인들을 다루면서 구속받은 자들만이 아는 노래를 이들이 배울 수 있다는 사실을 통해 그들과 하나님 사이의 독특한 친밀함을 강조한다(14:3). 그러나 "인내"가 필요하다는 것과 죽은 자들에게 축복이 있을 것이라는 언급은 아마도 신자들이 박해와 순교를 경험할 가능성이 있다는 것을 보여준다(14:12-13). 요한계시록의 후반부에서는 이들이 받을 종말론적인 축복을 더 자세하게 살펴볼 것이다. 신실한 자들의 복된 투쟁과는 다르게 천사들은 하나님을 대적하는 자들에게 엄중한 경고를 전한다. 이 장의 후반부는 포도주, 포도 수확, 포도주 틀의 이미지를 사용하여 천사들을 통한 하나님의 심판을 묘사한다. 이 진노는 바벨론(14:8; 추가로 17-18장에 나오는 내용을 보라)과 짐승에게 경배하며 그 표를 받은 자들(14:9-11)에게 임한다. 우리는 아래에서 이 천사들의 중개적 역할을 다룰 때 이 심판의 본질을 살펴볼 것이다.

여기에 제시된 이원론적 시각은 『다마스쿠스 문서』의 두 가지 길 전승과 비슷하다. 『다마스쿠스 문서』는 다수의 유대 공동체와 구별된 한 유대교 분파의 정체성을 확립했지만, 요한계시록에서 이 차이는 민족적인 데 있지 않다. 현저하게 다국적인 기독교 공동체는 불신자 세상을 배경으로 한다. 그러나 『다마스쿠스 문서』와 비슷하게 유대교 내의 논의를 반영하는 담론도 있다. 예를 들면, "사탄의 회당"(2:9; 3:9)에 대한 비판이 그렇다. 그리고 144,000이 더 넓은 다국적 교회와 구별된 유대 신자일 가능성이 있지만, 다수의 학자들은 144,000이 전체 (다민족) 교회를 가리키는 것으로 본다.

중첩되는 세력들: 신, 천사, 그리고 인간

요한계시록이 『다마스쿠스 문서』와 유사한 두 가지 길 전승을 이야기하고 있기는 하지만, 중첩되는 세력들의 문제를 좀 더 자세히 살펴보면 우리는 차이점이 더 많이 존재한다는 것을 알게 된다. 『다마스쿠스 문서』는 멸망의 천사들과 벨리알을 짧게 언급하고 주로 하나님의 행위를 강조한다. 이와는 대조적으로 요한계시록은 신적 행위를 표현하기 위해 천사들의 행동을 훨씬 더 비중 있게, 그리고 더 자주 제시한다는 점에서 두드러진다. 『다마스쿠스 문서』가 천사의 행동을 강조하지 않지만, 이 행동에 대한 독특한 관심이 제2성전기 문헌에 분명하게 나타나고, 이는 구약에 나오는 사상을 발전시킨 것임을 주목하는 것이 중요하다(예, 창 18-19장; 출 11-12장). 특히 이러한 제2성전기 문헌들은 천사들을 메시지를 전하고 심판을 수행하며 의인들을 돕고 악한 권세와 싸우며 하늘에서 하나님을 섬기는 일을 하는 신적 대리자라고 말한다. 요한계시록은 이러한 전승을 강력하게 따라간다.

요한계시록의 다른 장에서는 하나님에 반대하는 악한 천사가 강조되지만, 14장은 하나님의 계획을 수행하는 천사들에 초점을 맞춘다. 처음에 이 본문은 천사들의 긍정적인 역할을 강조한다. 네 생물(참조, 계 4:6-8)과 우렛소리를 발하는 천사 무리(참조, 10:3-4; 19:6)는 구속받은 자들의 노래에 주의를 기울인다(14:2-3). 이후에 한 천사는 땅에 "영원한 복음"을 전한다(14:6). 이 장에서의 더 큰 강조점은 이어서 연속적으로 등장하는 천사들에게 있는데, 이들은 악인에 대한 하나님의 심판을 선포하고 수행한다.

14장에서 이러한 심판과 관련된 통합 이미지는 포도주다. 요한은 포도주를 마시는 것(14:8-10), 포도원에서 수확하는 것(14:14-18), 포도즙을 짜는 것(14:19-20)을 언급한다. 천사들이 전면에 나타나기는 하지만, 이 본문은 그들이 하나님의 계획을 수행하고 있음을 분명히 한다. 예를 들면, 짐승의 표를 가진 자들에 대한 천사의 심판은 "**하나님의 진노**의 포도주를 마시는 것, 곧 그 포도주는 물을 섞어서 묽게 하지 않고 **하나님의 진노**의 잔에 부어진 것"(14:10)이라고 묘사된다.[5] 천사가 낫을 사용하여 인류를 추수할 때, 그는 그들을 "**하나님의 진노**의 큰 포도주 틀에 던졌다"(14:19).[6] 따라서 우리는 하나님과 천사들 사이에 중첩되는 행위를 보게 된다. 『다마스쿠스 문서』는 '멸망의 천사들'의 역할에 주목하지만, 이는 우리가 요한계시록 14장과 책 전체에서 보게 되는 천사들에 대한 묘사와 아주 동떨어진 모습이다.

『다마스쿠스 문서』에는 인간 행동과 관련된 문제가 더욱 뚜렷이 나타나며, 우리는 요한계시록에서 "창세 이후로" 생명책에 기록된 이름들에 대한 묘사와 더불어 『다마스쿠스 문서』의 결정론과 흥미로운 유사점을 보게 된다(17:8). 요한계시록 14장에서 우리는 회개와 하나님에 대한 반대의 측면에서 인간을 이해한다. 첫째로, 하나님을 경외하고 경배하라는 요구는 인간이 어린양의 은혜에 응답할 기회를 갖는다는 것을 의미한다(14:6-7). 이것은 심판의 점진적 성격과도 일치하는데, 이는 하나님의 궁극적인 경고에 주

---

5.   강조는 저자의 것이다.
6.   강조는 저자의 것이다.

의하라는 그분의 지속적인 부르심에 대한 계시다. 그러나 요한계
시록은 대부분이 회개하지 않을 것이라는 점에 주목한다(9:21;
16:11). 둘째로, 바벨론의 음행으로 말미암은 포도주는 처음에 하나
님께 반대하는 인간의 자유처럼 보이지만(14:8), 이것은 중첩되는
세력들과 관련되기도 한다. 짐승의 표를 받은 자들에게 임하는 심
판은 바벨론을 향한 천사의 선포 후에 임한다. 흥미로운 것은 짐
승을 예배하는 자들 "또한 하나님의 진노의 포도주를 마실 것"이
라는 점이다(14:10). "또한"이라는 표현은 "(바벨론의) 음행으로 말미
암은 포도주"에 대한 이전의 심판이 "하나님의 진노의 잔"이기도
하다는 것을 의미한다. 하나님께서는 (바벨론의 포도주와 같이) 사람들
이 멸망을 따르게 하심으로써 그들을 수동적으로 심판하시고, 또
(포도즙 틀 이미지를 통해서 표현된 것과 마찬가지로) 적극적으로 심판하기
도 하신다.

『다마스쿠스 문서』와 요한계시록 14장을 살펴볼 때, 우리는 두
책이 두 가지 길 전승과 중첩되는 세력들의 주제라는 동일한 관심
사를 가지고 있다는 것을 알게 된다. 두 문헌은 모두 하나님의 의
로운 길의 본질이 한 주요한 교사의 가르침에 근거하고 있다고 보
고, 둘 다 하나님께서 역사하시는 방식을 묘사한다. 요한계시록에
서 어린양과의 관계는 인간이 이 세상에서 어떻게 하늘의 실재를
경험하는지에 영향을 준다.

더 읽을거리

추가적인 고대 문헌

많은 유대교 문헌은 의인과 악인의 차이를 강조한다. 구체적으로 다음 문서는 이 차이와 관련해서 신적 대리자로서의 천사들에게 초점을 맞춘다. 곧, 「에녹의 비유」(『에녹1서』 37-71장), 특히 53-57장은 선택받은 자들에게는 축복이 임하고, 악인들에게는 심판이 임함을 보여 준다. 다른 문서(4QPseudo-Moses[4Q387-390]와 위-필론의 『성경고대사』 15)에서 천사들은 대체로 멸망과 진노의 대리자로 묘사된다. 천사가 가져다주는 이러한 고통은 『아브라함의 유언』 10-14장에서 내세를 배경으로 한다. 천사들은 많은 긍정적인 역할을 수행하기도 한다. 예를 들면, 토비트에서 돕는 역할로 나오는 라파엘이 그렇다. 추수 이미지는 마태복음 13:24-30에서 사용된다.

원문 영어 번역과 비평본

Eisenman, Robert. "The Damascus Document." Pages 355–78 in *The Dead Sea Scrolls and the First Christians: Essays and Translations*. Edison, NJ: Castle, 2004.

García Martínez, Florentino, and Eibert J. C. Tigchelaar, eds. *The Dead Sea Scrolls: Study Edition*. Volume One. Grand Rapids: Eerdmans, 1997 [= 『사해문서』, 1-4권, 나남출판사, 2008].

이차 문헌

deSilva, David A., "A Sociorhetorical Interpretation of Revelation 14:6-13: A Call to Act Justly toward the Just and Judging God." *BBR* 9 (1999): 65-117.

Reiterer, Friedrich V., Tobias Nicklas, and Karin Schopflin, eds., *Angels: The Concept of Celestial Beings—Origins, Development and Reception.* Deuterocanonical and Cognate Literature Yearbook. Berlin: de Gruyter, 2007.

Sullivan, Kevin P. *Wrestling with Angels: A Study of the Relationship between Angels and Humans in Ancient Jewish Literature and the New Testament.* Leiden: Brill, 2004.

Wise, Michael O. "The Origins and History of the Teacher's Movement." Pages 92-122 in *The Oxford Handbook of the Dead Sea Scrolls.* Edited by Timothy H. Lim and John J. Collins. Oxford: Oxford University Press, 2010.

제14장
『광명의 말씀』과 요한계시록 15:1-16:21
(칠중주 재앙과 유배에서의 구원)

벤자민 월드(Benjamin Wold)

요한계시록의 해석가들은 세 가지 칠중주 재앙(일곱 인[계 6-8장], 일곱 나팔[8-11장], 일곱 대접[16장])을 이해하려고 오랫동안 노력해 왔다. 한 가지 합의된 것은, 이 환상들이 출애굽기에서 애굽에 행해진 열 가지 재앙을 떠올리게 한다는 것이다. 출애굽기의 열 가지 재앙에 대한 암시는, 피(8:8; 16:3-4), 개구리(16:13), 악성 전염병(6:8), 종기(16:2, 11), 우박/불(9:17-18; 16:8-9, 21), 메뚜기/황충(9:3-5), 어둠(8:12; 9:2; 16:10)과 관련해서 인, 나팔, 대접의 칠중주 심판에 나타나는 것처럼 보인다. 그러나 왜 요한은 열 개가 아니라 일곱 개만 언급하는 것일까?

구약성경과 초기 유대교 문헌에 보면 출애굽의 재앙을 이야기할 때 열 개에서 일곱 개로 줄여서 이야기하는 몇 가지 선례가 있다(시 78:44-51; 105:28-36; 『바룩3서』 16:3; 솔로몬의 지혜 11-19장). 요한계시록은 일곱 가지 재앙만을 언급함으로써 이러한 전통에 속하는 것이 분명하다. 그러나 이 출애굽 재앙이 신학적으로 어떻게 기능하고 요한의 구속 환상에서 어떤 방식으로 기여하는지와 관련해서는 여전히 의문의 여지가 있다. 이번 장은 출애굽 및 유배에서의 구원과 관련된 모티프들이 어떻게 요한이 이 마지막 때의 재앙을 열거하고 서술하는 방식에 영향을 주는지와 관련된다. 쿰란에서 발견된 한 문헌(『광명의 말씀』)을 요한의 칠중주와 나란히 놓고 읽음으로써 요한계시록의 유배와 귀환의 주제가 더욱 뚜렷해질 것이다.

『광명의 말씀』

("우리는 압제자의 진노로 인해 고난과 재앙과 시련을 겪었다")

『광명의 말씀』은 쿰란에서 최소 두 가지 형태의 사본(4Q504, 4Q506)으로 보존됐는데, 아마 세 번째 형태의 사본(4Q505)도 『광명의 말씀』을 담고 있는 것으로 보인다. 그 연대는 주전 2세기 중후반이며, '야하드'(쿰란 공동체—역주)의 작품은 아니다(즉, '분파적'이지 않다). 이 문서는 제4동굴에서 발견되기 전에는 세상에 알려지지 않았다. 『광명의 말씀』은 매일매일 드려지는 기도로 구성된 전례서다.

레위기 26장의 반향

몇몇 성경 본문(즉, 출 19장; 32–34장; 민 14장; 시 78편; 신 8:5; 사 26:16; 43:24; 48:17–18)에 대한 묵상과 해석은 이 참회의 문서를 형성하는 데 영향을 주었다. 이 작품에서 특히 주목할 만한 것은 레위기 26장에 지속적으로 관심을 기울이는 것인데, 그 본문이 중심을 이루고 있다. 레위기 26장은 애굽에서의 노예 됨으로부터 구원받았다는 보다 넓은 기억에 토대하여 미래 심판에 대한 경고들을 이야기한다(레 26:13, 45). 형벌과 재앙은 불순종의 결과이고(26:18, 25), 이스라엘이 하나님의 명령을 어기면 심판, 심지어 포로 됨이 그들에게 엄습할 것이다. 실제로 레위기 26장은 하나님께서 "너희의 죄대로 너희에게 일곱 배나 더 재앙을 내릴 것이라"고 네 번이나 경고한다(26:21; 참조, 26:18, 24, 28).

『광명의 말씀』(4Q504 frags. 1–2 col. V)은 애굽에서의 노예살이에서 광야 방랑기까지의 출애굽 과정을 해석하고 다시 들려주는 것과 관련된다. 이러한 재진술은 저자가 속한 공동체—그가 신학적 유배 상태에 있다고 생각한 공동체—를 위한 것이고, 부분적으로 본문 전체에 걸쳐서 레위기 26장을 반향함으로써 이루어진다. 해당 열(column)의 내용은 다음과 같고, 관련된 암시 참조점은 괄호 안에 기록해 두었다.

3 그리고 그들[즉, 이스라엘]은 자신들의 땅에서 이방 신을 숭배했고(레 26:1), 그 땅은 원수로 인해 4 폐허가 되었는데(레 26:32–33), 이

는 당신의 진노가 부어졌기 때문이다. 5 맹렬하게 타오르는 당신의 파괴적인 분노는 그곳을 폐허로 만들어서 6 지나다니거나 거주할 수 없는 곳이 되게 만들었다(레 26:31-32). [그러나] 당신께서는 이 모든 일에 야곱의 자손을 거절하지 않으시고, 7 이스라엘을 경멸하지도 않으셨다. 8 그들을 아주 멸하거나 그들과의 언약을 폐하려고 하지도 않으셨다(레 26:44). 이는 9 당신만이 살아계신 하나님이시며, 당신만이 유일하신 분이시기 때문이다. 당신 이외에는 아무도 없으시다. 당신의 언약을 기억하소서! 10 당신은 열방이 보는 앞에서 우리를 낳으셨고(레 26:45), 열방 가운데 우리를 버리지 않으셨다. 11 당신은 당신의 백성 이스라엘을 추방하신 [그] 모든 땅에서 12 그들에게 자비롭게 행하셨고, 13 그들의 마음을 변화시켜 당신께로 돌아와 당신의 종 모세의 손으로 명령하신 모든 것을 [따라](레 26:46) 14 당신의 목소리를 청종하게 하셨다. 15 [이]는 당신께서 거룩한 영을 우리에게 부으시고, 16 우리에게 복을 [내려]주시며, 곤경 중에도 우리에게 주의를 기울이시고 17 교훈적 징벌 속에서도 [은밀하게 말]씀하셨기 때문이다. 우리는 고난과 18 [재앙](특히, 레 26:21; 참조, 26:18, 24-26)과 압제자의 진노로 인한 시련을 겪었는데, 이는 19 [우리의] 악행으로 하나님께서 [지치]셨기 때문이다. 우리는 우리의 죄로 반석을 쳤으[나, 20 당신께서는] [우리가 걸어갔던] 21 [우리의] [길]을 떠나라고 하셨[고], 우리는 당[신의 계명]에 전혀 주의를 기울이지 않았다.[1]

---

1.   저자의 번역은 Maurice Baillet, *Qumrân Grotte 4.III (4Q482–4Q520)*, DJD 7

유배의 이미지

『광명의 말씀』 1-2 V(특히 II. 3-9)에서 레위기 26장이 새롭게 표현된 데에는 적어도 두 가지 목적이 있다. 첫째로, 이것은 하나님께 감사를 표하는 중요한 틀이다. 레위기에서 이 신탁의 말씀은 이스라엘에게 주어진 하나님의 약속이지만, 『광명의 말씀』에서 저자는 백성이 신실하지 못할 때 하나님의 신실하심을 이야기하기 위해서 본문을 사용한다. 둘째로, 더욱 중요하게도 『광명의 말씀』 1-2 V은 레위기 26:43("그들이 내 법도를 싫어하며 내 규례를 멸시하였으므로 그 땅을 떠나서 사람이 없을 때에 그 땅은 황폐하여 안식을 누릴 것이요. 그들은 자기 죄악의 형벌을 기쁘게 받으리라")의 예언적 성취로서 기능을 한다. 레위기 26장은 한편으로는 (유배와 귀환을 예상하며) 미래를 내다보고, 다른 한편으로는 (출애굽을 기억하며) 하나님께서 과거에 행하신 구속 사역을 숙고한다. 이는 레위기 26:44-45에서 분명하게 나타난다. "그런즉 그들이 그들의 원수들의 땅에 있을 때에[즉, 유배 때] 내가 그들을 내버리지 아니하며 미워하지 아니하며 아주 멸하지 아니하고 그들과 맺은 내 언약을 폐하지 아니하리니 … [그러나] 내가 그들의 하나님이 되기 위하여 민족들이 보는 앞에서 애굽 땅으로부터 그들을 인도하여 낸 그들의 조상과의 언약을 그들을 위하여 기억하리라." 『광명의 말씀』은 레위기 26장이 유배와 관련해서 미리 경고한 모든 것(이스라엘에게 다시 찾아온 애굽의 "재앙"을 포함하여; 참조 1. 18)이 성취되는 것을 바라보면서 하나님께서 애굽에서 이스라

(Oxford: Clarendon, 1982), 14에 나오는 히브리어에 근거한다.

엘을 구속하셨던 것과 마찬가지로 선택받은 무리를 구속하실 것을 바라본다. 저자는 "남은" 자들(레 26:39; 참조, 『다마스쿠스 문서』 1:1-5)의 역할에 적극적으로 참여하고, 자신들의 죄를 자백하며 그들의 땅을 황폐하게 만들었던 죄로 인해 "수척해진" 자들을 대변한다.

저자는 『광명의 말씀』 1-2 V 전체에 걸쳐서 출애굽을 이야기하고, 자신의 공동체가 성경 내러티브와 그것의 주요 모티프인 "하나님의 자비, 심판, 새로운 시작"에 참여하는 것으로 간주한다.[2] 그는 자신이 경험하는 최근의 역사를 예언의 성취로만 생각하지 않고, 성경 본문이 유배와 궁극적 구원에 대해 보인 관심이 명확하게 표현된 것이라고 본다. 이 문서에서 레위기 26장은 특별한 관심의 대상이다. 왜냐하면 레위기 26장이 미래의 우상 숭배에 대한 경고 속에 애굽에 대한 기억을 표현하고 있고, 황폐화와 재앙이 도래할 때도 레위기 26장은 하나님께서 그분의 남은 자들과 언약을 기억하실 것이라고 약속하기 때문이다.

---

2.   Jeremy Penner, "The Words of the Luminaries as a Meditation on the Exile," *RevQ* 28.2 (2016): 175–90, at 180.

요한계시록 15:1-16:21

("또 하늘에 크고 이상한 다른 이적을 보매 일곱 천사가 일곱 재앙을 가졌으니")

레위기 26장의 반향

레위기 26장은 요한계시록, 특히 칠중주 재앙(인, 나팔, 대접)에 영향을 끼친 본문으로 주목받아 왔다. 왜냐하면 비유적으로 각기 "일곱"으로 묘사된 연속되는 네 재앙이 타락한 이스라엘을 우상 숭배에서 돌아서게 하려고 임할 것이기 때문이다. 레위기 26장의 마지막 "일곱"은 유배에 대해서 말하지만, 하나님께서 그의 언약을 지키시고 남은 자를 지키실 것을 약속하신다. 레위기 26장과 요한계시록 6-16장의 재앙들을 연관 지어볼 때, 그 연관성은 하나님의 심판과 관련하여 4와 7이라는 숫자가 나타난다는 것에 근거한다. 실제로 일곱 재앙은 레위기(레 26:18, 21, 24, 28 = 하나님께서 이스라엘을 "일곱 배나 더" 징벌하실 것이다)와 요한계시록(계 15:1, 6, 8; 21:9 = "일곱 천사가 일곱 재앙을 가졌으니")을 제외한 구약과 신약의 다른 곳에서는 언급되지 않는다.[3]

　리처드 보컴(Richard Bauckham)은 요한의 칠중주와 레위기 26장의 관계와 관련된 매우 흥미로운 연구를 제시한다. 그는 요한계시록에 세 개가 아니라 네 개의 칠중주 재앙이 있다는 사실에 주목

---

3. 레위기의 형벌이 일련의 재앙으로 간주되었다는 사실은 다른 해석가들이 볼 때도 분명하게 나타난다. 예를 들어, 『위-요나단 탈굼』과 『옹켈로스 탈굼』이 있다. 거기에 보면 레위기의 형벌들이 각각 명시적으로 "재앙"으로 묘사된다(참조, 레 26:21은 두 번째 "형벌"만을 묘사한다).

한다. 인, 나팔, 대접의 칠중주뿐만 아니라, 나팔과 대접 사이에서 발견되는 우레 칠중주(계 10:3-7)도 더해져야 한다. 우레의 경우에 요한이 목격한 것을 기록하는 것이 허락되지는 않지만, 일련의 일곱 재앙으로 묘사된다.[4] 재앙 패턴의 중요한 의미는 그 패턴이 레위기 26장에서 하나님께서 이스라엘을 "일곱 배나 더"(레 26:18, 21, 24, 28) 벌하시겠다고 네 번이나 말씀하신 것과 마찬가지로 일곱 재앙을 네 번 열거함으로써 완벽한 심판을 묘사하는 것이라고 보컴은 설득력 있게 주장한다.[5] 그렇다면 레위기 26장과의 이러한 수적 연결이 가지는 잠재적인 신학적 함의는 무엇인가?

유배의 이미지

『광명의 말씀』과 요한계시록에 사용된 레위기 26장으로 인해 우리는 요한계시록의 칠중주가 어떻게 유배의 이미지를 환기하는지 생각하게 된다. 실제로 일곱 번째 인을 떼기 바로 직전인 요한계시록 7:17에 사용된 예레미야 31:16에 대한 암시는 유배 귀환을 떠올리게 한다. "어린양이 그들의 목자가 되사 생명수 샘으로 인도

---

4. Richard Bauckham, *The Climax of Prophecy: Studies on the Book of Revelation* (Edinburgh: T&T Clark, 1993), 31 [= 『요한계시록 신학』, 부흥과개혁사, 2021].

5. 필론이 숫자 3, 4, 7의 중요성을 설명한 것은 주목할 만하다(Philo, *Creation* 97-106). 레위기 26장과 요한계시록에 나오는 숫자들의 상관관계 외에도 요한계시록 6-7장에는 레위기의 개별 재앙에 대한 몇 가지 다른 암시가 더 있을 수 있다(예, 계 6:5-6과 레 26:26; 계 6:8과 레 26:5; 계 7:15, 21:3-7과 레 26:11-12이 있다).

하시고 하나님께서 그들의 눈에서 모든 눈물을 씻어 주실 것임이라." 예레미야 31:16에서 이스라엘 사람들은 이제 그들이 땅으로 돌아갈 것이기 때문에 울음소리를 멈추고 더 이상 눈물을 흘리지 말라고 권고받는다. 그러므로 요한은 수많은 무리가 구원받는 것을 마음속에 그리면서 이스라엘의 유배 귀환을 환기하고 있다. 게다가 요한계시록의 마지막 부분에서 바벨론이 멸망하고 새 예루살렘이 세워지는 것도 유배 귀환을 묘사한다. 요한계시록에서의 유배는 '바벨론'에서 발생하는데, 이는 포로 시절의 기억을 불러 일으키는 암호문(cryptogram)이고, 새 출애굽 모티프는 그리스도의 나라로 인도되는 것으로 나타난다. 이것은 일곱째 천사가 나팔을 불며(계 11:15) "세상 나라가 우리 주와 그의 메시아[그리스도]의 나라가 되었다"고 선포하면서 분명해진다.

레위기 26장은 남은 자들이 재앙에서 살아남을 것이며 하나님께서 언약에 신실하실 것이라고 약속한다. 『광명의 말씀』에서 볼 수 있는 바와 같이, 레위기의 남은 자 신학은 자신들이 신학적으로 유배 중에 있다고 생각하는 유대 공동체를 끌어모으는 것처럼 보인다. 요한계시록 7:5-8에서 이스라엘의 열두 지파는 이상화되어(12 × 12,000) '참 이스라엘'(= 기독교 교회)을 나타내고, 결국 이것은 남은 자의 이미지를 떠올리게 한다(참조, 롬 9:27-29; 11:4-6). 요한계시록 7장의 열두 지파는 에스겔 48:1-29에 비추어볼 때 남은 자 이데올로기의 특징이 종말의 때에 있을 이스라엘의 재통일(reunification)임을 시사한다. 초기 유대교 문헌의 다른 곳에는 북쪽 열 지

파가 마지막 때에 동쪽으로부터 유배에서 돌아올 것이라는 기대
가 있다(예, 『에스라4서』 13:39-50; 『모세의 유언』 4:9; 『바룩2서』 77:17-26; 『시
빌라의 신탁』 2:171). 요한계시록 7장에서 지파들을 계수하는 것(참조,
민수기)은 유배에서 돌아올 때 남은 자를 모으는 것으로 이해될 수
있다.

　이러한 관찰이 요한계시록 전체에 걸쳐서 나타나는 더 넓은
출애굽 암시와 함께 나란히 놓일 때 불꽃이 일어난다. 요한계시록
5:9-11에서 새 출애굽의 이미지는 세 가지 칠중주 재앙이 나타나
기 전의 배경을 제공한다. 요한계시록 5장에서 죽임 당한 어린양
은 유월절 희생양일 뿐만 아니라 이스라엘이 출애굽한 것을 환기
하는 방식이기도 하다. 요한계시록 5장에서 출애굽 전승을 불명확
하게 사용하는 것은 유월절 희생양이신 그리스도의 죽음을 통해
우주적 노예 상태에서 신실한 자들을 해방시키는 것을 묘사한다.[6]
나중에 여자가 용에게서 도망하여 광야로 가서 그곳에서 보살핌
을 받는데(12:6), 이것은 하나님께서 만나와 메추라기를 공급하신
것을 생각나게 한다(출 16장). 또한 여기에서 용은 여자를 익사시키
기 위해 강물을 토해 내고 땅은 여자를 구하기 위해 그 물을 삼켜
버리는데(계 12:15-16), 이는 홍해에서 구원받은 것을 떠올리게 한다.

　이어지는 재앙의 진행은 유배에서 구원받는 과정의 일부다.
실제로 천사가 나팔을 불기 시작하는 두 번째 칠중주에서(8:6-9:19;

6.　Elisabeth Schüssler Fiorenza, *The Book of Revelation: Justice and Judgment*
　　(Philadelphia: Fortress, 1985), 73-76.

화/재앙 11:15-19) 출애굽의 열 가지 재앙 중에 적어도 네 가지 재앙에 대한 암시를 확인할 수 있다. 요한계시록 16장에서 대접을 땅에 쏟는 것은 출애굽 재앙을 사용하는 것을 훨씬 더 분명하게 보여준다.[7] 요한계시록 15:3에 나오는 "모세의 노래"는 이스라엘이 홍해를 건넌 후에 불렀던 바다의 노래(출 15장)를 상기시킴으로써 새 출애굽 모티프를 이어간다. 그러나 여기 요한계시록에서 모세의 노래는 하늘에 있는 유리 바다 옆에서 불리고, 출애굽 재앙과 비슷한 마지막 칠중주(대접)의 앞선 본문이다.

『광명의 말씀』은 요한이 레위기 26장과 출애굽기를 포함해서 유배를 묵상하기 위해 함께 사용된 더 넓은 범위의 성경을 모방한 전승에 의지하고 있음을 암시한다. 특정 성경 본문에 대한 이러한 지속적인 숙고를 통해, 두 작품은 하나님의 자비, 심판, 새로운 시작과 관련된 공통된 신학적 질문을 살펴본다. 이 질문들은 어떻게 이스라엘(또는 "참 이스라엘")이 하나님이 주시는 시련에 반응해야 하는지, 그리고 하나님께서 이스라엘과의 언약을 어떻게 지키시는지와 관련하여 형벌과 재앙이 어떻게 사용되는지에 관심이 있다. 각각의 작품이 도달하는 결론과 취하는 특정 목표는 상당히 다르다. 『광명의 말씀』과 요한계시록에서 각 저자의 공동체는 출애굽과 관련된 내러티브에 놓여있지만, 전자는 과거를, 그리고 후자는

---

7. George R. Beasley-Murray, *The Book of Revelation* (London: Marshall, Morgan & Scott, 1974), 238-39은 나팔과 대접 칠중주를 출애굽 재앙과 비교할 수 있는 개요를 제공한다. 저자는 각 천사가 나팔을 부는 장면에서 출애굽 재앙을 발견한다.

미래를 더 많이 바라본다. 그럼에도 『광명의 말씀』을 통해 우리는 요한계시록에 나오는 더 미묘한 주제, 특히 유배 가운데 살아가는 공동체와 구원을 가져오시는 하나님의 신실하심에 대한 암시를 볼 수 있다.

더 읽을거리

추가적인 고대 문헌

열 가지 출애굽 재앙을 일곱 가지로 축소하는 잘 알려진 유대교 전승이 있다. 예를 들면, 시편 78:44-51; 105:28-36; 『아트라파누스』(frag. 2) 23:28-37; 『바룩3서』 16:3; 솔로몬의 지혜 11-19장을 보라.

원문 영어 번역과 비평본

Baillet, M., *Qumrân Grotte 4.III (4Q482-4Q520)*. DJD 7 (Oxford: Clarendon, 1982).

García Martínez, Florentino, and Eibert J. C. Tigchelaar, eds. *The Dead Sea Scrolls: Study Edition*. 2 vols. Leiden: Brill, 1997-98 [= 『사해문서』, 1-4권, 나남출판사, 2008].

이차 문헌

Bauckham, Richard. *The Climax of Prophecy: Studies on the Book of Revelation*. Edinburgh: T&T Clark, 1993 [= 『요한계시록 신학』, 부흥과개혁사, 2021].

Penner, J. "The Words of the Luminaries as a Meditation on the Exile." *RevQ* 28 (2016): 175–90.

Wold, B. "The Eschatological Application of Exodus Plagues in John's Apocalypse." Pages 249–66 in *Eschatologie/Eschatology: The Sixth Durham-Tübingen Colloquium*. Edited by H. Lichtenberger, H.-J. Eckstein, and C. Landmesser. WUNT 272. Tübingen: Mohr Siebeck, 2011.

————. "Reading Revelation's Plague Septets: New Exodus and Exile." Pages 279–98 in *Echoes from the Caves: Qumran and the New Testament*. Edited by F. García Martínez. STDJ 85. Leiden: Brill, 2009.

제15장
『요셉과 아스낫』과 요한계시록 17:1-18
(반역과 회개의 전형으로서의 여성)

에디스 M. 험프리(Edith M. Humphrey)

요한계시록의 상징주의는 대조적인 반응을 불러일으키고 때로는 혼란을 야기한다. 요한은 신자들의 형제자매 관계만이 아니라 하나님과 신실한 자들 사이의 관계를 나타내기 위해서 성경 전승의 성별화된 이미지(gendered imagery)를 따라간다. 우리는 어떤 면에서는 비슷하지만 다른 부분에서는 차이가 있는 인물들을 생각해 봄으로써 이러한 상징주의를 이해할 수 있다. 잠언에는 지혜 여인(Lady Wisdom)과 어리석은 여자(Dame Folly)가 나오고, 요한계시록에는 '어머니 도시'인 바벨론과 새 예루살렘이 나온다. 그러나 또한 우리는 바벨론을 정경에 포함되지 않은 '성경에 준하는' 책인 『요셉과 아스낫』의 영웅적인 여성과 비교할 수도 있다.

이 책의 연대가 언제인지와 관련해서는 논쟁의 여지가 있지만,[1] 소설 『요셉과 아스낫』은 아마도 요한이 요한계시록을 썼을 때 이미 알려져 있었을 것이다. 우리는 요한이 요한계시록에 나오는 악랄한 여자와 아스낫을 의도적으로 대비시켰다고는 주장할 수 없지만, 고대 저술에서 여성이 상징적으로 사용된다는 사실을 통해 용기를 내어 『요셉과 아스낫』 14-17장과 요한계시록 17장(그리고 18장) 사이에 도움이 될 만한 연관성을 찾아 볼 수 있다. 우리는 이 두 작품이 어떻게 여성 인물을 사용해서 부패, 오만, 분리와 대조된 정결, 겸손, 통합을 강조할 수 있는지 살펴볼 것이다. 각 인물은 인간 집단—회개하는 자들이나 반역하는 자들—을 상징한다. 두 인물의 서로 다른 길은 각 책에서 절정에 이르고, 우리를 북돋아 그들의 행위와 태도를 받아들이거나 외면하게 한다.

『요셉과 아스낫』
("살아 계신 하나님의 아들들이 당신의 도피성에 거할 것이다")

『요셉과 아스낫』은 창세기 41:45-50과 46:20을 더 자세하게 부연

---

1. 연대 문제를 위해서는 Edith M. Humphrey, *Joseph and Aseneth*, GAP (Sheffield: Sheffield Academic, 2000), 28-37을 보라. 이 안내서는 이 소설이 네 개의 문서 형태로 전해진 긴 역사를 보여주는 창을 제공하며, 내 생각에 그중 긴 텍스트 b가 더 우수한 형태다. 이 역시 논쟁의 여지가 있다. 아래의 번역과 장절 구분은 C. Burchard, "Joseph and Aseneth: A New Translation and Introduction," in *Old Testament Pseudepigrapha*, ed. James H. Charlesworth (Garden City, NY: Doubleday, 1985), 2:177-247에서 가져온 것이다.

한 헬레니즘 유대교 소설로서 요셉의 아내 아스낫을 언급한다. 이 소설은 파라오의 총리 요셉이 어떻게 헬리오폴리스에서 이방 제사장의 딸 아스낫을 만났고, 그녀가 어떻게 유대교로 개종했는지를 말해준다. 요셉이 7년 기근을 대비하여 곡식을 모으는 모습을 보여주는 창세기 41:46-49은 이 소설의 출발점을 제공한다. 요셉은 여정 중에 아스낫의 집에 들린다. 보디발의 아내와 요셉에 대한 풍문을 들은 이 영웅적인 여성은 남자를 멀리했던 처녀였고, 심지어 파라오의 아들도 거절했다. 놀랍게도 요셉이 아스낫을 처음 봤을 때 그녀는 그에게 홀딱 반해버렸다. 그러나 요셉은 우상을 숭배하던 아스낫과 거리를 두었다. 요셉은 아스낫을 축복했지만, 그녀를 껴안지는 않았다. 아스낫은 탑 꼭대기에 있는 자신의 방으로 돌아가 우상을 버리고 기도로 용서를 구했다. 여덟째 날에 하늘의 손님('그 사람')이 아스낫을 찾아와 그녀를 하나님의 가족으로 받아들였다. 요셉은 돌아가서 변화된 아스낫의 모습을 보고 그녀와 결혼했고, 에브라임과 므낫세를 낳았다. 그리고 여정은 계속된다.

아스낫의 묵시적 만남

이 로맨스는 상징으로 가득하다. 특히 중심 부분(14-17장)이 그렇다. 이 부분은 시청각적인 계시, 중개하는 천사, 하늘의 일들에 대한 묘사, 상징적 역사 서술, 선견자 아스낫의 변화와 같은 요소들과 더불어 마치 '묵시록'처럼 전개된다. 전설적인 이 여자 영웅은 천사 '메타노이아'(또는 "회개")와 연결되어 있으며 회개하는 모든 이방인들을 위한 "도피성"으로 선포된다(『요셉과 아스낫』 15:7-8; 16:16). 세부적인 내용은 바벨론과 극명하게 대조된다. 일곱 처녀와 함께 '남겨진' 아스낫은 회개의 시간 동안 울며 금식하며 깨어 있는다. 탑에 있는 그녀의 방은 커튼으로 외부 세계에서 차단되어 있었고, 그녀의 팔다리는 점점 약해지고 있었다. 그녀는 검은색 옷을 입었고, 화려한 옷과 보석을 착용하지 않았으며 그것들을 (우상과 함께) 창문 밖으로 던져버렸다. 그녀는 상복을 입고 머리를 풀어 헤친 채 얼굴에 재를 뿌리고 이레 동안 비참하게 앉아 있었다. 팔일 아침에 동쪽을 바라보며 기도하려고 했을 때, 처음에는 혼잣말하며 자신이 처녀이고 고아이며 너무나 외롭고 모든 사람에게 미움을 받으며 부모도 없고 우상 숭배로 인해 더러워진 자라고 소리칠 수밖에 없었다. 두 번째 독백에서 그녀는 주님의 이름을 부르려고 노력하다가 입을 다물어 버렸다. 세 번째로, 그녀는 마침내 '탄원을 쏟아내며' 오만함을 자백하고 하나님께 아버지와 같이 자신을 받아달라고 간청한다. 그녀의 언어는 탄원 시편, 특히 시편 22편을 반영한다.

이 지점에서 멋진 요셉과 매우 비슷한 한 빛나는 사람이 아스낫의 방으로 들어와서 그녀의 이름을 두 번 부르고 방에서 씻고 옷을 갈아입으라고 지시한다. 아스낫이 돌아왔을 때, 그는 그녀에게 얼굴을 가린 베일을 거두라고 말했다. 왜냐하면 아스낫이 하나님께 받아들여졌고, 그녀의 이름이 생명책에 기록되어 있으며, 새로워지고, "신성한 생명의 빵을 먹고 신성한 불멸의 잔을 마실 것 이며 신성한 불멸의 기름으로 도유(塗油)될 것"이기 때문이다(15:4). 하나님께서는 언제나 그녀를 요셉의 신부로 삼으려고 생각하셨 고, 그녀에게 '도피성'이라는 새로운 이름을 주셨다. 우리 독자들 은 하늘에서 온 이 낯선 사람의 이름을 아스낫처럼 알기 원하지 만, 그는 자신이 "가장 높으신 분의 집의 우두머리"라는 정도만 알 려준다(15:12).

그런데 상황이 이상해진다. 아스낫은 창고에서 벌집을 찾아서 가져오라는 말을 듣는다. (가보니 기적적으로 거기에 벌집이 있었다.) 그 남자는 빵과 잔, 연고에 대해 말하면서 그 벌집을 아스낫에게 먹 이는 의식을 행하고, 거기에서 두 종류의 벌들을 꺼냈다. 선한 벌 들은 아스낫의 입술에 벌집을 만들었지만, 악한 벌들은 죽었다가 결국 살아나서 아스낫의 정원에서 안식처를 찾았다. 그러고 나서 그 천사는 벌집을 태우고 마지막 축복을 해준 후에 사라졌다. 이 '묵시'의 여파는 극적이다! (18-19장에서) 요셉이 도착해서 뺨은 사람 의 아들처럼 붉고, 이빨은 전사 같으며, 머리카락은 포도나무 같 고, 가슴은 주님의 산과 같은, 해나 샛별처럼 빛나는 사랑하는 여 인을 발견했다. 요셉은 말했다. "주 하나님께서 가장 높은 곳에 생 명의 성벽으로서 당신의 성벽을 세우셨다. 이는 살아계신 하나님 의 아들들이 당신의 도피성에 거할 것이고, 주 하나님께서 왕으로 서 그들을 영원히 다스릴 것이기 때문이다"(19:5). 둘은 육체적이고 영적으로 서로를 껴안았고, 결혼을 준비했다.

이는 교만한 한 여인이 회개하자 하늘의 방문을 받고 변화되어 동료 개종자와 원수들에 대한 계시를 받는 이야기다. 그녀는 하나님의 백성에 편입되어 요셉과 연결됐고, 그에게서 "생명과 지혜와 진리의 영"을 받았다(19:11). 그 후에 아스낫은 매복한 요셉의 형제들에게 기습을 당한다. 그들은 파라오의 아들을 위해서 그녀를 납치하려고 노력했지만, 아스낫이 하나님께 부르짖자 구출되고, 더 나아가 자신을 납치한 자들에게 자비를 베푼다. 이야기의 결말은 긍정적이다.

통합과 변화

유익한 이야기라는 사실 말고 이 소설에는 어떤 의미가 있을까? 이 소설의 주된 질문—어떻게 요셉과 같은 선한 유대 소년이 이교도 제사장의 딸과 결혼할 수 있는가?—은 창세기가 회피하는 것이다. 이에 대한 대답은 이 결혼이 하나님의 뜻이라는 것이다. 왜냐하면 이방인이 이스라엘로 편입될 수 있기 때문이다. 저자는 충성의 대상이 이런 식으로 바뀌는 부분에서 사회적 갈등이 발생할 가능성이 있음을 잘 알고 있다. 왜냐하면 아스낫이 하나님께 부르짖는 외침 부분, 난폭한 벌 이야기, 파라오의 아들의 엉뚱한 행동에 이것을 기록해 놓았기 때문이다. 그러나 저자는 1세기 이집트의 유대인과 이방인의 (때로 긴장된) 관계를 반영하는 것에만 관심이 있었던 것은 아니다. 세부적인 부분에서 신비스러운 내용—벌집, 빵/잔/연고, 아스낫의 변화, 신비스러운 하늘의 사람, 요셉과

"그 사람"의 유사성, 아스낫과 하늘의 회개와의 유사성―을 전하기도 했다. 회심과 음모에 대한 이야기보다 더 많은 것들이 진행되고 있다. 『요셉과 아스낫』은 분리, 변화, 포함의 이야기와 더불어 하늘과 땅 사이의 신비적 관계에 관한 이야기다.

요한계시록 17:1-18

("큰 바벨론, 음녀들의 어미")

아스낫과 마찬가지로 상징적인 여성인 바벨론도 높은 곳에 앉아 있지만, 이 둘은 완전히 반대된다. 일곱 처녀에 의해서 둘러싸인 채로 탑에서 은거하는 아스낫과는 달리 물 위에 앉은 바벨론은 붉은빛 짐승을 탔다. 아스낫은 우상을 거부하지만, 바벨론의 짐승은 신성 모독적인 이름을 자랑하며 하나님의 이름을 갈망한다(계 17:3-4). 자연스럽게 아름다운 아스낫은 그녀를 장식하는 것들을 벗어버리고 참회의 옷을 입지만, '큰 음녀'는 인위적으로 옷 입으며 땅에 사는 자들과 어울린다. 이 음녀 자신은 "참회자들의 어미"가 아니라 "음녀들의 어미"(17:5)라는 기이한 이름을 가지고 있다. 금식하는 아스낫은 하늘의 사람을 통해 기적의 식사를 제공받지만, 바벨론은 "가증한 물건과 그의 음행의 더러운 것들"(17:4)과 "성도들의 피"(17:6)가 가득한 잔을 계속해서 마신다. 바벨론은 큰 도시인 척을 하지만, 실제로는 "광야"(17:3)에 있다. 이와는 대조적으로 스스로 고립된 아스낫은 기쁨의 동산, 기이한 일들이 가득한 창고, 그리고 하늘 그 자체에 의해서 둘러싸여 있다. 천사는 선견자 요한에게 바벨론을 보고 놀라지 말라고 하지만(17:7), 요셉은 그의 신부가 될 사람의 변화를 보며 마땅히 경탄한다.

함께하는 자들에 의해 판단받는다

이 음녀는 "창세 이후로 그 이름이 생명책에 기록되지 못한 자들"과 함께 파멸당할 운명인 "짐승"과 관련 있다(계 17:8). 이와 대조적으로 아스낫은 하늘의 회개와 관련되며, **그녀의** 이름은 태초의 책에 기록되어 있다. 아스낫은 자신이 살아계신 하나님께 돌아온 것으로 인해 백성이 그녀를 거부할까 봐 걱정했지만, 실제로 이야기는 이것이 기우임을 보여주었다. 하나님께서는 아스낫이 해를 당하지 않게 하셨고, 아스낫을 따라 회개하는 많은 사람에 대한 약속과 더불어 그녀와 요셉의 결혼은 애굽에 기쁨으로 여겨졌다. 그러나 바벨론의 날은 오래가지 못할 것이다. 왜냐하면 "하나님께서 그들의 마음[그녀가 압제하는 자들의 마음]에 바벨론을 멸망시킬 뜻을 두셨기" 때문이다(17:17). 이에 반해 하나님께서는 요셉의 마음에 이 이방 여인을 축복하고자 하는 뜻을 두셨다(『요셉과 아스낫』 9:8). 하나님의 축복은 심지어 아스낫을 해치려는 자들에게도 성취되고, 그들은 하나님의 축복을 찬양한다. 아스낫은 많은 사람들의 어머니가 되고, 바벨론은 동맹자들(열 뿔과 짐승—역주)에 의해 삼켜진다!

요한계시록 17장의 환상이 18장까지 이어지면서 우리는 바벨론의 운명이 왜 아스낫의 운명과 다른지를 알게 된다. 여기에서 바벨론은 회개하는 대신에 자신의 부와 인맥과 악한 '자녀들'에게 주의를 환기시키며 반역적으로 말한다. "나는 여왕으로 앉은 자요, 과부가 아니라, 결단코 애통함을 당하지 아니하리라"(계 18:7b). 그녀의 과시는 공허하다! 벌집 환상에서 하늘의 사람이 아스낫을 축복했던 것과는 반대로 요한계시록 18:21에 나오는 힘 센 천사는 큰 맷돌 같은 돌을 들어 바다에 던지며 바벨론이 이렇게 던져질 것임을 선포했다. 세 번의 "화 있도다 화 있도다"(18:10, 16, 19) 선포와 함께 바벨론의 상거래가 끝나고, 등불 빛이 결코 다시 비치지 아니하며, 신랑과 신부의 음성이 결코 다시 들리지 아니할 것이다. 이에 반해 아스낫은 축복받는다. 이 축복은 그녀를 넘어 일곱 처녀에게까지 미치고, 개종자들과 더불어 이집트 땅까지 이른다(『요셉과 아스낫』 17:6). 악한 도시 바벨론은 (폭력적이고 기만적으로 구축된) 관계망을 잃어버렸지만, 회개하는 아스낫은 그녀의 선천적인 관계들을 자발적으로 포기하고 하늘 공동체로 통합되어, 그녀가 거부하는 우상 숭배를 하는 자들에게까지 축복을 전한다. 요한계시록은 우리에게 오만, 반역, 심판, 고립에 대한 이야기를 전하지만, 『요셉과 아스낫』은 회개, 신앙 고백, 변화, 통합의 이야기를 전한다. 바벨론의 마지막 모습은 등불의 빛이 꺼지고 결혼 축제가 중단되는 것이다. 그러나 아스낫은 우리의 상상 속에서 밝게 빛나며 풍성한 결혼 생활의 배우자로 남아 있다.

겸손과 오만

(『요셉과 아스닷』에 대한 버처드[Burchard]의 더 긴 판본에서는) 아스닷이 회심한 후에 그녀의 경험을 요약하는 시를 읽게 된다. 우리는 이 시의 마지막 연(21:21)을 요한계시록 18장의 재배열된 구절들과 함께 놓고 볼 수 있다(표 15.1을 보라). 여기서 겸손 대 오만, 삼중 축복 대 삼중 파멸, 하나님의 주권적 행동 대 바벨론의 자기 과시, 아스닷의 통합 대 바벨론의 고독과 심판에 주목해 볼 수 있다.

이 두 인물은 엄숙한 성경 텍스트 및 즐거움을 주기 위해 제작된 고대 문헌이 공유하는 역동성—하나님께서 겸손한 자를 높이시고 오만한 자를 낮추신다—을 우리에게 보여 준다. 확실히 장르와 논조와 목적에 있어서 두 텍스트 사이에는 상당한 차이가 있다. 아스닷은 청중의 마음을 이끌지만, 바벨론은 충고를 전한다. "내 백성아, 거기서 나와 그의 죄에 참여하지 말고 그가 받을 재앙들을 받지 말라"(계 18:4).

대부분의 학자들은 『요셉과 아스닷』의 원래 저자가 메시아 예수의 복음을 알았다고 생각하지 않는다. 왜냐하면 『요셉과 아스닷』에는 제2성전기 유대교의 분위기가 가득하기 때문이다. 유디트, 수산나, 에스더와 마찬가지로 이 책은 즐거움을 주는 동시에 독자들에게 지혜로워지라고 교훈한다. 요한계시록에서는 그리스도께서 축복이나 심판을 가지고 "곧 다시 오실 것"이기 때문에 하나님께 응답하라는 긴급한 요청이 지배적으로 나타나듯이 (영웅적인 여성의 모습이 아니라) 그리스도의 모습이 중요한 특징이 된다. 『요

셉과 아스낫』은 풍성한 삶을 위한 하나님의 축복의 가능성을 암시
하지만, 요한계시록은 알파와 오메가 되신 분과의 영원한 친밀함
을 예상한다. 그러므로 여성의 모습은 지혜를 촉구하는 문학 작품
과 새 하늘과 새 땅에 대한 계시 작품 둘 다에서 사용될 수 있다.
『요셉과 아스낫』에서 우리는 모방할 만한 인물을 볼 수 있다. (요한
계시록의) 바벨론에 의해, 우리는 빛 되신 분에게로 이끌려간다.

표 15.1: 여성에 대한 시편들

『요셉과 아스낫』 21:21	요한계시록 18장
주여, 내가 당신 앞에 죄를 지었습니다. 하나님의 강한 자이신 요셉이 오기까지 내가 죄를 지었습니다.	"나는 여왕으로 앉은 자요, 과부가 아니라, 결단코 애통함을 당하지 아니하리라." (계 18:7b)
그는 우월한 자리에 있는 나를 무너뜨리고, 교만한 나를 겸손케 했습니다.	이에 한 힘 센 천사가 큰 맷돌 같은 돌을 들어 바다에 던져 이르되 "큰 성 바벨론이 이같이 비참하게 던져져 결코 다시 보이지 아니하리로다." (계 18:21)
그의 아름다움은 나를 사로잡고 그의 지혜는 나를 붙잡았습니다. 생명의 미끼인 그의 영은 나를 걸려들게 했습니다.	"큰 성 바벨론이여 귀신의 처소와 각종 더러운 영이 모이는 곳과 각종 더럽고 가증한 새들이 모이는 곳이 되었도다." (계 18:2)
그의 권능으로 나를 견고하게 했으며, 영원하신 하나님께로 인도했고, 가장 높으신 분의 집에 계신 지극히 높으신 분께로 이끌었습니다. 그는 나에게 생명의 빵을 먹도록 했고 지혜의 잔을 마시게 했습니다.	"그가 얼마나 자기를 영화롭게 하였으며 사치하였든지 그만큼 고통과 애통함으로 갚아 주라." (계 18:7a)
나는 영원 무궁히 그의 신부가 되었습니다.	"하루 동안에 그 재앙들이 이르리니 곧 사망과 애통함과 흉년이라. 그가 또한 불에 살라지리니 그를 심판하시는 주 하나님은 강하신 자이심이라." (계 18:8)

더 읽을거리

추가적인 고대 문헌

이 텍스트—사사기 19:24; 잠언 8-9장; 이사야 47:1; 49:18; 61-62
장; 갈라디아서 4:22-31; 고린도후서 11:2; 요한계시록 12, 21-22장;
바룩 3:9-4:4;『에스라4서』/에스드라2서 9:26-10:59;『에녹1서』
42장; 집회서 24장; 지혜서 6-10장(특히 7:24-8:1)—는 여성의 상징
적인 모습을 포함하면서 성경과 성경에 준하는 전승들이 어떻게
지혜, 하나님의 신실한 백성, 또한 하나님께 대적하는 나라들을 묘
사하는지를 보여 준다. 그 외에도 초기 기독교 작품인『헤르마스
의 목자』(특히 환상 1-4장)를 보라.

원문 영어 번역과 비평본

Burchard, C. "Joseph and Aseneth." Pages 177-247 in vol. 2 of
    The Old Testament Pseudepigrapha. Edited by James H.
    Charlesworth. Garden City, NY: Doubleday, 1985.[2]

Cook, D. "Joseph and Aseneth." Pages 465-503 in *The
    Apocryphal Old Testament*. Edited by H. F. D. Sparks. Oxford:
    Clarendon, 1984.[3]

---

2. Burchard는 자신이 취사선택하여 편집한 텍스트에 대한 영어 번역본을 제
    공하는데, 이는 더 긴 텍스트 b에 근거한 것이다. 내 생각에 이것이 더 우수
    한 텍스트이다.

3. 짧은 텍스트 d에 근거한 영어 텍스트인데, (내 생각에 이게 "b"보다 열등하

Denis, A.-M. *Concordance grecque des pseudépigraphes d'Ancien Testament: Concordance, Corpus des textes, indices*. Avec la collaboration d'Yvonne Janssens et le concours du CETE-DOC. Louvain-La-Newuve: Université Catholique de Louvain, 1987.

이차 문헌

Chesnutt, Randall. *From Death to Life: Conversion in Joseph and Aseneth*. JSPSupp 16. Sheffield: Sheffield Academic, 1995.

Goodacre, Marc. *The Aseneth Home Page*. http://markgoodacre. org/aseneth/.

Humphrey, Edith M. *Joseph and Aseneth*. GAP. Sheffield: Sheffield Academic, 2000.

————. "A Tale of Two Cities and (At Least) Three Women: Transformation, Continuity and Contrast in the Apocalypse." Pages 81-96 in *Reading the Book of Revelation: A Resource for Students*. Edited by David L. Barr. Atlanta: SBL, 2003.

————. *The Ladies and the Cities: Transformation and Apocalyptic Identity in Joseph and Aseneth, 4 Ezra, the Apocalypse and the Shepherd of Hermas*. SJPSSup 17. Sheffield: Sheffield Academic. Reprint Second Temple Series. London: T&T

고) Marc Philonenko와 Ross Kraemer는 이 텍스트를 옹호한다.

Clark, 2018.

Kraemer, Ross Shepard. *When Aseneth Met Joseph: A Late Antique Tale of the Biblical Patriarch and his Egyptian Wife, Reconsidered.* New York: Oxford University Press, 1998.

Rossing, Barbara. *The Choice Between Two Cities: Whore, Bride, and Empire in the Apocalypse.* Harvard Theological Studies 48. Harrisburg, PA: Trinity Press International, 1999.

Yarbro-Collins, Adele. "Feminine Symbolism in the Book of Revelation." *Biblical Interpretation* 1 (1973): 20–23.

제16장
「에녹의 편지」와 요한계시록 18:1-24
(로마의 경제에 대한 비판)

신시아 롱 웨스트폴(Cynthia Long Westfall)

요한계시록 14:8에서 요한은 천사가 "큰 성 바벨론"이 음행의 포
도주를 모든 나라에 주어 마시게 했기 때문에 무너졌다고 극적으
로 선언하는 것을 묘사한다. 이것은 두 가지 이유로 수수께끼 같
은 선언이다. 바벨론은 1세기에 큰 도시가 결코 아니었고, 이어지
는 두 장에서 바벨론은 더 이상 언급되지 않는다. 그러나 나중에
진노의 일곱 대접(16:1-21)은 큰 바벨론을 세 부분으로 갈라지게 하
는 지진에서 절정에 이르고, 하나님께서는 이 도시가 하나님의 진
노의 잔을 마시게 하신다(16:19). 그런 다음 바벨론은 17:1-18에서
고급 매춘과 저급 매춘의 특성을 모두 지닌 "음녀"로 의인화된다.[1]

---

1. Craig Koester, *Revelation: A New Translation with Introduction and
   Commentary*, AYB 38A (New Haven, CT: Yale University Press, 2014), 671-
   72 [= 『요한계시록 I』, 기독교문서선교회, 2019]을 보라. "음녀"라는 불쾌한
   용어는 요한의 풍자적 묘사에 적합한 혐오감을 전달한다.

바벨론은 마귀적인 짐승을 타는데, 그녀의 피후견인들은 땅의 왕들이다. 요한은 구약의 바벨론(시 137:1; 사 13-14장; 21장; 47장; 렘 50-51장; 단 4:30)뿐만 아니라, 니느웨(습 2:13-14; 나 3:1-7), 두로(사 23:1-16), 에돔(사 34:11-15), 예루살렘(렘 9:9-10)에 대한 심판 언어에 의존하여 바벨론의 황폐화를 묘사한다. 그러나 과거의 제국들에서 가져온 합성 캐리커처는 일곱 산 위에 앉았는데, 1세기 독자들은 이를 명백하게 로마 제국을 나타내는 것으로 이해했을 것이다(계 17:9). 로마를 의도적으로 큰 바벨론과 동일시하는 것은, 이 도시가 땅의 왕들과 후견인-피후견인 관계를 가진다는 묘사와 요한계시록 18:1-24에 생생하게 나타난 바 로마가 경제 중심지와 제국 체제의 부의 수혜자로서 기능한다는 점을 통해 분명해진다.

앞선 문맥에서 로마의 지배, 치명적인 폭력, 우상 숭배를 조장하는 것은 이 도시에 대한 심판과 황폐화를 일으키지만, 요한계시록 18:1-24은 먼저 땅의 왕들과 상인들과 선원들이 모두 연루된 경제적 착취, 사치스러운 방종, 오만으로 인해 로마를 기소한다. 이 음녀의 '음행'은 주로 압제, 폭력, 우상 숭배와 직접적으로 연결되는 심각한 물질주의로 표현된다. 부와 압제, 폭력, 우상 숭배 사이의 유사한 연관성은 『에녹1서』 94:6-100:6에서도 발견되는데, 이는 제2성전기 유대교에서 매우 대중적이었던 묵시문학의 주요 부분 중 일부를 구성한다.

「에녹의 편지」

("너희는 풍요로웠던 때에 억압을 저질렀다")

『에녹1서』는 더 전문적으로 말하면 에티오피아어 에녹서로 알려져 있고, 에녹의 것이라고 여겨지는 세 위경(에티오피아어, 아람어, 라틴어) 중 하나다. 『에녹1서』는 가장 오래되고 유일하게 완전히 보존된 판이지만, 많은 다양한 시기와 여러 저자들의 합작품이다.[2] 슈투켄브룩은 에티오피아어로 되어 있는 「에녹의 편지」(『에녹1서』91:1-105:2)를 분석하면서 그리스어와 아람어 텍스트에서 유래한 증거를 언급한다.[3] 그는 『에녹1서』94:6-100:6이 서신의 첫 번째 담론이라고 제안하며, 그 내용이 주전 2세기의 마카비 항쟁 직전 상황과 일치한다고 주장한다.[4] 첫 번째 담론이 시작되기 직전에 의의 길과 악의 길이 대조된다. 에녹은 그의 자녀들에게 악의 길을 걷지 말고, 그 악한 길이 그야말로 모든 곳에 있을지라도(94:5) 거

2.　E. Isaac, "1 (Ethiopic Apocalypse of) Enoch (Second Century B.C.-First Century A.D.): A New Translation and Introduction," *The Old Testament Pseudepigrapha*, ed. James Charlesworth, vol. 1 (Garden City, NY: Doubleday, 1985), 5-89, 5-6을 보라 『에녹1서』에 대한 모든 영어 번역은 이곳에서 가져온 것이다.

3.　『에녹1서』에 대한 더 많은 정보를 위해서는 이 책의 제1장에 나오는 벤자민 E. 레이놀즈의 글(「에녹의 비유」와 요한계시록 1:1-20 [다니엘서의 인자])과 제2장에 나오는 마크 D. 매튜스의 글(「에녹의 편지」와 요한계시록 2:1-3:22 [현시대의 빈곤과 부])을 보라.

4.　Loren Stuckenbruck, *1 Enoch 91-108*, CEJL (Berlin: de Gruyter, 2007), 189-90, 215.

리를 유지하라고 권면한다(94:1-4).

첫 번째 담론에는 악인들에 대한 여섯 가지 화 신탁이 나오는
데(94:6-95:2; 95:4-7; 96:4-8; 97:7-10; 98:9-99:2; 99:11-16), 이는 이 문서에
서 종종 의인들에 대한 위로 또는 축복과 짝을 이루는 주제다. 의
인들은 사회적이고 경제적인 압제를 경험하는 반면에 악인들은
사회적 명성을 떨치고 의인들의 희생으로 부를 얻는 것으로 특징
지어진다. 각 신탁의 첫 부분은 다른 나라들과 이스라엘의 불순종
하는 자들(종종 협력자들)에게 적용될 수 있는 악인들의 특성을 말해
주고, 두 번째 부분은 그들이 받을 심판을 묘사하는데, 이는 종말
론적인 역전으로서의 심판으로 이루어져 있다.

권력에 대한 비판

첫 번째 화 신탁(94:6-95:2)은 많은 부분에서 부가 가져다주는 권력
을 비판한다. '죄로' 집을 짓고, 금과 은을 얻고, 자신의 부를 신뢰
하는 것은 압제, 기만, 불의, 신성 모독과 연결되어 있다.

> 7 죄로 그들의 집을 짓는 자들에게 화가 있을 것이다!
>
> 이들은 모두 그 기초부터 무너질 것이고, 칼에 쓰러질 것이다.
>
> 금과 은을 축적한 자들은 속히 멸망할 것이다.
>
> 8 너희 부자들에게 화가 있을 것이다!
>
> 너희들은 너희의 부를 신뢰해 왔기 때문이다. (94:7-8)

악인들의 부는 그들에게 두 번째 화 신탁(95:4-7)에 묘사된 의인들을 압제하는, 즉 이웃을 저주하고 악으로 그들에게 되갚아 주며 거짓 증인이 되는 사회 권력을 준다. 야고보서의 저자도 동일하게 말한다. "여러분을 압제하는 사람은 부자들이 아닙니까? 또 여러분을 법정으로 끌고 가는 사람도 부자들이 아닙니까?"(약 2:6). 게다가 부를 신뢰하는 것은 모든 선한 것이 주님한테서 온다는 것을 인식하지 못하기 때문에 우상 숭배와 동일하다(『에녹1서』 94:8; 98:11).

사치와 압제

세 번째 화 신탁(96:4-8)은 특히 관련성이 깊다. 왜냐하면 이 신탁이 압제의 형태로서의 낭비와 사치, 그리고 소비주의와 관련된 행동들을 기소하고 있기 때문이다.

> 5 최고의 빵을 먹는 너희와
>
> 큰 대접에 포도주를 마시면서
>
> 권력으로 약한 자들을 짓밟는 너희에게 화가 있을 것이다!
>
> 6 언제나 마실 수 있는 물이 있는 너희에게 화가 있을 것이다.
>
> 너희는 곧 불에 타 말라 죽을 것인데,
>
> 이는 너희가 생명의 샘을 버렸기 때문이다.
>
> 7 압제, 기만, 신성 모독을 하는 너희에게 화가 있을 것이다!
>
> 너희에 대한 악의 기록이 있을 것이다.

8 너희 권력자들에게 화가 있을 것이다!

너희는 권력으로 의인들을 강제하는 자들이다. (96:5-8)

최상의 밀가루와 다량의 포도주를 소비하는 것과 같은 사치스러운 방종은 경제적 착취와 동일시된다(보석과 의복에 관련된 사치스러운 방종도 98:2-3에서 동일하게 비난받는다). 물을 낭비하는 것에 대한 비판은 팔레스타인과 다른 많은 지역에서 이해될 수 있다. 이곳들에서는 항상 가뭄의 위협이 있었고, 언제나 물에 제한적으로 접근할 수밖에 없었다. 1세기 독자들은 로마의 수로 또한 로마 제국의 압제하는 권력의 일부로 간주했을 것이다. 이 본문은 특히 부의 방종을 압제 및 강압과 연관 짓는다는 사실을 강조한다. 이 텍스트는 어떻게 돈이 위선과 연결되는지를 다룬다. 즉, 돈은 누군가가 의인처럼 보이게 하는 데 기만적으로 사용될 수 있는데(96:4), 이는 또 다른 형태의 사회 권력이다. 번영은 하나님의 축복에 대한 표지로서 의로움과 잘못 연결될 수 있다.

부와 불의

마지막 세 가지 화 신탁은 부가 특정한 불의의 행동과 연관됨을 강조한다. 네 번째 화 신탁(97:7-10)은 부자들이 "은을 모았기 때문에 원하는 모든 것을 할"(97:9) 수 있기에 부를 얻기 위해서 어떻게 불의가 사용되는지에 초점을 맞추고(97:8), 악인들이 범죄 혐의에서 어떻게 면제될 수 있는지에 초점을 맞춘다. 부자들은 집에 많은 일꾼이 있다는 이유로 기소당하는데(97:9b), 여기에는 분명히 노예들도 포함될 것이다(특별히 98:4에 노예제도에 대한 고발이 나온다). 다섯 번째 화 신탁(98:9-99:2)은 모든 시대 제국주의의 주요 목표 중 하나인 소비주의를 특징짓는 "좋은 것들"을 추구하며 그것들을 우선적으로 사랑하는 것과 만족(또는 포만)을 목표로 삼는 행위를 비판한다. 여섯 번째 화 신탁(99:11-16)은 죄악된 속임수(99:12)와 같은 압제적인 수단으로 부를 얻는 것과 착취, 즉 "다른 사람의 고된 노역"(99:13)을 통해 집을 짓는 것을 표적으로 삼음으로써 악인들에 대한 기소를 마무리 짓는다.

악인에 대한 결과

첫 번째 담론(94:6-104:8)에는 악인들이 부를 사용하고 남용한 것 때문에 그들에게 임할 구체적인 결과들로 가득한데, 이는 요한이 일곱 교회에 보낸 편지와 유사하다. 물론 부정적인 결과들은 "화" 선포의 중요 부분(part and parcel)이다. (나쁜 짓들에 대한) 징벌은 확실하다. 왜냐하면 이것이 하나님과의 관계가 중요하다는 것을 이해하지 못하고 그분의 주권을 인정하지 않는 것과 관련되기 때문이다.

> 너희는 너희의 부에서 멀어질 것이다.
> 이는 너희가 가장 높으신 분을 기억하지 못하기 때문이다.
> 너희는 풍요로웠던 때에 억압을 행했다.

> 너희는 죽음을 위해 준비되었고
>
> 어둠의 날과 큰 심판의 날을 위해 준비되었다. (94:8-9)

악인들에게 임하는 세 가지 결과—죄와 일치하는 결과(94:7, 10; 95:5, 7; 96:6; 98:11), 가난하고 억압받는 의인들의 입장이 역전되는 것(95:7; 96:1-3, 8), 갑작스러운 심판(94:1, 6, 7; 95:6; 96:1, 6; 97:10)—가 첫 번째 담론 전체에 나타난다. 그러나 의인들과 악인들에게 일어날 결과들이 주로 종말론적이며 심판의 날에 일어날 것이라는 점이 이 서신의 시작 부분과 첫 번째 담론의 마지막 부분(92:1-3; 100:1-6; 참조, 94:9; 97:1-7)에 분명하게 나타난다. 의인들은 심판에서 적극적인 역할을 부여받는다. 이들은 악인들을 책망하는 자가 될 것이고(94:11), 자신들을 압제했던 자들을 죽일 수 있는 권세를 부여받으며(95:3; 96:1; 98:12; 참조, 90:19; 91:12), 죄인들에게 행사할 수 있는 권세를 받게 될 것이다(96:1). 의인들은 하나님 및 천사들과 함께하며 악인들의 멸망을 기뻐하게 될 것이다(94:11; 97:2).

요한계시록 18:1-24

("그녀는 자기를 영화롭게 하고 사치스럽게 살았으니")

제국에 대한 고발

「에녹의 편지」는 거의 틀림없이 앞서 언급한 구약 텍스트와 함께 요한계시록 18장을 해석하는 데 가장 적절한 본문 중 하나다. 요한은 복잡한 방식으로 이 텍스트들을 의도적으로 합쳤다. 그 복잡한 방식이란, 구약에 고대의 주요 도시와 제국의 죄를 고발하는 본문과 화 신탁에서 볼 수 있는 것과 유사한 집중적인 경제 비판을 결합하는 방식이다. 『에녹1서』에서는 악인들의 길이 '모든 곳'에 있지만, 요한계시록 18장에서는 한 도시(바벨론/로마)에 국한된다. 그러나 로마 제국의 체계는 지정된 독자(일곱 교회)의 관점에서 볼 때 사실상 '모든 곳'으로 확장된다. 『에녹1서』 97:4에서 "죄인들과 연합한 자들"이라고 비난받는 자들은, 로마와 간음을 저지르는 것으로 묘사된(계 18:3) 로마 제국 전역에서 서로 협력적인 관계에 있는 나라들과 그 왕들에 해당한다. 요한계시록 18:3에 소개되는 땅의 상인들은 『에녹1서』에 비춰볼 때 악인으로 묘사되는데, 이는 그들이 "[로마의] 사치스러운 권력으로 부자가 되었기" 때문이고, 이 표현은 부, 압제적인 권력, 사치를 간결하게 경멸적으로 표현하는 연어(collocation)이다. 요한계시록 18:23에서 상인들은 물질주의에 넘겨진 문화에서 명예와 중요한 지위를 부여받았기 때문에 유력자들이나 귀족들로 불린다.

분리하라는 부르심

큰 바벨론의 멸망이 선포된 후에 등장하는 "내 백성아, 거기서 나오라"는 요청은 마소라 텍스트 예레미야 51:45에 대한 번역으로 볼 수 있다. 하지만 로마의 죄에 참여해서 그 재앙을 함께 받지 말

라는 경고는 『에녹1서』 94:3-4에 묘사된 분리를 자세하게 표현한
것이기도 하다. 요한은 사람들에게 물리적으로 도시를 떠나기보
다는 로마의 방식(악인들의 길)과 거리를 두라고 권고하고 있다.[5] 로
마로부터 분리되는 것은 제국의 체계에 가담하지 않고 그것을 거
부하는 것이다. 이것은 소아시아에서, 악인들의 길로 규정된 제국
의 권력, 조직적인 불의, 경제적 협력, 사치스러운 생활 방식과의
타협, 근원적인 우상 숭배에 저항하라는 부르심이다.[6]

결과와 애가

로마에 대한 고발과 그 결과는 「에녹의 편지」와 내용상 일치한다.
요한은 로마의 범죄에 합당한 응징, 심지어 두 배나 되는 보복을 강
력하게 요구한다(계 18:6). 요한은 특히 로마와 땅의 왕들이 사치스
럽게 살았던 것을 고발하며(18:7, 9), 로마가 부와 권력을 신뢰하는
것에서 기인한 오만함을 드러냈다고 한다(18:7). 요한은 「에녹의 편
지」와 마찬가지로 갑작스러운 심판을 강조한다. 심판은 하루 동안
에 임할 것이고(18:8), 심지어 한 시간 안에 임할 것이다(18:10, 17, 19).

아이러니하면서도 예술적인 애가에서 화 신탁과 구약 선지서
에 특징적으로 나타나는 예언자적 경고가 악인들을 애도하는 것
으로 표현되는데, 여기에는 일련의 화 선언이 반복적으로 나타난
다. 로마의 협력자들(땅의 왕들, 땅의 상인들, 모든 선장, 선원들, 바다에서 무

---

5. Koester, *Revelation*, 699.
6. 그러므로 이 분리는 『공동체 규율』과 같은 물리적인 분리가 아니다.

역하는 모든 사람들)은 자신들의 부와 권력을 잃었기 때문에 로마의 패배를 슬퍼하며 눈물을 흘리고 통곡하는 것으로 묘사된다(18:9, 15, 19). 로마의 심각한 소비주의에 대한 세부적인 묘사(18:11-14, 16)는 금, 은, 보석, 값비싼 건축 자재, 질 좋은 밀가루, 포도주, 사치스러운 의복, 노예를 모으는 것을 포함하여 「에녹의 편지」와 동일한 비난을 나타내는데, 이는 더없는 잔혹 행위다. 그러나 요한은 지정된 독자들이 살고 있던 일곱 도시가 로마에 공급한 물품을 포함하여 목록을 확장했는데, 이는 대부분 사치품으로 구성되어 있었다.[7]

로마에 협력했던 왕들, 상인들, 선원들과는 다르게 성도들, 사도들, 예언자들은 하나님 및 요한계시록 저자와 함께 로마에 대한 심판을 요구하고(18:6-7; 참조, 6:9-11) 심판이 일어날 때 기뻐할 것으로 기대된다(18:20a). 이러한 태도를 취하는 것은, 요한이 고발한 협력자들처럼 소아시아의 신자들이 사는 도시들 또한 로마와의 관계로부터 이익을 얻었기 때문에 매우 큰 도전이었을 것이다(참조, 3:17-18). 신자들은 제국의 시스템이 가져다주는 물질적인 이익(악인들의 길)을 신뢰하고 거기에 희망을 두어야 할지, 아니면 하나님과 그분의 신실하심을 신뢰하며 거기에 소망을 두어야 할지 선택해야 한다. 모든 성도들은 로마의 폭력과 압제에 대한 하늘 법정 사건에서 신원을 바라는 순교자나 같은 처지에 있는 청구인으로서 로마를 책망하는 역할을 하도록 부름을 받는다. 극적으로 운명이

---

7. Warren Carter, *The Roman Empire and the New Testament: The Essential Guide* (Nashville: Abingdon, 2006), 108-9.

역전되면서 하나님께서는 로마에 대항하는 의로운 성도들을 위해서 심판을 하셨고(18:20b), 로마의 모든 문화, 산업, 사회생활은 파멸됐다(18:21-23). 요한계시록 18장과 「에녹의 편지」 사이의 주요 차이점 중 하나는 저자가 독자들에게 로마와 그 협력자들에 대한 권한을 명시적으로 부여하지 않았으며, 멸망의 때에 그들을 죽일 권한도 주지 않는다는 것이다(그러나 계 2:26-28을 보라). 하지만 저자는 요한계시록 18:23-24에서 로마의 부와 사치스러운 방종이 압제와 우상 숭배(복술)와 폭력과 연관된다는 점을 강조하면서 결론을 짓는다.

더 읽을거리

추가적인 고대 문헌

동일한 비판을 위해서는 아모스, 시락서, 1QS를 보라. 이 텍스트들은 악인들에게서 물리적으로 분리되는 것을 택한다.

원문 영어 번역과 비평본

Isaac, E. "1 (Ethiopic Apocalypse of) Enoch (Second Century B.C.-First Century A.D.): A New Translation and Introduction," Pages 5-89 in vol. 1 of *The Old Testament Pseudepigrapha*. Edited by James Charlesworth. Garden City, NY:

Doubleday, 1985.

Nickelsburg, George W. E. *1 Enoch 1: A Commentary on the Book of Enoch, Chapters 1-36; 81-108*. Hermeneia. Minneapolis: Fortress, 2001.

Stuckenbruck, Loren. *1 Enoch 91-108*. CEJL. Berlin: de Gruyter, 2007.

이차 문헌

Carter, Warren. *The Roman Empire and the New Testament: An Essential Guide*. Nashville: Abingdon, 2006.

Collins, Adela Yarbro. *Crisis and Catharsis: The Power of the Apocalypse*. Philadelphia: Westminster, 1984.

Hengel, Martin. *Property and Riches in the Early Church: Aspects of a Social History of Early Christianity*. London: SCM, 1974 [= 『초기 기독교의 사회경제사상』, 감은사, 2020].

Howard-Brook, Wes, and Anthony Gwyther. *Unveiling Empire: Reading Revelation Then and Now*. Maryknoll, NY: Orbis, 1999.

Mathews, Mark D. *Riches, Poverty, and the Faithful: Perspectives on Wealth in the Second Temple Period and the Apocalypse of John*. SNTSMS 154. Cambridge: Cambridge University Press, 2013.

제17장
『솔로몬의 시편』과 요한계시록 19:1-21
(하나님의 적들을 정복함)

마이클 J. 고먼(Michael J. Gorman)

요한계시록에는 독자들을 불편하게 하면서 동시에 기쁘게 하는 많은 본문이 있지만 그중에서도 19장은 그림을 보는 듯한 특징과 축하 분위기 때문에 두드러진다. 19장은 음녀 바벨론(로마; 18장을 보라)의 죽음과 "우리 주 하나님"의 통치를 축하하는 네 번의 "할렐루야" 합창으로 시작된다(19:1-10). 합창단은 도래할 '어린양의 혼인 잔치'를 기대한다. 이 장의 두 번째 부분은 세 가지 생생한 심판 환상—"만왕의 왕이요 만주의 주"이신 백마를 탄 왕의 전사(19:11-16), 새들을 "하나님의 큰 잔치"에 모이도록 해서 패배한 적들을 먹게 하는 천사(19:17-18), 적들을 패배시키고 새들이 그들의 살로 배불리게 하는 그 말 탄 자(19:19-21)—을 이야기한다.

우리는 이 이미지를 어떻게 이해해야 할까? 세 가지를 유념하면 도움이 된다. 첫째, 요한계시록은 일련의 정치 풍자 만화처럼

153

그림을 보는 듯한 서술로 가득하다. 이러한 그림 같은 서술은 문자적으로 이해되도록 의도된 것이 아니라, 상상력을 자극하고 청자나 독자들에게 요한의 관점을 채택하도록 설득한다. 둘째, 이 이미지는 예수를 죽임 당했으나 이제는 살아계신 어린양(5장)으로 보는 중심 이미지에 비추어서 이해되어야 한다. 셋째, 요한은 신적 또는 메시아적 전사의 이미지를 만들어내지 않았으며, 이 이미지는 이스라엘 성경과 다른 유대교 저술에 나타난다. 그러한 저술 중 하나는 『솔로몬의 시편』으로 이 저술은 확실히 제2성전기 문헌에서 가장 중요한 메시아 텍스트라고 볼 수 있는 내용을 담고 있다.

『솔로몬의 시편』
("그는 입에서 나오는 말씀으로 영원토록 땅을 치실 것이다")

『솔로몬의 시편』은 주전 1세기에 편찬된 하나님께 드리는 18개의 찬송 모음집으로, 그리스어 성경, 즉 칠십인역에 들어 있다. 메시아에 대한 내용을 담고 있는 17편은 현대 역본에서 46절로 구성된 가장 긴 시편이다. 『솔로몬의 시편』에 미친 신학적 영향은 정경 시편, 지혜 문학, 신명기 전승, 선지서를 포함해서 다양하다.

　『솔로몬의 시편』, 특히 17편의 역사적 배경은 아마도 주전 63년에 로마 장군 폼페이우스가 예루살렘을 점령한 직후일 것이다.

『솔로몬의 시편』은 로마가 근본적으로 전복시킨 유대교 통치자들, 특히 하스몬 제사장 가문 사람들에게 비판적인 것처럼 보인다.[1] 하스몬 사람들은 유대인들에게 80년간의 독립을 주었지만, 이들은 다윗의 후손이 아니었고, 제사장직과 왕권을 합쳐버렸다. 『솔로몬의 시편』을 쓴 사람들은 이스라엘이 외세의 압제와 (힘이 빠지긴 했지만) 불법적인 제사장 왕권으로부터 구원받을 필요가 있다고 분명하게 믿었다.

메시아

『솔로몬의 시편』 17편에서[2] 우리는 이 구원이 다윗 계열의 왕인 "주의 기름 부음을 받은 자", 즉 메시아(그리스어 '크리스토스'; 17:32; 또한 18:5)를 통해 이루어질 것임을 배우게 된다.[3] 이 17편은 네 부분으로 나눌 수 있다.

1. **프롤로그**: 주님은 왕이시다(17:1-3).
2. **내러티브**: 현재의 위기를 초래한 사건들(17:4-20).
3. **예언**: 도래할 다윗 계열의 메시아, 적들을 정복하고 하나님의 백성을 정결케 하며, 정의로 다스리실 분(17:21-43).

---

1. 하스몬 사람들은 주전 37년 헤롯대왕의 시대까지 로마의 가신왕(client kings)으로 남아 있었다.
2. 『솔로몬의 시편』의 모든 인용은 NETS에서 가져왔다.
3. 원래의 본문이 "주의 기름 부음을 받은 자"를 말했는지, 아니면 "기름 부음을 받은 자, 주"를 말했는지와 관련해서 학자들 간의 논쟁이 있다.

4. **에필로그**: 주님이 왕이시기에 소망이 있다(17:44-46).

21-43절에 나오는 도래할 메시아에 대한 묘사는 풍성하고 복
잡하다. 21-25절은 주님께 "다윗의 후손인 이스라엘의 왕을 일으
키셔서"(17:21a), 그들을 다스리게 하시고(17:21b), "불의한 통치자들
을 산산이 부수시며"(17:22a), "이스라엘을 짓밟아 파괴하려는 나라
들"(17:22b)로부터 예루살렘을 정결케 하시고, "죄인들을 내쫓으시
며", "죄인의 오만함을 토기장이의 그릇처럼 박살을 내시
고"(17:23), "그들의 모든 재산을 철장으로 깨뜨리시며"(17:24a), "법
없는 나라들을 그의 입의 말씀으로 파괴해달라고"(17:24b) 간구하
는 기도문이다. 26-29절은 메시아가 의로움으로 이끌고 심판할
것을 강조한다. 30-43절은 우리에게 그[메시아]가 하나님의 영으로
충만하고(17:37) 죄가 없으실 것이라고 말해준다(17:36). 그는 평화와
번영과 정의의 시대에 백성을 "인도"할 것이다(17:40). "열방의 백
성은" "그분의 멍에 아래에"(17:30a) 있을 것이고, "그는 입에서 나
오는 말씀으로 영원토록 땅을 치실 것이다"(17:35a). 그러나 역설적
이게도 그는 "열방을 불쌍히 여기실 것"(17:34b)이고, "말과 말을 탄
자와 활에 희망을 두지 않으며" 전쟁을 준비하지도 않을 것이다
(17:33).

메시아 해석

한편으로 『솔로몬의 시편』 17:22-24a은 (종종 메시아적으로 해석되는)

특히 정경 시편 2편과 110편에 근거해서 문자 그대로 (내부와 특히 외부의) 모든 적을 물리칠 폭력적이고 군사적인 전사로서의 메시아를 묘사하는 것처럼 보인다. 다른 한편으로, 24b절과 33-35a절은 (역시 메시아적으로 종종 해석되는) 이사야 11장과 같은 성경의 다른 부분에 근거하여 오직 그의 말씀과 주님께만 의지하여 승리하고자 하는 비폭력적인 메시아를 제안한다(시편 20, 33편을 보라).

아래의 표에서 볼 수 있듯이, 이스라엘의 성경에는 전쟁에 의한 승리와 말씀에 의한 승리라는 문자적이고 비유적인 전투가 모두 나타난다. 학자들은 『솔로몬의 시편』 17편과 관련해서 의견이 갈린다. 다수의 학자들은 몇몇 사해문서와 마찬가지로 17편이 폭력적인 전사로서의 메시아를 그리고 있다고 보고, 다른 학자들은 이에 동의하지 않으며 이 찬송의 초점이 말씀에 있음을 강조한다. 이러한 긴장과 논쟁은 우리를 요한계시록 19장으로 이끈다.

표 17.1: 『솔로몬의 시편』 17편에 나타나는 메시아적 상호텍스트성

	구약	『솔로몬의 시편』 17편
전쟁	"네[주의 아들, 기름 부음을 받은 자= 왕]가 철장으로 그들[땅의 왕들, 열방]을 깨뜨림이여 질그릇같이 부수리라 하시도다." (시 2:9) "주의 오른쪽에 계신 주께서 그의 노하시는 날에 왕들을 쳐서 깨뜨리실 것이라." (시 110:5)	"22 그리고 그[오실 왕, 다윗의 후손]에게 힘을 주셔서 불의한 통치자들을 산산이 부수시고, 멸망으로 짓밟는 나라들로부터 예루살렘을 정결케 하시며, 23 의의 지혜로 죄인들을 이 기업에서 쫓아내시고, 죄인들의 오만을 토기장이의 그릇처럼 박살내시며, 24 철장으로 그들이 가진 모든 것을 부수소서." (17:22-24a)

| 말씀 | "공의로 가난한 자를 심판하며 정직으로 세상의 겸손한 자를 판단할 것이며 그의 입의 막대기로 세상을 치며 그의 입술의 기운으로 악인을 죽일 것이며" (사 11:4)

"많은 군대로 구원 얻은 왕이 없으며 용사가 힘이 세어도 스스로 구원하지 못하는도다. 구원하는 데에 군마는 헛되며 군대가 많다 하여도 능히 구하지 못하는도다." (시 33:16-17; 참조, 시 20:6-7) | "법 없는 나라들을 그의 입에서 나오는 말씀으로 파괴하소서." (17:24b)

"33 그는 말과 그 탄 자에게 희망을 두지 않을 것이고, 전쟁을 위해 금과 은을 스스로 증식시키지도 않을 것이며, 전쟁의 날을 위해 다수의 백성으로부터 희망을 모으지도 않을 것이다. 34 주님만이 그분의 왕이시다. 주님만이 그의 소망이시며, 그는 하나님 안에 있는 소망을 통해서 강하다. 그는 경외함으로 그 앞에 있는 모든 나라들을 긍휼히 여길 것이다. 35 이는 그가 입에서 나오는 말씀으로 영원토록 땅을 치실 것이기 때문이다." (17:33-35a) |

요한계시록 19:1-21

("그가 피 뿌린 옷을 입었는데 그 이름은 하나님의 말씀이라 칭하더라")

위에서 언급했듯이, 요한계시록 19장은 두 부분으로 되어 있다. 첫 번째 부분은 하늘의 합창과 천사의 메시지(19:1-10)이고, 두 번째 부분은 뒤따라 나오는 메시아의 세 가지 심판 환상이다(19:11-21). 몇몇 해석가들은 요한계시록 19:11-21에서 요한계시록의 마지막 주요 부분—그리스도의 재림, 즉 파루시아, 그리고 관련된 사건들—이 시작된다고 생각한다.

하늘의 합창과 천사의 메시지

요한계시록 19:1-10의 대부분은 하늘의 보좌 알현실을 배경으로
한다(19:4; 참조, 4-5장; 7:9-17). 먼저 네 번의 할렐루야(19:1, 3, 4, 6)가 하
늘의 허다한 무리로부터 나온다(19:1, 6; 참조, 7:9-10). 이들은 이십사
장로 및 네 생물과 합쳐진다(19:4; 참조, 4:4-11; 5:6-14). 다음으로 한 음
성—아마도 천사의—이 나와서 하나님의 모든 종들에게 이 합창
에 참여하도록 초대한다(19:5-8). 이 증가된 큰 무리는 땅의 신실한
자들인 "성도"(19:8)로 구성된다. 4장, 5장, 7장과 마찬가지로, 이 광
범위한 "할렐루야 합창"에 참여한다는 것은, 땅에 있든 하늘에 있
든지 간에 모든 신자와 모든 피조물이 하나님을 찬양한다는 것을
의미한다.

이렇게 구원(승리), 영광, 능력, 찬양을 하나님께 돌리는 이유
(19:1, 5, 7)는, 하나님께서 큰 음녀를 심판하시고 물리치심으로써 하
나님의 정의와 정당한 통치권을 드러내시고(19:6) 어린양의 혼인
잔치를 준비하시기 때문이다(19:7, 9). 이 결혼식에서 "신부"(참조,
21:2, 9; 22:17)는 어린양을 신실하게 따르는 자들로서 옳은 행실을
나타내는 빛나고 깨끗한 세마포 옷을 입은 자들이다(19:8). 찬양의
합창이 있고 난 후에 예수에 대한 신실하고 예언적인 증언의 일환
으로 혼인 잔치에 청함을 받는 축복과 관련해서 선견자 요한과 (경
배받기를 거절한) 천사 사이에 대화가 이어진다(19:8-10).

『솔로몬의 시편』 17편과 마찬가지로, 요한계시록 19:1-10의 근
본적인 신학적 주장은 모든 정치적이고 종교적인 권세에 대한 하

나님의 주권이다. 두 본문 모두에서 하나님의 백성은 그 주권의 평화롭고 의로운 열매에 참여할 수 있는데, 이 행복한 존재는 각기 다른 이미지로 묘사되어 있다.

메시아 심판 환상

언뜻 봤을 때 요한계시록 19:11-21이 『솔로몬의 시편』 17편보다 더 폭력적인 것처럼 보이고, 그 이미지도 확실히 더 생생하다. 첫 번째 환상(계 19:11-16)은 요한계시록 1:12-18의 첫 환상과 계시록의 다른 부분에서 울려 퍼지는 반향들이 가리키는 바와 마찬가지로 메시아 예수("다윗의 뿌리", 5:5)에 대한 묘사가 분명하다. 이 환상은 '에크프라시스'(*ekphrasis*), 즉 청자/독자가 묘사된 사람이나 대상을 만나도록 초대하는 수사적 장치의 예로 가장 잘 이해된다. 하나님의 큰 잔치에 초대받는 새들에 대한 두 번째 환상(19:17-18)은 메시아(곧 하나님)의 승리가 수반하게 될 심판과 형벌에 대한 생생한 예비적 이미지를 제공한다. 세 번째 환상(19:19-21)은 전쟁을 일으키기 위해 모인 메시아의 대적들을 간략하게 묘사한다. 그러나 이들은 즉시 패배하고, (13장에서 제국의 권력과 숭배를 상징하는) 짐승과 그의 거짓 예언자들은 유황불 붙는 못에 던져지고 나머지는 새들이 와서 먹어 치운다(겔 39:17-20을 보라).

요한계시록 19:11-21에 나오는 메시아 예수와 그의 심판에 대한 묘사는 시편 2:9을 포함하여 『솔로몬의 시편』 17편이 사용하는 성경 구절에 대한 반향을 담고 있다(특히 계 19:15). 그러나 요한계시

록이 진노와 피를 생생하게 강조하는 이사야 63장을 사용하는 것
(계 19:13, 15을 보라)을 특별히 주의해야 한다.

누구의 피인가?

요한계시록을 해석하는 학자들 사이에 오랜 논쟁이 있다. 요한계
시록 19:13에서 예수께서 입으신 피 뿌린 옷이 그의 대적들의 피
에 젖은 것인가, 아니면 예수 자신의 피에 젖은 것인가? 하나님의
보복의 날과 적의 피를 쏟아붓는 것을 묘사하는 이사야 63:1-6의
반향은 분명하다.

> 어찌하여 네 의복이 붉으며, 네 옷이 포도즙 틀을 밟는 자 같으
> 냐? 만민 가운데 나와 함께한 자가 없이 내가 홀로 포도즙 틀을
> 밟았는데 내가 노함으로 말미암아 무리를 밟았고 분함으로 말미
> 암아 짓밟았으므로 그들의 선혈이 내 옷에 튀어 내 의복을 다 더
> 럽혔음이니. (사 63:2-3; 계 19:13, 15를 보라)

어떤 타르굼은 이 본문을 창세기 49:11과 연관 지어 메시아가 흘
리게 한 적의 피에 대한 언급으로 해석한다.[4] 요한계시록은 어떤
가?

우리가 요한계시록에 내러티브 접근 방식을 적용해서 예수의
인물 묘사를 추적해 보면, '피'가 예수를 정의하는 성격적 특성 중

---

4.   예, 타르굼 네오피티 창 49:11.

하나임을 알게 되는데, 이는 예수가 누구이고 그가 어떻게 승리를
이루셨는지를 말해준다(계 3:21; 5:5을 보라). 즉, 예수께서는 다른 사
람의 피를 흘리게 하지 않고, 자신의 피를 흘리심으로 승리를 이
루신 분이시다(참조, 1:5; 5:9; 7:14). 예수께서는 죽이는 어린양이 아니
라, 죽임 당했지만 이제는 서 있는(부활한) 어린양이시다(5:6, 9, 12;
13:8). 예수의 제자들은 예수의 죽음/피로부터 유익을 얻고(6:10;
7:14; 16:6; 17:6; 18:24), 예수께서 하셨던 것처럼 "이김"으로써, 즉 죽
음 앞에서 신실함을 유지함으로써 이를 공유한다(3:21). "충신과 진
실"(19:11)이라고 불리는 분에 대한 충성됨이 피 흘리기를 거부하는
것(13:10)과 더불어 기꺼이 자신의 피를 흘리는 것(12:11)을 의미한다
면, 요한이 예수를 살인하는 구원자로 만드는 것은 충성되지 못한
것이 될 것이다. 이것은 요한이 성경을 기독론적으로, 즉 예수에
비추어서 읽었다는 것을 의미한다. 예수께서 죽이는 것이 아니라
죽음으로써 그의 메시아적 왕권을 세우셨기 때문에, 요한은 이사
야 63장을 비롯한 성경에 나오는 신적이고 메시아적인 폭력을 비
폭력적으로 해석한 것이다.

　틀림없이 요한계시록은 피를 신적 심판에 대한 상징으로 사용
할 수 있지만(계 6:12; 8:7-9; 11:6; 14:20; 16:3-6), 특별히 예수와 연관된
피는 요한계시록이 진행되고 19장에서 절정에 이르면서 예수 사
신이 흘린 피를 가리키게 된다.

어떤 종류의 검인가? 어떤 종류의 전쟁인가?

만약 요한계시록 19:13의 피가 예수께서 흘리신 피라면, 우리는 그의 입에서 나오는 검(19:15, 21)도 문자적으로 해석하면 안 되고, 비유적으로 해석하여 수행 발화(performative utterance), 즉 실제로 어떤 일이 일어나게 하는 말을 상징한다고 결론을 내려야 한다. 예수의 이름이 "하나님의 말씀"(19:13; 참조, 요 1장)이기 때문에 검은 예수 자신의 말씀, 실제로 자기 자신을 나타낸다. 예수의 말씀—그의 인격—은 하나님의 심판과 구원을 둘 다 이루는 수단이고(지혜서 18:14-16을 보라), 틀림없이 모든 사람에게 전파되는 "영원한 복음"과 관련된다(계 14:6). 또한 예수의 검과 피는 심판과 구원에 대한 하나님의 약속을 나타낸다.

시편 2편과 110편, 그리고 다른 성경 본문을 포함해서 요한계시록 19:11에서 시작되는 요한의 전사 이미지는[5] 문자적이고 폭력적으로 이해하는 것이 아니라, 비유적이고 기독론적으로 이해해야 한다.

두 종류의 메시아?

우리는 『솔로몬의 시편』 17편과 요한계시록 19장을 어떻게 나란히 놓고 읽어야 할까? 이 두 문헌의 메시아 묘사는 동일한 정치적 두려움과 기대를 토대로 구성되었고, 동일한 성경 텍스트—때로 서로 긴장 가운데 있는—를 사용한다. 두 문헌은 텍스트들이 이러

5.　예, 신 20:13; 시 68:17; 사 49:2을 보라.

한 정치적 환경에서 어떻게 읽혀야 하는지에 대한 문제를 제기한다. 메시아가 전쟁으로 정복할 것인가, 아니면 말씀으로 정복할 것인가? 두 문헌이 묘사하는 메시아는 (a) 둘 다 폭력적인가, (b) 둘다 비폭력적인가, 아니면 (c) 하나는 폭력적이고 다른 하나는 비폭력적인가? 만약 대답이 (c)라면 어떤 문헌의 메시아가 폭력적인가?

여기에 제시된 요한계시록의 관점은, 요한이 요한계시록 19장에서 성경, 정치, 예수에 대해 가지는 해석적 입장이 그의 메시아 묘사 중 이 부분이 나타나는 더 넓은 내러티브에 의해서 형성됐다는 것이다. 그러나 『솔로몬의 시편』 17편은 아직 확실하지 않다. 이것은 문자적인 전쟁보다 강력한 말씀을 선호하는 또 다른 예일 수 있고, 요한계시록의 독특한 메시아를 강조하는 것일 수 있다.

더 읽을거리

추가적인 고대 문헌

메시아적/종말론적 전쟁에 대한 또 다른 텍스트로는 사해문서 1QM 10-12, 15-19; 1QSb 5; 4QpIsaᵃ; 4Q174; 4Q285; 『바룩2서』 36-40, 72장; 『에스라4서』 13장; 『시빌라의 신탁』 3:657-701; 고린도전서 15:24-28; 데살로니가후서 1:5-2:12이 있다. 예를 들면, 구원의 이미지로서의 연회(때로 메시아적)를 위해서는 이사야 25:6-

10a; 55:1-5; 『에녹1서』 62:12-16; 『바룩2서』 29장; 마태복음 22:1-14; 누가복음 14:7-24을 보고, 심판의 이미지로는 에스겔 39:17-20; 『바룩2서』 29:4을 보라.

원문 영어 번역과 비평본

NETS

Wright, R. B. "Psalms of Solomon: A New Translation and Introduction." Pages 639-70 in vol. 2 of *The Old Testament Pseudepigrapha*. Edited by James H. Charlesworth. Garden City, NY: Doubleday, 1985.

―――. *Psalms of Solomon: A Critical Edition of the Greek Text*. London: T&T Clark, 2007.

이차 문헌

Atkinson, Kenneth. *I Cried to the Lord: A Study of the Psalms of Solomon's Historical Background and Social Setting*. Boston: Brill, 2004.

Barr, David L. "The Lamb Who Looks Like a Dragon? Characterizing Jesus in John's Apocalypse." Pages 205-20 in *The Reality of Apocalypse: Rhetoric and Politics in the Book of Revelation*. Edited by David L. Barr. Atlanta: SBL, 2006.

Barnhill, Gregory M. "Seeing Christ through Hearing the

Apocalypse: An Exploration of John's Use of Ekphrasis in Revelation 1 and 19." *JSNT* 39 (2017): 235–57.

Trafton, Joseph L. "What Would David Do? Messianic Expectation and Surprise in Ps. Sol. 17." Pages 155–74 in *The Psalms of Solomon: Language, History, Theology*. Edited by Eberhard Bons and Patrick Pouchelle. Atlanta: SBL, 2015.

Zacharias, Danny. "The Son of David in Psalms of Solomon 17." Pages 73–87 in *"Non-canonical" Religious Texts in Early Judaism and Early Christianity*. Edited by Lee Martin McDonald and James H. Charlesworth. London: T&T Clark, 2012.

제18장
「파수꾼의 책」과 요한계시록 20:1-15
(타락한 천사에 대한 구속적 심판)

엘리자베스 E. 샤이블리(Elizabeth E. Shively)

요한계시록 20:1-15은 어떻게 하나님께서 마침내 사탄을 내쫓고 심판하셨는지에 대한 이야기를 전해준다. 이야기는 이렇다. 천사가 그리스도의 권위에 근거하여 사탄을 결박하고 그를 천 년 동안 가두어 만국을 미혹하지 못하게 한다. (아마도 성도들과 전쟁을 일으키지 못하게 하려는 목적일 것이다.) 이 기간에 성도들은 그리스도와 함께 다스린다. 이 기간이 끝나고 사탄은 풀려나서 다시 만국을 미혹하고 성도들과 전쟁을 벌이지만, 결국 패배하여 사망과 음부, 그리고 생명책에 그 이름이 기록되지 않은 자들과 함께 영원토록 불 못에 던져진다.

　이 짧은 이야기는 사탄과 그의 패거리의 전복과 멸망에 관한 비슷한 이야기를 전하는 고대 유대교 문헌과 구조, 언어, 사상을 공유한다. 하나님께서 악을 파멸하시는 이야기의 흐름은 야망을

품은 왕들의 몰락을 우주적인 언어로 묘사하는 이사야서에도 나타난다(사 14:12-14; 24:21-22). 제2성전기의 묵시 텍스트들은 이사야서의 줄거리를 부연하여 하나님께서 자기 백성을 위한 새로운 세상을 만들기 위해 어떻게 타락한 천사들과 이에 대응되는 인간들을 전복시키셨는지를 말해준다(『에녹1서』 10:4-6, 11-13; 13:1-2; 18:12-16; 19:1-2; 『에녹2서』 7:1-2; 『희년서』 5:6-14; 유 6; 벧후 2:4; 계 12:7-17). 요한계시록 20:1-15은 이러한 주해 전통의 흐름을 따라간다.

나는 특정 텍스트들과 요한계시록 20:1-15 사이의 개별적인 유사점을 식별하기보다 요한이 하나님께서 어떻게 사탄을 제거하여 그분의 통치를 회복하고 성도들을 위해 심판하시는지를 전하기 위해 그러한 주해 전통의 흐름, 특히 『에녹1서』 10:4-8, 11-15에 반영된 것과 같은 흐름을 어떻게 사용했는지를 살펴볼 것이다.

「파수꾼의 책」

("라파엘아, 가서 아사엘을 결박하라. …

미가엘아, 가서 쉐미하자를 결박하라")

구속적 심판

『에녹1서』는 5세기에 걸쳐서 작성된 다섯 권의 개별적인 책들로 구성되어 있다.[1] 『에녹1서』 10장은 「파수꾼의 책」(『에녹1서』 1-36장)이

---

1. 『에녹1서』에 대한 더 많은 정보를 위해서는 벤자민 E. 레이놀즈가 쓴 이 책

라고 불리는 첫 번째 책에 속해 있다. 이 책의 중심적인 특징은 파수꾼들—타락한 천사들—이 어떻게 하늘에 있는 그들의 자리를 떠나서, 결과적으로 땅에 악을 가져오게 되었는지에 대한 이야기에 있다(6-11장; 참조, 창 6:1-13). 이로 인해 종말의 심판을 상징하는 홍수 심판이 일어난다.[2] 하나님의 백성이 반역한 천사들과 그들의 후손들을 반대하며 정의를 부르짖자 심판이 시행되었다. 네 명의 거룩한 천사장들은 인류를 위해 탄원했고, 하나님께서는 그들에게 심판을 위임함으로써 응답하셨다(『에녹1서』 10:1-3).

나는 두 천사장, 라파엘과 미가엘에게 두 파수꾼인 아사엘과 쉐미하자를 각각 결박하여 가두라고 하는 하나님의 지시에 집중하려고 한다.

> 4 주님께서는 라파엘에게 말씀하셨다. "라파엘아, 가서 아사엘의 손과 발을 결박하여 흑암 속으로 던져 버려라. 그리고 두다엘에 있는 광야에 구멍을 내고 그를 거기에 던져 버려라. 5 날카롭고 삐죽삐죽한 돌들을 아사엘 아래에 놓고, 흑암으로 그를 덮어 거기에 대단히 오랫동안 머물게 하라. 아사엘의 얼굴을 가리어서 빛을 보지 못하게 하라. 6 그리고 큰 심판의 날에 아사엘은 타오르는 불길 속으로 끌려 들어갈 것이다. 7 그리고 파수꾼들이 황폐하게 만든 땅을 회복시켜라. 그 땅의 회복을 알려라. 재앙이 치유

의 제1장(「에녹의 비유」와 요한계시록 1:1-20 [다니엘서의 인자])을 보라.

2. Nickelsburg, *1 Enoch*, 7.

될 수 있고, 파수꾼들이 인간의 아들들에게 말하고 가르친 신비 때문에 그들의 모든 아들들이 멸망하지 않을 수 있도록 말이다. 8 모든 땅은 아사엘의 가르침을 따라 행동한 것 때문에 황폐하게 되었으니 모든 죄를 그[아사엘] 위에 써놓아라." (『에녹1서』 10:4-8)[3]

11 주님께서 미가엘에게 말씀하셨다. "미가엘아, 가서 쉐미하자와 그와 함께한 자들을 결박하라. 이들은 인간의 딸들과 교미하여 그들의 부정함으로 딸들을 더럽힌 자들이다. 12 이들의 아들들이 죽고 이들이 자신들의 사랑받는 자들이 멸망하는 것을 볼 때, 칠십 세대 동안 땅의 골짜기에 이들을 결박하라. 이들을 심판하는 날까지, 바로 영원한 심판이 완성되기까지 말이다. 13 그리고 난 후 이들은 불타는 무저갱으로 던져질 것이고, 고문의 감옥으로 던져져서 영원히 갇혀 있을 것이다. 14 이제부터 유죄 선고를 받아 멸망당하는 모든 사람은 그들 세대의 종말까지 이들과 함께 묶여 있을 것이다. 그리고 내가 심판할 그 심판의 때에 이들은 영원히 사라질 것이다. 15 혼종들의 영과 파수꾼들의 자녀들을 파괴하라. 이는 이들이 인간들을 부당하게 대우했기 때문이다." (『에녹1서』 10:11-15)

---

3. 이 번역은 George W. E. Nickelsburg and James C. VanderKam, *1 Enoch. The Hermeneia Translation* (Minneapolis: Fortress, 2012)에서 가져온 것이다.

타락한 천사들을 결박함

4a절은 라파엘이 아사엘을 결박하고 그를 흑암 속에 던져야 한다는 하나님의 명령에 대한 개요를 제공하고, 4b-5절은 이 명령의 세부 사항과 기간을 설명한다("… 구멍을 내고 5 그를 거기에 던져 버려라 … 아사엘 아래에 놓고 … 그를 덮어 거기에 … 머물게 하라"). "아사엘의 손과 발을 결박"하라는 지시는 체포되어 쇠사슬에 묶인 채로 감옥에 던져지는 범죄자의 이미지를 연상시킨다(참조, 행 12:6; 21:11, 33; 22:5). 두다엘이라는 감옥은 스올과 같은 것으로, 이 경우에는 마지막 심판에서 불로 벌을 받을 때까지 갇혀 있는 유치장이다(『에녹1서』 10:6). 결박당한 아사엘의 인간에 대한 권세와 영향력이 제거되어 라파엘은 파수꾼들이 황폐화시킨 땅을 치유할 수 있게 된다(10:7).

미가엘에게 주어진 명령은 라파엘에게 주어진 명령과 비슷한 패턴을 따른다. 11b절은 하나님께서 미가엘에게 주신, 쉐미하자와 여자들을 임신시킨 또 다른 파수꾼들을 결박하라는 명령을 개괄적으로 보여 준다. 12절은 이 명령의 세부 사항과 기간을 설명한다. 그리고 난 다음에 13절은 칠십 세대가 지난 후 마지막 심판에서 받을 불의 형벌을 묘사한다. 이것은 무저갱, 즉 영원한 고문의 장소이자 마귀들을 위한 감옥으로 그려진다(21:7-10을 보라; 참조, 눅 8:31). 그러나 이 장소는 또한 악한 인류가 파수꾼과 그들의 후손들과 함께 영원한 형벌을 위해 결박되거나 제한받는 곳이다(『에녹1서』 10:14-15). 그리고 나서 하나님께서는 축복과 새 창조를 떠올리게 하는 비옥한 땅의 이미지를 사용하여 의인들이 살 수 있는 새로운

장소를 준비하기 위해 땅에서 악을 제거하라고 미가엘에게 명령하신다(10:16-11:2).[4]

이 이야기에서 아사엘과 쉐미하자를 결박하고 감금하는 것은 인류와 땅에 대한 이들의 통치가 제거되는 데 있어서 분수령이 되는 순간이다. 이는 정권 교체를 의미한다. 인류를 속이고 하나님의 백성을 희생시키며 땅을 황폐화하는 악한 권세가 축출되고, 하나님께서 인류와 세상과 우주의 적법한 통치자로 회복된다.

요한계시록 20:1-15

("용을 잡으니 곧 옛 뱀이요")

구속적 심판의 필요성

요한계시록에서는 인간의 부르짖음이 하나님께로 상달되고, 하나님께서는 악을 행하는 자들과 그들을 선동하는 초자연적 존재들에게 심판을 행하심으로써 응답하시는데, 이는 「파수꾼의 책」에 나오는 기본 줄거리와 다르지 않다. 특히 순교한 성도들은 땅에 거하는 자들에게 자신들의 피를 갚아달라고 하나님께 부르짖는다(계 6:10; 참조, 8:3-4; 18:24). 요한계시록의 나머지 부분은 기본적으로 일련의 심판 속에 나타나는 하나님의 응답을 이야기한다(예, 6:10과 16:1-9을 비교하라).

---

4. Nickelsburg, *1 Enoch*, 227.

요한계시록 12장은 용/사탄이 이 박해의 중심에 있음을 밝힌
다(이는 2:9-10, 13, 24에서 기대된다). 요한에 따르면, 사탄은 "온 천하를
꾀는 자"이다(12:9). 미가엘은 천사들을 이끌어 사탄과 전쟁을 벌이
고, 그를 하늘에서 땅으로 내쫓는다. 그 후 사탄의 주된 목표는 하
나님의 계명을 지키고 예수의 증거를 가진 신앙 공동체(여자의 후손
들)와 싸우는 것이다(12:17; 참조, 1:2). 그리고 요한계시록 13장은 사탄
이 어떻게 이 전쟁을 수행하는지를 설명한다. 사탄은 짐승/국가에
권세를 주었다. 그래서 "그 짐승은 성도들과 싸워서 이길 것을 허
락받고, 또 모든 종족과 백성과 언어와 민족을 다스리는 권세를
받았다. 그리고 땅 위에 사는 모든 사람, 어린양의 생명책에 그 이
름이 기록되어 있지 않은 사람은, 모두 그에게 경배할 것이다"
(13:7-8; 또한 13:11-18을 보라; 참조, 18:23; 19:20). 요약하면, 사탄은 가짜
왕국을 세우기 위해 온 세상을 미혹함으로써 성도들과 전쟁을 벌
이는 것이다.

절정에 가서 요한계시록 17-20장은 사탄의 가짜 왕국을 인정
하기를 거부하는 자들에게 폭력을 가하는 데 가담한 나라, 기관,
인간, 궁극적으로 우주적 세력에 대한 마지막 심판을 전개한다. 요
한계시록 20:1에서 예수께서는 아마도 사탄을 결박하고 가두기
위해 하늘의 천사에게 무저갱의 열쇠를 줌으로써 권한을 위임하
신 것 같다(1:18; 3:7; 9:1과 비교하라).

아래의 표 18.1에서 나는 요한계시록 20:1-15의 줄거리가 어떻
게 『에녹1서』 10:4-8, 11-15과 연결되는지를 보여줌으로써 공통된

전승의 흐름이 있음을 나타낼 것이다.

표 18.1: 요한계시록 20장과 「파수꾼의 책」

요한계시록 20:1-15	『에녹1서』 10:4-6	『에녹1서』 10:8-11
그리스도께서 권위를 부여하신 한 천사가	아사엘을 결박하라고 하나님께서 권위를 부여하신 라파엘이	쉐미하자와 그와 함께한 자들을 결박하라고 하나님께서 권위를 부여하신 미가엘이
용/옛 뱀/마귀/사탄을 결박하여 무저갱에 던져 넣어 잠그고 그 위에 인봉하는데	그를 흑암 속에 던져 넣고, 흑암으로 그를 덮어버린다.	그들을 땅의 골짜기에 결박하였다.
이는 그가 천 년 동안 만국을 미혹하지 못하게 하기 위함이다.	그리고 라파엘은 파수꾼들이 대단히 오랫동안 황폐하게 만든 땅을 회복시킨다.	그리고 미가엘은 칠십 세대 동안 땅을 치유했다.
후에 사탄은 천 년이 차매 그 옥에서 놓여 … [성도들과 전쟁을 벌인다.] 그리고 사탄은 유황 못에 던져져서 세세토록 고통을 받는다.	큰 심판의 날에 아사엘은 타오르는 불길 속으로 인도될 것이다.	심판의 날에 그들은 불타는 무저갱으로 인도될 것이다.

힘의 역학 뒤집기

『에녹1서』와 비슷하게, 요한계시록 20장에서도 사탄은 일정한 **기간 동안**, 어떤 **목적**을 위해서 결박되어 있다. 하늘의 천사는 사탄을 무저갱에 던져 넣어 천 년, 아주 오랜 기간 동안 잠그고 그 위에 인봉하는데, 이는 그가 만국을 속이지 못하게 **하기 위함이다**(그리스어 '히나').[5] 요한계시록의 더 큰 문맥과 해석 전통의 흐름에 비추

---

5.   사탄이 제지되는 정도는 오직 문맥을 통해서만 추론될 수 있다. 사탄이 부분

어볼 때, 사탄의 미혹을 제지하는 것은 하나님의 정당한 통치를 다시 확립하고 성도들을 위해서 상황을 역전시키는 것과 관련이 있을 가능성이 높다.[6] 추가로 사탄이 옥에서 풀려날 때 그가 만국을 미혹하여 만국이 사탄과 더불어 다시 한번 성도들과 전쟁을 한다는 사실도 이를 뒷받침한다(20:7-8; 참조, 13장).

요한은 사탄을 "온 천하를 꾀는 자"(12:9)로 묘사한다. 그는 짐승/국가에게 권위를 줘서 가짜 왕국을 세우고 땅에 거하는 자들을 미혹하여 사형에 처해지도록 거짓 숭배를 하게 함으로써 성도들과 전쟁을 벌이는 자이다. 사탄의 미혹으로 인해, 신자들은 주변화되고, 예속되고, 희생된다. 많은 신자들은 짐승을 숭배하지 않는다는 이유로 순교를 직면한다(13:7-9, 15). 성도들은 그리스도와 더불어 이기고 다스리는 제사장 나라(1:6; 참조, 2:26-27; 3:21)와 닮지 않았고, 오히려 성도들의 진짜 지위는 감추어져 있다. 그러나 이제 하늘의 천사는 만국을 미혹하는 사탄의 권세와 영향력을 제거함으로써 상황을 역전시킨다. 그래서 사탄이 하나님 나라를 대체하는 대안 세계나 대안 왕국을 세우는 것은 가능하지 않다. 제단 아

적으로만 제지된다는 주장에 대해서는 Beale과 Osborne을 보라. G. K. Beale, *The Book of Revelation*, NIGTC (Grand Rapids: Eerdmans, 1999), 989-91 [=『요한계시록 상·하』, 새물결플러스, 2016]; Grant R. Osborne, *Revelation*, BECNT (Grand Rapids: Baker Academic, 2002), 690-94 [=『요한계시록』, 부흥과개혁사, 2012].

6. 나는 계 20:4에 나오는 보좌에 앉은 자들과 순교자들을 한 그룹으로 간주한다. 순교자들은 그리스도에 대한 신실한 증인으로 서 있는 모든 성도를 나타낸다.

래에 있는 성도들은 자신들을 압제한 자들을 심판해 달라고 하나
님께 부르짖고(6:10), 이제 하나님께서는 성도들을 위해 심판하시
며("심판이 그들을 위해 주어졌다", 20:4, 저자의 번역), 성도들은 두려움이
없이 그리스도와 함께 공개적으로 다스리고, 그들의 진짜 지위가
드러나게 된다(20:4-6).

최후의 반란과 심판

「파수꾼의 책」에서 타락한 천사는 감옥에서 풀려난 즉시 불의 심
판을 받는다. 그러나 요한계시록 20장에서 사탄은 최후의 행동을
위해 옥에서 풀려난다. 사탄은 다시 만국을 미혹하고 성도들과 거
룩한 성을 상대로 전쟁을 일으키기 위해 군대를 모은다. 게다가
요한은 사탄의 마지막 공격을 묘사하기 위해 이러한 주해 전통의
흐름을 에스겔 38-39장—곡과 마곡이 하나님의 백성을 공격하는
내용—과 융합함으로써 각색한다. 요한은 사탄과 믿지 않는 인류
가 하나님과 그의 백성을 향해서 가지고 있는 수그러들 줄 모르는
적대감을 보여주고, 이들의 이런 강화된 반역은 "인간 타락의 정
도"를 보여주는 것일 수 있다.[7] 이 경우에 이 마지막 전쟁 행위는,
(사탄과 사망과 음부와 회개하지 않은 인류가 불 못에 던져지는) 하나님의 마
지막 심판을 정당화하는 기능을 한다(계 20:10, 14-15).

그러나 요한의 궁극적인 핵심은 상황을 역전시키는 것과 관련
된다. 사탄의 가짜 통치가 사라지는 것에서부터 새 하늘과 새 땅

---

7.   Osborne, *Revelation*, 702.

과 새 예루살렘이 나타나고, 그곳에서 하나님과 어린양이 그의 백
성과 영원토록 통치하신다(21:1-4).

더 읽을거리

추가적인 고대 문헌

제2성전기 묵시 문헌은 타락한 천사들이나 사탄(또는 이에 상응하는
존재), 그리고 이들과 대응 관계에 있는 인간들을 하나님께서 전복
하시는 것을 묘사하며, 하나님의 백성을 위한 축복을 가져오는 우
주적 체제 변화가 있을 것을 알려준다(『에녹1서』 10:4-6, 11-13; 13:1-2;
18:12-16; 19:1-2; 『에녹2서』 7:1-2; 『희년서』 5:6-14; 23:23-31; 50:5; 『모세의 유언』
10:1; 1QM 1:5, 8-9, 12; 12:9-18; 17:6-7; 18:6-8, 10-11; 19:4-8; 11Q13). 또한 관
련된 신약 본문인 유다서 6절; 베드로후서 2:4; 요한계시록 12:7-
17을 보라.

원문 영어 번역과 비평본

Bertalotto, Pierpaolo, Ken M. Penner, and Ian W. Scott, eds. "1
Enoch." In *The Online Critical Pseudepigrapha*. Edited by Ian
W. Scott, Ken M. Penner, and David M. Miller. 1.5 ed.
Atlanta: Society of Biblical Literature, 2006. www.purl.org/
net/ocp/1En.

Isaac, E. "1 (Ethiopic Apocalypse of) Enoch: A New Translation and Introduction." Pages 13–89 in vol. 1 of *The Old Testament Pseudepigrapha*. Edited by James H. Charlesworth. Garden City, NY: Doubleday, 1983.

Knibb, Michael A. "1 Enoch." Pages 184–319 in *The Apocryphal Old Testament*. Edited by H. F. D. Sparks. Oxford: Clarendon, 1984.

————. *The Ethiopic Book of Enoch*. 2 vols. Oxford: Clarendon, 1978.

Nickelsburg, George W. E., and James C. VanderKam. *1 Enoch. The Hermeneia Translation*. Minneapolis: Fortress Press, 2012.

Olson, Daniel C. *Enoch: A New Translation*. North Richland Hills, TX: BIBAL, 2004.

이차 문헌

Evans, Craig A. "Inaugurating the Kingdom of God and Defeating the Kingdom of Satan." *BBR* 15 (2005): 49–75.

Nickelsburg, George W. E. *1 Enoch 1: A Commentary of the Book of 1 Enoch, Chapters 1–36; 81–108*. Hermeneia. Minneapolis: Fortress, 2001.

Parker, Harold M. "The Scriptures of the Author of the

Revelation of John." *Iliff Review* 37 (1980): 35–51.

Stuckenbruck, Loren T. *The Myth of Rebellious Angels: Studies in Second Temple Judaism and New Testament Texts*. Grand Rapids: Eerdmans, 2017.

제19장
『에스라4서』와 요한계시록 21:1-22:5
(파라다이스 도시)

조나단 A. 무(Jonathan A. Moo)

"그 뒤에 나는 새 하늘과 새 땅을 보았습니다"(계 21:1 공동번역). 이 마지막은 요한계시록의 모든 내용이 지향하는 순간으로, 2-3장에서 일곱 교회에 주어진 약속에 예시된 새 창조의 비전이자, 때때로 이 책에 나오는 파멸, 고난, 비애의 우울한 장면들을 없애버리는 경험이기도 하다. 여기에서 독자들은 어린양이 이룬 승리의 결실인 만물을 새롭게 하는 것(21:5), 땅으로 내려오는 새 예루살렘(21:2, 9-27), 회복된 에덴 낙원(22:1-5)을 보게 된다. 이 마지막 환상은 위협이 지나간—다시는 사망이 없고 애통하는 것이나 곡하는 것이나 아픈 것이 다시 있지 아니하는—세상을 보여주고(21:4), 무엇보다도 그것은 하나님의 백성과 함께하는 그분의 임재에 초점을 맞추고 정의된다(21:3).

요한의 환상은 미래에 관한 것이지만, 그것은 어린양의 승리를 통해서 현재로 뚫고 들어온 미래이다. 이는 당시 요한의 독자들의 삶을 변화시키기 위한 것이다. 그들이 바벨론을 탈출하려면 (18:4), 그들의 상상력을 불태울 수 있는 하나님의 도성, 즉 그들이 속할 수 있는 새 예루살렘이라는 대안적 비전이 필요하다.

요한계시록 21:1-22:5에 나오는 요한의 환상은 계시록의 다른 부분과 마찬가지로 구약에서 가져온 이미지로 가득하다. 상상력이 풍부한 이미지의 범위와 밀도에 있어서 요한의 환상에 필적할 만한 텍스트는 없지만, 여기 등장하는 많은 주제들은 다른 초기 유대교 문헌에서도 발견된다. 이번 장에서 우리는 요한계시록과 거의 동시대의 작품이자, 장르뿐만 아니라 요한계시록과 다양한 모티프와 개념들을 공유하는 『에스라4서』에 초점을 맞추려고 한다. 양쪽의 저자들이 서로의 책을 알고 있었을 가능성은 적고, 모든 연결점이나 대조점이 특별한 의미가 있다고 말하는 것은 오해의 소지가 있다. 그러나 각 텍스트가 어떻게 공통 전승을 사용했는지를 분석함으로써 우리는 각자의 환상에 독특한 점이 무엇인지 분명하게 알 수 있다.

『에스라4서』

("너를 위해 낙원이 열린다")

게르하르트 폰 라트(Gerhard von Rad)는 『에스라4서』가 이스라엘에

서 "지금까지 기록된 가장 훌륭한 책 중 하나"라고 주장했다.[1] 아
마도 주후 70년 로마가 예루살렘 성전을 파괴한 지 30년 후에 기
록된 『에스라4서』에는 초기 유대교나 기독교의 모든 텍스트에서
발견되는 고통과 상실에 직면하여 하나님의 정의와 자비에 관해
질문하는 내용이 가장 담대하게 기록되어 있다(『에스라4서』 3:1).[2] 성
경에 나오는 욥처럼 저자는 어떻게 선하고 강하시며 사랑이 많으
신 하나님께서 그의 백성이 고통받는 것을 허락하실 수 있는지에
대한 문제와 씨름한다. 저자는 성경에 나오는 에스라의 이름을 사
용하며, 자신의 상황이 첫 번째 성전이 무너진 후의 에스라의 상
황과 유사하다고 생각한다. 저자는 "황폐해진 시온"(3:2)을 슬퍼하
며, 왜 하나님께서 "당신의 백성을 파괴하셨는지"(3:30)에 대한 적
절한 설명을 찾지 못한다. 비록 이스라엘의 불순종으로 인해 하나
님의 심판이 일어났지만, 왜 하나님께서는 '바벨론'과 하나님의
계명을 지키지 않는 이방 나라들이 번성하도록 하셨는가? 에스라
는 천사 우리엘과의 대화에서 하나님께서 이스라엘을 다루시는
방식이 겉으로 봤을 때 부당하다는 사실로 인해 질문을 넓혀 하나
님께서 피조물을 대하시는 방식에 관하여 묻는다. 어떻게 하나님
께서 그가 창조하신 자들 중 그토록 많은 사람이 멸망하도록 허락

---

1.   Gerhard von Rad, *Wisdom in Israel*, trans. J. D. Martin (Harrisburg, PA:
      Trinity Press International, 1972), 41.
2.   『에스라4서』에 대한 더 많은 정보를 위해서는 이 책의 제4장에 있는 다나
      M. 해리스의 글(『에스라4서』와 요한계시록 5:1-14 [메시아의 동물 이미지])
      을 보라.

하실 수 있는가? 왜 마지막에 구원받는 자들이 그렇게 적은가?

에스라는 확신을 갖게 하는 대답을 듣지 못한다. 대신에 에스라는 자신의 이해에는 한계가 있음을 기억하고, 잃어버린 많은 사람이 아니라 다가올 시대 및 구원받을 그와 같은 (소수의) 사람들에 대한 희망에 초점을 맞추라는 지시를 받는다. 이 책에 나오는 일곱 개의 에피소드 중 네 번째 에피소드에서 에스라는 꽃밭에서 7일을 보낸 후, 하나님의 방식이 계속해서 이해하기 어렵기는 하지만, 그래도 정의롭다는 것을 받아들이기 시작한다(7:29-37). 그리고 에스라는 슬퍼하는 한 여인을 만나는데, 에스라가 그녀를 위로하자 그녀가 눈앞에서 영광스러운 도시인 새로운 "시온"으로 변화된다(9:38-10:59). 에스라는 상으로 하나님께서 메시아를 통해 로마와 나라들을 심판하시는 환상을 보게 되고, 이스라엘의 잃어버린 지파들인 "평화의 무리"가 모이는 것과 약속의 땅에서 하나님의 백성 중 남은 자가 구원받는 모습을 보게 된다(13:12, 39-47). 아마도 이 환상으로 인해 에스라는 구원받는 자의 수가 자신이 알았던 것보다 훨씬 많다는 사실과 마지막에 하나님의 정의가 마침내 행해질 것이라는 사실에 위로를 얻었을 것이다.

지금까지의 요약이 나타내듯이, 종말론적인 요소가 『에스라4서』의 모든 내용에 들어가 있다. 마지막 부분에 나오는 환상뿐만 아니라, 에스라의 연설과 천사 우리엘의 연설에도 나온다. 아래의 표는 『에스라4서』에 나오는 종말론적인 환상의 주요한 특징들을 확인시켜 준다.

표 19.1: 『에스라4서』에 나오는 종말론적인 환상의 주요한 특징들

주제	예
메시아	메시아가 계시되면, "남은 자들은 4천 년 동안 기뻐할 것이다. 그 시간이 지난 후에 내 아들[3] 메시아와 인간의 호흡하는 모든 자들이 죽을 것이다." (7:28-29)[4] "이는 가장 높으신 분께서 마지막 때까지 지키신 메시아이다. … 그는 자비로 내 백성 중 남은 자, 내 국경 도처에서 구원받은 자들을 자유롭게 하실 것이고, 심판의 끝날이 올 때까지 그들을 기쁘게 하실 것이다." (12:32-34) "이는 가장 높으신 분께서 오랜 세월 동안 지켜오고 계신 자이고, 친히 자신의 피조물을 구원하실 분이다." (13:26) "그는 시온산 꼭대기에 서실 것이다. 시온이 와서 모든 사람에게 분명하게 나타날 것이고, 손대지 않고 조각된 산을 보았듯이 준비되고 지어질 것이다." (13:35-36) "그리고 그분이 자신에게로 또 다른 평화의 무리를 모으는 것을 당신이 본 것에 관해 말하자면, 이들은 아홉 지파이다." (13:39-40)

---

3. 『에스라4서』의 라틴어 사본과 대부분의 사본에 근거한 NRSV가 메시아를 하나님의 "아들"로 이해하지만(참조, 시 2:7), 에티오피아어 버전에는 "종"이라고 되어 있고, 이것이 원문일 가능성이 더 높다(Jonathan A. Moo, *Creation, Nature and Hope in Fourth Ezra*, FRLANT 237 [Göttingen: Vandenhoeck & Ruprecht, 2011], 126n75을 보라). 『에스라4서』는 원래 히브리어로 기록되었다가(현재는 유실) 이후에 그리스어로 기록되었다는(현재는 유실) 복잡한 텍스트 역사를 가진다. 그리스어 버전은 이후에 나온 현존하는 라틴어, 시리아어, 에티오피아어, 아르메니아어, 그루지야어, 아랍어 번역본의 기초를 형성했다.

4. NRSV의 번역이다.

도시/성	"지금은 보이지 않는 성이 나타날 것이다." (7:26)
	"성이 건설되었다." (8:52)
	"위를 올려다보니 그 여자는 더 이상 내게 보이지 않았고, 한 성이 지어지고 있었으며[5], 거대한 기초를 지닌 장소가 나타났다."(10:27)
	"당신이 본 여자는 지금 지어지고 있는 것을 보고 있는 시온이다." (10:44; 참조, 위의 메시아 부분에 언급된 13:35-36)
땅	"지금은 숨겨져 있는 그 땅이 드러나게 될 것이다." (7:26)
	"내 땅과 내 국경 안에서의 나의 구원은 내가 처음부터 나를 위해서 거룩하게 하였다." (9:8; 참조, 13:48-49)
낙원	"그 열매가 훼손되지 않은 채로 남아 있고, 풍요와 치유가 있는 낙원이 드러날 것이다." (7:123)
	"낙원이 열리고, 생명나무가 심어지며, 오는 시대가 준비되고, 풍성함이 제공되며, 한 성이 지어지고, 안식이 정해지며, 선이 확립되고, 지혜가 미리 완성되는데, 이는 모두 너를 위함이다. 악의 뿌리는 너에게서 봉인되었고, 질병은 너에게서 추방되었으며, 죽음은 감추어졌다. 하데스는 도망가고, 부패는 잊혀졌다. 슬픔은 사라졌고, 불멸의 보물이 마침내 분명하게 나타났다." (8:52-54)

메시아의 나라와 오는 시대

이 모티프는 두 가지 복합적인 주제로 나눌 수 있다. 하나는 메시아, 이스라엘의 땅, 시온이고, 다른 하나는 부활, 낙원, 미래 불멸의 시대다.[6] 여러 곳에서 어떤 복합적인 사건들을 염두에 두고 있는지 결정하기 어렵지만, 7:26-44에서는 두 가지 연대기적인 단계로

---

5.   여기와 10:42, 44에서, 비-라틴어판은 이 성을 13:36에서 분명하게 알 수 있듯이 이미 지어졌거나 설립된 것으로 묘사한다.

6.   Michael E. Stone, *Features of the Eschatology of IV Ezra*, HSS 35 (Atlanta: Scholars Press, 1989), 222-25; Moo, *Creation, Nature and Hope*, 105-59.

이 사건들을 묘사한다. 첫째로, 메시아, 땅, 그리고 성에 대한 계시는 400년간의 기쁨의 기간을 가져오고, 메시아의 죽음과 세상이 태곳적의 고요함으로 돌아가는 것으로 이어진다(7:29). 그리고 나서 부활과 마지막 심판이 오고, (여기서 비록 가능성으로만 묘사되기는 하지만) 기다리고 있는 두 가지 운명인 "고통의 구덩이" 또는 "기쁨의 낙원"에 대한 환상이 이어진다(7:36).

성과 낙원

『에스라4서』의 종말론과 관련해서 놀라운 것들 중 하나는 성전을 분명하게 언급하지 않는다는 것이다. 그러나 이는 시온 성이 성전과 융합되었기 때문이다. 그러므로 3:24에서 다윗이 (예루살렘) 성을 지으라는 명령을 받았다고 해도, 10:46에서 성을 건축하는 것은 솔로몬이다. 물론 솔로몬이 성전을 짓지만, 『에스라4서』에서는 시온 성과 성전을 하나로 간주한다. 이러한 관점에서 볼 때, 『에스라4서』가 때때로 두 가지 복합적인 사건에서 가져온 요소들을 함께 포함하는데, 특히 "낙원"과 "지어진 성"을 연결시키는 점이 중요하다(8:52). 도시-성전과 낙원 사이의 이러한 연결은 3:6에 암시되는데, 여기에서 에덴동산은 땅이 창조되기 전에 심어졌다고 한다. 힌디 나즈만(Hindy Najman)이 지적했듯이, 이것은 『희년서』 3:8-14과 4Q265 7 II, 14에서 발견되는 모티프를 반향하는데, 거기에서 에덴동산은 하나님의 임재가 있는 곳인 지성소로 묘사된다.[7] 하

7.　Hindy Najman, *Losing the Temple and Recovering the Future: An Analysis of*

나님께서 새 시온과 미래의 낙원에 거하신다는 주제가 『에스라4
서』에서 자세하게 전개되지는 않지만, 7:98에서 마지막 심판을 기
다리는 의로운 영혼들에게 주어질 가장 큰 축복은, "그들이 살면
서 섬겼고 영광을 받을 때 그들에게 상을 주실 그분의 얼굴을 보
게 되리라"(7:98)는 기대감이다.

순종, 신앙, 비폭력

그동안에 하나님의 백성은 죽음 이후에 자비와 생명을 받을 것을
기대하며(14:34-45) 신앙과 순종의 행함으로 부름을 받는다(예, 9:7;
13:23; 14:34). 그러나 그들의 어떤 행위도 언젠가 드러나게 될 성에
기여할 수 없다. 왜냐하면 그 성이 이미 "준비되고 지어졌기" 때문
이다(13:36). "인간의 어떠한 건축 행위도 가장 높으신 분의 성이 드
러날 장소에서는 지속될 수 없다"(10:54). 『에스라4서』는 정치적 봉
기와 폭력을 거부한다. 하나님만이 오는 시대를 가져올 수 있다.
에스라는 스스로 메시아의 역할을 주장하는 자들을 배제하면서,
"누구도 나의 아들[또는 '종']이나 그와 함께한 자들을 그의 날이 아
니면 볼 수 없다"(13:52)는 것을 알고 있었다. 그러므로 메시아에게
로 모인 수많은 무리는 "평화적"(13:12, 39)이고, 신실하게 율법을 지
킨다(13:42). 이것이 바로 『에스라4서』가 독자들에게 기대하는 바
다.

---

4 Ezra (Cambridge: Cambridge University Press, 2014), 108-16.

요한계시록 21:1-22:5

("하나님의 장막이 사람들과 함께 있으매")

메시아의 나라, 새 하늘과 새 땅

『에스라4서』의 환상에서는 메시아 시대와 다가올 불멸의 시대 사이로 초점이 이동한다. 관련된 모티프들이 때때로 모호해지기도 하지만, 각각의 복합적인 사건들은 다양한 강조점을 지니고 있으며, 어느 정도 다른 질문에 답한다. 놀랍게도 요한계시록에 나오는 요한의 환상은 『에스라4서』와 비슷한 연대표를 증언한다. 메시아와 순교자들이 다스리는 일시적인 중간기가 존재하고(400년이 아니라 1,000년이기는 하지만; 계 20:4-6), 이어서 총체적인 부활과 마지막 심판이 오며(20:11-15), 마지막으로 "새 하늘과 새 땅"이 도래한다는 것이다(21:1). 그러나 마지막에 대한 요한이 본 환상의 초점은 거의 전적으로 "새 하늘과 새 땅"에 있다. 『에스라4서』가 메시아 시대와 관련짓는 모티프들은 요한계시록 20장의 천년왕국이 아니라 21:1-22:5의 새 하늘과 새 땅의 환상에 나타난다. 에스라는 거대한 기초를 가지고 있는 시온, 즉 이미 준비되고 지어진 성을 보지만, 요한은 열두 기초 석을 지닌(21:14) 거룩한 도시 새 예루살렘이 "준비되어"(21:2) 하나님으로부터 내려오는 것을 본다. 요한이 천년왕국에 대한 그의 간략한 설명으로 전달하고자 한 것이 무엇이든지 간에, 그에게 있어서 땅과 성전에 대한 구약 약속의 성취, 하나님과 그리스도와 그의 백성의 영원한 지상 통치의 장소(22:3, 5), 독자들의 희망에 대한 적절한 초점은, 요한계시록 21:1-22:5의 새 예루 살렘인 새 하늘과 새 땅에 속해 있다.

성, 낙원, 하나님의 임재

새 예루살렘에 대한 요한의 묘사는 『에스라4서』에 암시된 한 가 지 주제, 즉 도시-성전을 지성소 및 하나님의 낙원과 연관시키는 주제를 더욱 풍성하게 발전시킨 것이다. 요한에게 있어서 새 예루 살렘에는 성전이 없다. 왜냐하면 하나님과 어린양이 거기에 거하 시기 때문이다(21:22). 이곳은 하나님께서 백성과 함께하시는 그분 의 임재로 정의되는 곳이고(21:3), 이곳에서 우리는 그분의 얼굴을 보게 될 것이다(22:4). 이제 더 이상 하나님의 임재를 위한 따로 떨 어진 성전이 필요하지 않다. 전체 도시가 지성소로 묘사되고, 이 도시를 거대한 정육면체 모양으로 묘사하는 것은 다른 의미로 설 명되지 않는다(21:16). 이 낙원 도시에는 생명나무가 있고, 그 나무 의 열매는 만국을 치유한다(22:2).

보편적인 희망

땅의 왕들(21:24)만이 아니라, 만국/나라들(21:24, 26; 22:2)이 존재한 다는 것은 『에스라4서』의 환상과 두 가지 면에서 내조점을 드러 낸다. 『에스라4서』는 심판 외에 '나라들'과 왕들의 미래를 묘사하 지 않지만, 요한계시록에서는 나라들과 왕들이 새 예루살렘에 나 타난다. 놀랍게도 지금까지의 내러티브에서 이들의 역할은 하나님과 백성의 대적이었다. 그러나 요한은 자신의 책 전체에서 "각 족속과 방언과 백성과 나라 가운데에서 사람들을 피로 사서 하나님께 드리신"(5:9) 어린양이 이긴 승리의 보편성을 강조했다.

신실한 저항과 적극적인 증언

『에스라4서』와 두 번째로 대조되는 점은 왕들과 나라들이 새 예루살렘의 항상 열려 있는 문에 들어갈 뿐만 아니라, 그들의 "영광"과 "존귀"(계 21:24, 26)도 함께 가지고 들어간다는 것이다. 이것은 요한의 환상에서 현시대와 다가올 새 창조 사이에 연속성의 요소가 더 강하다는 것을 보여주는 예다. 새 창조는 하나님의 선물로서 주어지고 결코 인간의 노력만으로는 가져올 수 없다(특히 죽임 당한 어린양을 따르는 자들보다는 바벨론을 특징짓는 폭력을 통해서는 확실히 아니다). 그럼에도 불구하고 요한은 어린양의 신부를 아름답게 장식하고(19:8) 새 예루살렘을 존귀하게 하는 하나님의 백성이 하는 역할을 상상한다. 그리스도에 대한 그들의 신실한 증언, 의로운 행위, 바벨론에 대한 저항, 제사장 나라로서의 역할을 나타내는 문화 활동을 통해(1:6; 5:10; 20:6; 22:5) 하나님 백성의 사역이 새로워질 "만물"에 포함될 가능성이 있다(21:5).

요한계시록과 『에스라4서』는 동일한 전승의 상당 부분을 계승하고, 미래에 대한 같은 희망과 기대를 가지며, 독자들이 신실함, 비폭력, 하나님에 대한 신뢰로 나아가게 하는 데 관심이 있다. 그러나 현재의 삶과 오는 시대에서의 삶에 대한 요한의 이해를 독특하게 형성하는 것은 하나님의 보좌 중심에 있는 죽임 당했지만 승리하신 어린양에 대한 요한의 환상이다(5:1-14). 요한은 이 환상으로 그의 독자들도 변화시키기를 원했다.

더 읽을거리

추가적인 고대 문헌

새 창조, 회복된 낙원, 그리고/또는 새 성전이나 도시를 묘사하는 많은 텍스트들 사이에서 독자들은 바룩 4:30-5:9; 토비트 13:16-17; 『에녹1서』 24:3-25:7; 45장; 90:28-29; 91:16; 『희년서』 1:29; 4:26; 『바룩2서』 32:6; 44:12; 49:3; 『성경 고대사』 3:10; 32:17; 「단의 유언」 5:12; 「레위의 유언」 18:6-11; 1QS 4:25; 4Q174 I.1-13 을 참조할 수 있다. 신약에 있는 다른 구절로는 마태복음 19:28; 로마서 8:18-25; 히브리서 11:10, 12:22; 베드로후서 3:13을 보라.

원문 영어 번역과 비평본

NRSV (2 Esdras)

Metzger, Bruce M. "Fourth Ezra." Pages 517-59 in vol. 1 of *The Old Testament Pseudepigrapha*. Edited by J. H. Charlesworth. New York: Doubleday, 1983.

Stone, Michael E. *Fourth Ezra*. Hermeneia. Minneapolis:

Fortress, 1990.

Wong, Andy, with Ken M. Penner and David M. Miller, eds. "4 Ezra." In *The Online Critical Pseudepigrapha*. Edited by Ken M. Penner and Ian W. Scott. Atlanta: Society of Biblical Literature, 2010. www.purl.org/net/ocp/4Ezra.

이차 문헌

Bauckham, Richard. *The Climax of Prophecy: Studies on the Book of Revelation*. Edinburgh: T&T Clark, 1993 [= 『요한계시록 신학』, 부흥과개혁사, 2021].

Henze, Matthias, and Gabriele Boccaccini, eds. *Fourth Ezra and Second Baruch: Reconstruction after the Fall*. SJSJ 164. Leiden: Brill, 2013.

Lee, Pilchan. *The New Jerusalem in the Book of Revelation*. WUNT 2/129. Tübingen: Mohr Siebeck, 2001.

Moo, Jonathan. *Creation, Nature and Hope in 4 Ezra*. FRLANT 237. Göttingen: Vandenhoeck & Ruprecht, 2011.

Najman, Hindy. *Losing the Temple and Recovering the Future: An Analysis of 4 Ezra*. Cambridge: Cambridge University Press, 2014.

제20장
『스바냐의 묵시』와 요한계시록 22:6-21
(천사 숭배와 유일신 신앙)

사라 언더우드 딕슨(Sarah Underwood Dixon)

요한계시록의 에필로그(계 22:6-21)는 요한을 인도하는 천사가 요한
이 받은 환상과 관련해서 확실히 안심시키는 말로 시작된다. "이
말은 신실하고 참된지라"(22:6). 요한은 이 선언을 듣자마자 천사
앞에 경배하려고 엎드림으로써 독자들을 놀라게 한다. 이건 정말
충격적인 장면이다. 요한이 그리스도를 충실히 따르는 사람이라
는 것을 고려할 때 특히 더 그렇다. 그리고 요한의 청중이 충실한
유일신론자들이라는 사실을 고려해 볼 때, 이러한 행동을 보도하
는 것은 잠재적으로 요한과 그가 쓴 요한계시록의 신빙성을 없애
는 작용을 할 수 있다. 그러므로 우리는 이렇게 물어야 한다. 이 장
면의 의미는 무엇인가? 왜 요한은 이 장면을 에필로그에 포함했
는가?

흥미롭게도, 요한계시록은 환상을 받는 사람이 천사를 숭배하

려다가 하나님을 경배하라는 책망과 권고를 받는 장면을 담고 있는 유일한 텍스트가 아니다. 주전 1세기나 주후 1세기에 쓰인 또 다른 묵시인 『스바냐의 묵시』에도 비슷한 장면이 나온다. 실제로 두 텍스트의 유사성은 비교하기에 적합하다. 우리가 앞으로 살펴보겠지만, 두 텍스트를 비교하는 일은 그 사이에 유사성을 드러낼 뿐만 아니라, 요한계시록에 나오는 장면에 대한 신학적 중요성도 강조해 줄 것이다.

『스바냐의 묵시』

("나를 경배하지 말아라. 나는 전능하신 주가 아니다")

『스바냐의 묵시』는 주전 100년과 주후 70년 사이에 기록된 묵시록 파편이다.[1] 세 가지 형태의 보존된 텍스트가 있다. 하나는 알렉산드리아 클레멘스의 짧은 그리스어 인용문이고, 또 다른 하나는 2쪽으로 되어 있는 사히드어(Sahidic) 사본이고, 마지막은 (공백이 많기는 하지만) 18쪽에 달하는 긴 아킴어(Akhimic) 사본이다.[2] 비록 이

---

1. 다음에 나오는 번역과 논평은 O. S. Wintermute, "Apocalypse of Zephaniah (First Century BC-First Century AD): A New Translation and Introduction," in vol. 1 of *The Old Testament Pseudepigrapha*, ed. James H. Charlesworth (Garden City, NY: Doubleday, 1983), 497-501에서 가져온 것이다.

2. 사히드어와 아킴어는 둘 다 (이집트) 콥트어 방언이다.

텍스트의 절반 이상이 사라진 것으로 추정되지만, 남아 있는 부분
은 유대 묵시 세계에 대한 가치 있는 통찰을 제공한다.

천상 여행과 천사와의 만남

남아 있는 텍스트에서 선견자 스바냐는[3] 주님의 천사에 의해 우주
적 여행으로 인도된다. 아킴어 텍스트는 죽은 자들을 매장하는 것
과 관련해서 짧게 언급한 후에 스바냐가 예루살렘 위에 위치한 하
늘의 도시로 들려지는 것으로 시작된다.[4] 거기에서 스바냐는 영원
한 형벌을 당하고 있는 자들의 영혼뿐만 아니라, 의로운 자들도
본다. 그리고 나서 천사는 스바냐를 세일산으로 이끌고 가는데, 그
곳에서 스바냐는 백성 중에 모든 의로운 자의 행위와 불의한 자들
의 행위를 기록하여 '고발자'에게 그 행위들을 전달하는 천사들을
본다. "의인들의 천사"와 "불의한 자들의 천사"를 나란히 제시하
는 것은 하늘 도시 밖(4장)과 하데스(6장)에서도 계속된다. 스바냐
는 여기에서 사람들의 죄와 결점을 기록한 책을 가지고 있는 고발
자를 만난다. 그러나 스바냐는 여기에서도 스바냐의 선한 행위에
대한 기록을 가지고 있는 에레미엘을 만나기도 한다.

---

3. 이 텍스트는 성경에 나오는 예언자 스바냐에 의해서 기록됐다는 주장이 있
    지만, 많은 묵시 작품들과 마찬가지로 이것은 가명이다. 이 이름을 사용한 것
    은 아마도 저자가 자신을 스바냐의 '영'(spirit)으로 글을 쓰고 있다고 생각했
    기 때문이거나, 자신의 글이 성경에 나오는 예언자에 의해서 기록되었다고
    주장함으로써 권위를 부여하기를 원했기 때문일 것이다(Wintermute,
    "Apocalypse of Zephaniah," 501).
4. Wintermute, "Apocalypse of Zephaniah," 498.

전능하신 주님만을 경배하라

스바냐는 이 위엄 있는 하늘의 존재를 만났던 것을 다음과 같이 묘사한다.

> 그때 내가 일어나서 서 있었고, 나는 큰 천사가 내 앞에 서 있는 것을 보았는데, 그 얼굴이 영광 중에 완벽하게 되어 태양 광선처럼 빛났다. 그리고 금으로 만든 띠가 가슴을 두르고 있는 것처럼 그를 두르고 있었다. 그의 발은 불에 녹인 청동 같았다. 또 내가 그를 보았을 때, 나는 기뻐했다. 전능하신 주께서 나를 방문하러 오셨다고 생각했기 때문이다. 나는 엎드려서 그를 경배했다. 그는 나에게 말했다. "조심해라. 나를 경배하지 말아라. 나는 전능하신 주님이 아니다. 나는 무저갱과 하데스, 즉 지상에 임한 홍수가 끝난 후부터 모든 영혼들이 이때까지 갇혀 있는 곳을 관장하는 대천사 에레미엘이다." (『스바냐의 묵시』 6:11-15)

에레미엘의 모습이 너무 웅장해서 스바냐는 하나님 자신이 틀림없다고 믿었던 것 같다. 그리고 주어진 에레미엘에 대한 묘사를 보면, 하나님께서 다른 곳에서도 유사한 언어로 묘사되기 때문에 스바냐가 어떻게 이런 실수를 할 수 있었는지 확실히 이해할 수 있다. 『에녹1서』 14:20에서 "큰 영광"은 "태양보다 더 밝은" 의복을 입은 것으로 말해지고, 에스겔 1:27-28에서 "여호와의 영광의 형상의 모양"은 "불이 가득한 빛나는 금속"에 비유된다.[5] 스바냐의 미수에 그친 숭배는 실제로 상당히 명쾌하다. 스바냐는 실수를 저질렀고, 저자는 유일신론을 강화하기 위해 이 '실수'를 언급할 수 있었다.

요한계시록 22:6-21
("그리하지 말고 하나님께 경배하라!")

이제 요한계시록으로 넘어가서 우리는 선견자(환상을 받는 자)와 그를 인도하는 천사 사이에 비슷한 장면이 펼쳐지는 것을 보게 된다.

> 8 이것들을 보고 들은 자는 나 요한이다. 내가 듣고 볼 때에 이 일을 내게 보이던 천사의 발 앞에 경배하려고 엎드렸다. 9 그러나 그가 내게 말하기를 "그리하지 말아라. 나는 너희와 너희 형제자매 된 예언자들과 또 이 책의 말을 지키는 자들과 함께 된 종이다. 하나님께 경배하라!" (계 22:8-9 저자의 번역)

---

5.   또한 다니엘 10:6에 나오는 하늘의 사람에 대한 묘사를 보라. 그의 "얼굴은 번갯빛 같고" 다리는 "빛난 놋과 같은" 것으로 묘사된다.

하나님만을 경배하라

두 텍스트 사이의 유사성은 분명하다. 양쪽 텍스트에서 선견자는 천사 중개자 앞에 엎드려 경배한다. 천사는 이러한 경배 시도를 즉각적으로 거부하고, 선견자는 하나님만을 경배하라는 권고를 받는다. 실제로 이것은 고대 텍스트가 천사 거절 전승을 사용하는 주된 방식으로, 가장 위엄 있는 하늘의 피조물일지라도 하나님과 동등하게 경배받아서는 안 된다는 사상을 강조하는 것이다.[6] 하나님만이 경배받기에 합당하신 분이시다.

두 텍스트에 나오는 천사의 반응이 가지는 기본적인 요점은 유일신 신앙을 강조하는 것이지만, 세부 내용을 비교해 보면 우리는 요한계시록 저자가 다른 무언가를 하고 있다는 것을 쉽게 알 수 있다. 숭배 금지 명령("그리하지 말라!")과 권고("하나님을 경배하라!") 사이에서 천사는 요한에게 자신의 명령이 "너희와 너희 형제자매 된 예언자들과 또 이 책의 말을 지키는 자들과 함께 종"(22:9 저자의 번역) 됨으로 말미암은 것이라고 설명한다. 천사는 단순히 자신이 함께 하나님을 경배하는 자라고 말하지 않고, 구체적으로 "이 책"을 언급한다. 천사는 요한계시록 자체의 메시지를 구체적으로 언급함으로써 자신이 요한에게 보여주고 있는 환상의 저자나 창작

---

6. Loren T. Stuckenbruck, *Angel Veneration and Christology: A Study in Early Judaism and in the Christology of the Apocalypse of John*, WUNT 2/70 (Tübingen: Mohr Siebeck, 1995)과 Richard Bauckham, *The Climax of Prophecy: Studies on the Book of Revelation* (Edinburgh: T&T Clark, 1992), 118-49 [= 『요한계시록 신학』, 부흥과개혁사, 2021]에 나온 논의를 보라.

자가 아님을 반복하고 있다. 이 진술은 천사를 하나님 아래에 두는 역할을 할 뿐만 아니라, 요한이 전하는 메시지의 지위를 높이고 요한의 책이 가지는 신적 권위를 강조함으로써 정당성을 부여하는 역할을 한다.[7]

이 환상을 진지하게 받아들여라

숭배를 일으키는 것이 무엇인지 주목해 보면, 분명해지는 것이 있다. 『스바냐의 묵시』에 나오는 장면과는 다르게 요한이 천사를 숭배하려는 시도는 천사의 장엄한 모습 때문에 일어난 것으로 보이지 않는다.[8] 사실 요한계시록은 천사의 모습에 대한 자세한 설명을 거의 하지 않는다. 게다가 이는 환상이 진행되는 내내 요한과 함께 있었던 천사이기 때문에, 천사가 갑작스럽게 등장함으로써 요한이 무릎을 꿇고 경배하게 된 것 같지는 않다. 요한계시록에서 이러한 행동은 환상 자체에 대한 반응—"[이것들을] 듣고 보았을 때"—이고, 여기서 "이것들은" 앞선 환상 전체를 가리킨다.

환상의 메시지를 진지하게 여기는 것의 중요성은 요한계시록 에필로그에서 중요한 주제다. 천사의 거절 장면이 있기 전에, 요한에게 환상을 보여 준 천사는 이 환상이 "신실하고 참되다"고 선언했고(22:6), 22:7에서 그리스도께서 직접 "이 두루마리의 예언의 말씀을 지키는 자는 복이 있으리라"라고 말씀하셨다. 요한계시록

---

7. Stuckenbruck, *Angel*, 255-56.
8. Stuckenbruck, *Angel*, 246.

22:18-19은 요한이 전한 예언의 말씀을 마음대로 손대지 말라고 경고한다. 이 메시지를 진지하게 여겨야 하는 이유도 분명하다. 그리스도께서는 22:20에서 "내가 진실로 속히 오리라"고 약속하신다. 이러한 이유로 이 예언은 (다니엘 12장의 봉인된 예언과는 달리) 봉해져서는 안 되며, 그리스도께서 다시 오시는 날이 가까워질수록 그 메시지는 요한의 청중에게 매우 긴급하다.

예수의 증언

요한이 자신의 메시지가 신적인 기원을 가진다는 것을 반복하기 위해 천사의 거절 전승을 사용하는 것은 요한계시록 앞부분에 나오는 비슷한 장면에 의해서 더 확실해진다. 요한계시록 19:7-9에서 어린양의 혼인 잔치에 대한 묘사가 끝난 후, 인도하는 천사는 요한에게 "이것은 하나님의 참되신 말씀이라"고 말한다(19:9). 이러한 선언으로 인해 요한은 엎드려 경배한다. 그러나 요한계시록 22:9과 마찬가지로, 천사는 "나는 너와 및 예수의 증언을 받은 네 형제들과 같이 된 종이니 삼가 그리하지 말고 오직 하나님께 경배하라"(19:10)고 대답한다.

우리가 두 천사의 거절 장면을 비교해 볼 때, 각각의 경우에 천사의 대답이 거의 같다는 것을 알 수 있다. 천사는 요한에게 자신을 경배하지 말라고 이야기하고, 그가 하나님 자신이 아니라 단순히 하나님의 종일 뿐이라고 설명한다. 이 두 거절 사이의 주요한 차이는 천사가 자신의 함께 된 종들을 묘사하는 방식에 있다. 요한계시록 22:9에서 천사는 자기 자신을 요한의 "형제자매인 예언자들과 또 **이 책의 말을 지키는 자들**"(저자의 번역)과 함께 된 종으로 묘사하는 반면에 19:10에서는 자기 자신을 요한 및 "**예수의 증언을 받은** 형제들"과 함께 된 종으로 묘사한다.

두 본문에 나오는 거의 동일한 단어 선택과 배경(천사의 거절 장면)은 우연의 일치가 아닌 것이 분명하다. 거의 동일한 단어를 사용하다가 천사의 '함께 된 종들'을 묘사하는 방식을 변경함으로써 요한은 '이 책의 말'과 '예수의 증언'을 비교하고 있다. 한 학자가 주목했듯이, "요한계시록은 언어 반복에 크게 의존하여 의미망을 만들어냄으로써 뜻을 나타낸다. 그렇다면 요한계시록에 나타나는 가장 광범위하고 정확한 언어 반복이 19:10과 22:8b-9 사이에 나타난다는 것은 중요할 수 있다. '예수의 증언을 받은'이라는 표현은 두 번째 반복에서 '이 책의 말을 지키는'이라는 표현이 된다. 두 번째 표현은 첫 번째를 분명하게 하고 구체화하는 것으로 들릴 수 있다."[9]

이것은 요한이 이 책에 기록한, 교회들에 주어진 이 환상이 예수 자신의 증언임을 의미한다. 이 환상은 단순히 교회를 위한 요한의 생각이 아니고, 천사의 메시지도 아니다. 요한과 천사는 그리스도의 종일 뿐이고, 그들의 구체적인 임무는 **그분의** 메시지를 성도들에게 전하는 것이다.

---

9. David A. deSilva, *Seeing Things John's Way* (Louisville: Westminster John Knox, 2009), 135 [= 『요한의 방식으로 보기』, 기독교문서선교회, 2023].

이것은 단순히 텍스트를 높이거나 요한을 저자로 높이는 것을 의미하지 않는다. 요한계시록은 처음부터 요한이 받은 환상이 사실 그리스도께서 직접 교회들에게 주시는 메시지라는 것을 분명히 한다. 요한계시록 1:1에서 이 책은 "예수 그리스도의 계시", 즉 예수 그리스도께서 주신 계시로 소개된다. 1:2에서 이 책의 메시지를 "예수 그리스도의 증거"라고 부르는데, 이는 이 책의 메시지를 위해 책 전체에서 사용되는 명칭(moniker)이다.[10] 요한에게 본 것을 쓰라고 명령하신 분은 다름 아닌 예수시다(1:11; 2:1, 8, 12, 18; 3:1, 7, 14). 그리고 마지막으로 에필로그에서 예수께서는 다시 한번 메시지의 보증인으로서 역할을 하신다. "나 예수는 교회들을 위하여 내 사자를 보내어 이것들을 너희에게 증언하게 하였노라"(22:16).

그러므로 요한이 천사의 거절 장면을 사용하여 그가 전하는 메시지의 위상을 높일 때, 그는 저자로서의 자신의 지위를 높이는 것이 아니라, 그리스도 자신을 높이는 것이다. 이것은 요한이 그리스도를 하나님과 **동등한** 위치에 올려놓는 다양한 방법 중 하나다. 『스바냐의 묵시』와 같은 또 다른 고대 유대교 묵시 텍스트에서 환상을 주시는 분은 오직 하나님이시다. 그러나 요한계시록은 다른 유대교 묵시와 일치하면서도 동시에 현저히 다른 주장을 한다. 요한계시록은 다른 묵시들처럼 그 메시지가 하나님 자신으로부터 온 것이며 그분만이 경배받으시기에 합당하다고 주장한다. 그러

10. Sarah S. U. Dixon, *The Testimony of the Exalted Jesus in the Book of Revelation*, LNTS 570 (London: Bloomsbury, T&T Clark, 2017)을 보라.

나 요한계시록은 이와 같은 묵시들과는 **달리**, 계시를 주시는 분을 경배하는 것에 십자가에 못 박히시고 부활하시고 승천하신 그리스도를 예배하는 것이 포함되어야 함을 분명히 한다. 요한은 경배받기를 거부하는 천사 전승을 사용함으로써 계시를 주시는 분으로서의 그리스도의 역할을 강화하고, 그리하여 그분을 하나님 아버지와 같은 신적 지위로 높일 수 있다. 천사는 요한이 하나님만을 경배해야 한다고 강력하게 주장하고, 문맥은 높아지신 그리스도를 숭배하는 것이 그를 유일신으로 믿는 신앙에 대한 적절하고 실제로 필수적인 표현임을 분명히 한다.

더 읽을거리

추가적인 고대 문헌

천사 숭배를 시도하는 장면을 담고 있는 다른 초기 유대교 문헌이 있다. 『이사야의 승천』 7:21-22에서 이사야는 하늘의 존재를 경배하려고 했지만, 천사 인도자에게 책망을 받는다(8:5에서 이사야가 그를 "나의 주님"이라고 부를 때 천사가 바로잡는 장면도 보라). 토비트에도 동일한 장면이 나온다(12:16-22). 비록 토비트와 토비아가 경배하려고 엎드렸는지, 아니면 두려워서 엎드렸는지 분명하지는 않지만 말이다. 이와 같은 모호함은 『바울의 묵시』에 나오는 유사한 장면에

서도 발견된다.[11]

원문 영어 번역과 비평본

Wintermute, O. S. "Apocalypse of Zephaniah (First Century BC–First Century AD): A New Translation and Introduction." Pages 497–515 in vol. 1 of *The Old Testament Pseudepigrapha*. Edited by James H. Charlesworth. Garden City, NY: Doubleday, 1983.

이차 문헌

Bauckham, Richard. *The Climax of Prophecy: Studies on the Book of Revelation*. Edinburgh: T&T Clark, 1992 [= 『요한계시록 신학』, 부흥과개혁사, 2021].

deSilva, David A. *Seeing Things John's Way*. Louisville: Westminster John Knox, 2009.

Dixon, Sarah S. U. *The Testimony of the Exalted Jesus in the Book of Revelation*. LNTS 570. London: Bloomsbury T&T Clark, 2017.

Stuckenbruck, Loren T. *Angel Veneration and Christology: A Study in Early Judaism and in the Christology of the Apocalypse of John*. WUNT 2/70. Tübingen: Mohr Siebeck, 1995.

---

11. 『바울의 묵시』가 기독교 텍스트라는 것이 명백하지만, 이 텍스트가 유대교 묵시 텍스트에서 유래한 것이기 때문에 여기에 포함시켰다.

용어 해설

* 이 용어 해설의 일부 정의들은 Mark L. Strauss, *Four Portraits, One Jesus: A Survey of Jesus and the Gospels* (Grand Rapids: Zondervan, 2007)에서 가져온 것이다.

고대 근동Ancient Near East, ANE. 이 문구는 역사가 기록되기 시작할 때부터, 알렉산드로스 대왕의 정복 사업 때(약 주전 333년)까지, 이집트, 팔레스타인, 시리아, 소아시아, 메소포타미아, 페르시아, 아라비아에 살았던 사람들을 가리킨다. 또한 어떤 이들은 비공식적으로 주후 1세기까지 가리키는 문구로 사용하기도 한다.

기독론Christology, 기독론적인christological: 보다 일반적으로 이 용어는 예수의 위격과 행위를 가리킨다. 특히 이 용어는 그리스도로서 예수의 역할과 관련이 있다. "그리스도"('크리스토스')는 "기름 부음을 받은 자"라는 뜻의 그리스어인데, 히브리어 단어 "메시아"에 대한 직접적인 번역어로 자주 사용된다. 메시아를 보라.

두 갈림길 패러다임Two-ways paradigm: 인간에게는 선과 악의 선택권이 주어져 있고, 어떤 길을 따를 것인지 스스로 결정할 수 있다고 보는 신학적인 견해이다. 이러한 관점은 신명기 신학에 기초를 두고 있다. 신명기 신학을 보라.

네로Nero(약 주후 38-68년): 네로는 율리우스-클라우디우스 왕조의 로마 황제(주후 54-68년)였다. 고대 로마 자료는 그의 통치에 대해 비판적인데, 그는 로마 대화재의 희생양으로 기독교인을 박해한 것으로 알려져 있다.

마카비 항쟁(사건/충돌)Maccabean Revolt (or Crisis/Conflict): 주전 175-164년 셀레우코스의 통치에 대항하여 일어난 유대인의 항쟁을 뜻한다. 이 충돌은—그 기간 동안 이스라엘을 이끈 유다와 그의 형제들을 가리켰던—"마카비"(히브리어로 "망치")를 따라 이름지어 졌다.

메시아Messiah, 메시아의Messianic: 히브리어로 "기름 부음 받은 자"라는 단어를 음역한 단어이며, 그리스어로는 "그리스도"라고 번역된다. 모든 유대적인 견해들이 메시아를 하나님의 백성을 구원할 하나님의 대리자로 상상하긴 하지만 그럼에도 불구하고, 메시아에 대해 단일한 유대적 견해는 없다고 봐야 한다.

묵시록Apocalypse, 묵시적Apocalyptic, 묵시적 전통Apocalyptic tradition: "묵시록"은 문자적으로 이전에 숨겨졌던 것들이 "계시"(revelation)됨을 뜻한다. 이 용어들은—악의 문제를 설명하기 위해 세계 전체와 언약 백성 가운데에, 하나님의 (미래) 통치를 확립하는—신적 행동의 계시, 꿈, 환상을 통해 드러나는 천상의 실체 그리고 하나님의 계시와 가장 관련이 깊다. 대개 공간(천상/지상)과 시간(현재/미래)의 이원론에 초점을 맞춘다.

바리새파Pharisees: 요세푸스가 언급하고 복음서 구석구석에 나타나는 유대교 분파 중 하나이다. 이 분파는 이들이 율법을 해석하는 기술 때문에 널리 알려져 있다.

분파주의(자)Sectarian: 특정 종교 그룹과 관계되는 용어이다. (분파주의의 사례인) 사해문서 공동체에 의해/위해 기록된 문헌들이 특히 잘 알려져 있다. 사해문서를 보라.

사해문서Dead Sea Scrolls: 1947년 사해 근처 동굴에서 발견된 문헌들의 모음을 가리키며, 1세기 쿰란에 있었던 유대인 공동체와 관련이 있을 가능성이 높다.[1] 이 문서에는 쿰란 공동체로부터 나온 분파주의 문헌뿐만 아니라, 성경과 다른 유대 문헌들의 사본들도 포함된다. 분파주의(자)를 보라.

셀레우코스Seleucids, 셀레우코스 왕국Seleucid Kingdom (주전 312-115년): 알렉산드로스 대왕의 죽음 이후 국가가 분할되고 나서 시리아 지역에 세워진 왕국을 가리킨다. 유대는 결국 셀레우코스가 통치하게 되었는데, 이로 인해 유대인은 헬레니즘과의 동화를 강요받게 되었다. 헬레니즘; 마카비 항쟁을 보라.

신명기 신학(혹은 패턴)Deuteronomic theology(or pattern): 신명기에서 가장 많이 표현된 신학적인 견해를 가리킨다. 하나님께서는 신명기를 통해 그분의 백성에게, 언약에 대한 순종에는 물질적인 축복과 보호를, 불순종에는

1.　Strauss, *Four Portraits*, 528.

저주와 고난을 선포하셨다.

신정론Theodicy: 악이 존재하는 가운데, 하나님께서 어떻게 정의로우실 수 있는지에 대한 변호 혹은 설명을 뜻한다. 특히 악인들의 손에 불의하게 고통받는 의인들과 관련되어 논의되곤 한다.

안티오코스 4세 에피파네스Antiochus IV Epiphanes (약 주전 215-164년): 알렉산드로스 대왕의 광대한 제국에서 분할되어 시리아에 세워진 헬레니즘 국가, 셀레우코스 왕국의 통치자(주전 175-164년)이다. 안티오코스는 유대인들을 헬레니즘화 하려고 하다가 마카비 가문과 충돌했다.

언약Covenant, 언약적covenantal: 각기 상대에게 의무를 부여하는 두 관계자 사이에 일어나는 계약을 뜻한다. 성경에 나오는 중요한 언약들로는 아브라함 언약(창 15장, 17장), 모세 언약(출, 레, 신), 다윗 언약(삼하 7장), 새 언약(렘 31장; 겔 34-37장)이 있다.

언약 공동체Covenant community: 자신들이 하나님께서 이스라엘과 맺으신 언약에 신실하다고 믿는 유대인 그룹들은 스스로를 "언약 공동체"로 여겼다. 이러한 개념은 때로 언약에 신실하지 않다고 여겨지는 다른 유대인들로부터, (쿰란 공동체와 같이) 자신들을 구별하는 그룹들에게서 사용되기도 했다. 사해 문서를 보라.

열심당Zealots, 열심zeal: 유대 지역을 이방인의 통치에서 해방시키기 위해 군사적인 수단을 동원하여 자유를 추구했던 제2성전기의 유대인들이다. 이들은 정치적인 독립만이 아니라, 토라의 정결을 추구했는데, 이는 이교도가 이 땅에 존재하는 한 이룰 수 없는 일이었다.

외경Apocrypha, 외경의Apocryphal (또한 제2경전으로도 알려져 있다): 구약성경의 시기 이후에 기록된 유대 문헌들 모음을 가리킨다. 여기에는 칠십인역(Septuagint) 곧 그리스어 구약성경의 일부가 포함된다. 그리스도인 교부들은 이 문헌들을 권위 있게 여겼으며, 이에 따라 로마가톨릭과 정교회의 그리스도인들은 정경으로 받아들였지만, 개신교에서는 거부했다. 학술적이지 않은 배경에서 "외경의"란 단어는 보통 진짜처럼 들리지만 사실이 아닌 이야기들을 설명할 때 사용되기도 한다.

요세푸스Josephus (주후 37–약 100년): 한 때 바리새파 유대인이자 군대 지도자였던 요세푸스는, 예루살렘에서 이루어진 로마와의 전쟁 기간 동안에 포로로 붙잡혔고, 결국 로마 시민이 되어 베스파시안 황제에 종속되었다. 현존하는 요세푸스의 네 가지 작품들은 제2성전기 유대교의 문화와 역사를 이해하는 데 있어서 매우 중요하다—유대인들의 역사(『유대 고대사』), 예루살렘 전쟁 이야기(『유대 전쟁사』), 유대인의 삶의 방식과 유대교를 변호하는 작품(『아피온 반박』), 그리고 자서전(『생애』)이 있다.

위경Pseudepigrapha, 위경의Pseudepigraphic: 문자적으로 "허위로 기재된 문서들"을 의미한다. 위경 문헌은 (보통 수 세기 전) 다른 인물의 이름으로 쓰인 문헌을 가리킨다. 특히 외경에 포함되지 않은 유대인의 위경 문헌들을 가리킬 때 사용된다. 하지만 이것은 제2성전기 유대인에게는 흔한 관례였기 때문에, 위경이라는 용어는 대체로 외경과 사해문서 혹은 요세푸스나 필론과 같은 저자들의 문헌과 같이, 특정한 범주에 포함되지 않은 모든 유대 문헌들을 가리키는 포괄적인 단어로 사용된다.

유언Testament: "유언"은 저자가 자녀에게 남긴 마지막 조언과 교훈을 기록한 문학 장르다. 이 장르는 제2성전기에 인기가 있었으며, 가장 잘 알려진 것으로 『열두 족장의 유언』이 있다.

인류학Anthropology, 인류학적인anthropological: 문자적으로 "인간에 대한 연구"를 뜻한다. 여기에는 인간의 구성(예, 몸, 영혼), 인간의 능력(예, 자유의지), 인간의 다양성(예, 유대인, 이방인)과 같은 주제들이 포함된다.

정경(의)Canonical: 영감을 받아 권위 있는 성경(Scripture)으로 여겨지는 문헌들의 모음 안에 포함될 때, 어떤 문헌이 정경으로 간주된다고 할 수 있다. 구약성경과 신약성경은 기독교 정경의 명백한 일부이다. 반면에 어떤 기독교 전통들은 외경(Apocrypha)의 포함 여부를 두고 논쟁을 벌이기도 했다. 외경을 보라.

제2경전의Deuterocanonical: 외경을 보라.

제2성전기Second Temple Period, 제2성전기 유대교Second Temple Judaism, 제2성전기 유대인Second Temple Jewish: 유대인의 역사에서 이 시기는 대략 바벨론 포로 귀환 때(약 주전 516년)부터, 주후 70년 로마에 의해 예루살렘 성전이 파괴될 때까지를 가리킨다. 이 시기의 일부 혹은 전부를 가리킬 때 사용되는 또 다른 단어로는, 초기 유대교(Early Judaism), 중기 유대교(Middle Judaism), 신구약 중간기(intertestamental Period)가 있다.

종말Eschaton: 하나님께서 역사에 해결책(resolution)을 가져오신 이후의 최종적인 상태를 가리킨다. 종말론을 보라.

종말론Eschatology, 종말론적인eschatological: 문자적으로 "마지막 시기에 대한 연구"를 뜻한다. 이 용어는 마지막 시기와 관련된 어떤 개념 혹은 사건을 가리킨다. 하지만 유대 연구와 바울 연구에 있어서, "종말론"이란 용어는 단순히 마지막 시기만을 가리키지 않고, 중요한 대리자들(매개들) 혹은 사건들을 통해 당신의 통치를 회복시키는 하나님의 행위를 가리키기도 한다.

칠십인역LXX: 칠십인역(Septuagint)의 약어다. 칠십인역을 보라.

칠십인역Septuagint (LXX): 다른 유대 문헌들과 함께, 그리스어로 번역한 히브리 성경을 담고 있는—그리스어로 된—권위 있는 유대 문헌 모음집이다. 약어 LXX는 로마 숫자 70을 뜻하며, 이는 70명(혹은 72명)이 히브리어 오경을 그리스어로 번역했다는 전통에 기초한 것이다.

쿰란Qumran: 사해 근처에 위치한 지역을 가리키며, 그 주변 동굴에서 사해문서가 발견되었다. 제2성전기 동안 그곳에 살았던 공동체가 에세네파였으며, 그들이 사해문서를 만들어냈다고 보는 것이 일반적인 견해이다.

플라톤주의Platonism: 플라톤(약 주전 428-347년)은 아테네에 살았던 유명한 그리스 철학자이다. 그는 무엇보다도 윤리학, 자연학, 창조, 논리, 수사 등에 대해서 수많은 철학적 논고들을 기록했다. 플라톤의 사고를 다양한 방식으로 끌어온 다양한 형태의 플라톤주의가 있지만, 주된 양상은 (비물질적, 불변하는) 관념적인 실재의 영역과, (물질적, 변화하는) 구체적인 실재의 영역의 구별에 기초한 이원론이라 할 수 있다.

필론Philo (약 주전 20년-주후 50년): 이집트, 알렉산드리아 출신의 다이스포라 유대인이다. 그는 플라톤주의에 영향을 받았으며 오경에 대해서 수많은 철학적 논고와 주해 연구서를 기록했다. 플라톤주의를 보라.

하스몬Hasmoneans, 하스몬 시대Hasmonean Period (주전 167-63년): 유대인들이 셀레우코스 왕조로부터 독립을 얻어내고 난 뒤에, 반(semi)자치—이후에는 완전한 자치—왕국을 통치했던 유대인 가문을 가리킨다. 이후 내부 싸움으로 인해 유대인들은 주전 63년 로마에게 독립을 빼앗긴다. 마카비 항쟁; 셀레우코스를 보라.

헬레니즘Hellenism, 헬라적인Hellenistic, 헬레니즘화Hellenization: 특히 알렉산더 대왕이 이끄는 군대의 정복 시기(주전 333년경) 이후에, 고대 세계에서 그리스의 언어와 문화가 전파되고 영향을 미친 것을 뜻한다.

개릭 V. 앨런(Garrick V. Allen): PhD, University of St. Andrews; lecturer in New Testament at Dublin City University.

벤 C. 블랙웰(Ben C. Blackwell): PhD, University of Durham; associate professor of Early Christianity at Houston Baptist University.

이안 박스올(Ian Boxall): DPhil, University of Oxford; associate professor of New Testament at the Catholic University of America.

제이미 데이비스(Jamie Davies): PhD, University of St. Andrews; tutor in New Testament at Trinity College Bristol.

데이비드 A. 드실바(David A. deSilva): PhD, Emory University; Trustees' Distinguished Professor of New Testament and Greek at Ashland Theological Seminary.

사라 언더우드 딕슨(Sarah Underwood Dixon): PhD, University of Cambridge; affiliated lecturer in New Testament at the University of Cambridge.

존 K. 굿리치(John K. Goodrich): PhD, University of Durham; associate professor of Bible at Moody Bible Institute.

마이클 J. 고먼(Michael J. Gorman): PhD, Princeton Theological

Seminary; Raymond E. Brown Chair in Biblical Studies and Theology at St. Mary's Seminary and University.

다나 M. 해리스(Dana M. Harris): PhD, Trinity Evangelical Divinity School; associate professor of New Testament at Trinity Evangelical Divinity School.

로널드 험스(Ronald Herms): PhD, University of Durham; dean of the School of Humanities, Religion, and Social Sciences at Fresno Pacific University.

에디스 M. 험프리(Edith M. Humphrey): PhD, McGill University; William F. Orr Professor of New Testament at Pittsburgh Theological Seminary.

제이슨 매스턴(Jason Maston): PhD, University of Durham; assistant professor of Theology at Houston Baptist University.

마크 D. 매튜스(Mark D. Mathews): PhD, University of Durham; senior pastor of Bethany Presbyterian Church, Oxford, Pennsylvania.

조나단 A. 무(Jonathan A. Moo): PhD, University of Cambridge; associate professor of biblical studies at Whitworth University.

이안 폴(Ian Paul): PhD, Nottingham Trent University; independent researcher and managing editor of Grove Books Ltd.

벤자민 E. 레이놀즈(Benjamin E. Reynolds): PhD, University of

Aberdeen; associate professor of New Testament at Tyndale University College.

엘리자베스 E. 샤이블리(Elizabeth E. Shively): PhD, Emory University; senior lecturer in New Testament Studies at the University of St. Andrews.

신시아 롱 웨스트폴(Cynthia Long Westfall): PhD, University of Surrey Roehampton; associate professor of New Testament at McMaster Divinity College.

벤자민 월드(Benjamin Wold): PhD, University of Durham; assistant professor in Ancient Judaism and Christianity at Trinity College Dublin.

아치 T. 라이트(Archie T. Wright): PhD, University of Durham; associate professor of Ancient Judaism and Christian Origins at Regent University.